CDRF
中国发展研究基金会
China Development Research Foundation

打造粤港澳大湾区发展新引擎

南沙发展报告

中国发展研究基金会 著

中国发展出版社
CHINA DEVELOPMENT PRESS

图书在版编目（CIP）数据

打造粤港澳大湾区发展新引擎：南沙发展报告 / 中国发展研究基金会著. -- 北京：中国发展出版社，2025. 3. -- ISBN 978-7-5177-1475-0

Ⅰ. F752. 865. 4

中国国家版本馆 CIP 数据核字第 20250T7E03 号

书　　　名：打造粤港澳大湾区发展新引擎：南沙发展报告
著作责任者：中国发展研究基金会
责 任 编 辑：张　楠
出 版 发 行：中国发展出版社
联 系 地 址：北京经济技术开发区荣华中路 22 号亦城财富中心 1 号楼 8 层（100176）
标 准 书 号：ISBN 978-7-5177-1475-0
经　销　者：各地新华书店
印　刷　者：北京瑞禾彩色印刷有限公司
开　　　本：787mm × 1092mm　1/16
印　　　张：19.5
字　　　数：285 千字
版　　　次：2025 年 3 月第 1 版
印　　　次：2025 年 3 月第 1 次印刷
定　　　价：98.00 元

联 系 电 话：（010）68990625　82097226
购 书 热 线：（010）68990682　68990686
网 络 订 购：http：//zgfzcbs.tmall.com
网 购 电 话：（010）88333349　68990639
本 社 网 址：http：//www.develpress.com
电 子 邮 件：814700996@qq.com

“财政支持南沙方案落地 助力粤港澳大湾区建设”课题组

课题顾问

方　晋　　中国发展研究基金会副理事长、秘书长

课题负责人

俞建拖　　中国发展研究基金会副秘书长

课题协调人

朱美丽　　中国发展研究基金会研究三部副主任

课题组成员

刘培林　　清华大学中国经济思想与实践研究院研究员

胡必亮　　北京师范大学一带一路学院执行院长、教授

单志广　　国家信息中心信息化和产业发展部主任、二级研究员

白彦锋　　中央财经大学研究生院院长、教授

叶　林　　中山大学政治与公共事务管理学院教授

赵崧妍　　中国发展研究基金会研究三部项目主任

何　伟　　中国发展研究基金会研究三部项目主任

范振婷　　中国发展研究基金会研究三部项目主任

褚冬晓　　中国发展研究基金会研究三部项目主任

钱胜存　　中国发展研究基金会研究三部项目主任

序　言

PREFACE

南海之滨，狮子洋畔，孕育着一颗粤港澳大湾区的“明日之珠”。它曾是清代广州“一口通商”的必经之道，是近代中国反抗外来侵略的前阵，是新中国第一个华侨农场的诞生地，是新时代粤港澳大湾区国家发展战略中关键的“几何中心”。它就是立足湾区、协同港澳、面向世界的南沙。

南沙与前海、横琴同为粤港澳大湾区协同发展的动力引擎，2022 年 6 月《广州南沙深化面向世界的粤港澳全面合作总体方案》（简称《南沙方案》）发布，与《全面深化前海深港现代服务业合作区改革开放方案》（简称《前海方案》）和《横琴粤澳深度合作区建设总体方案》（简称《横琴方案》）共同构筑起粤港澳大湾区“1+N+X”政策体系。粤港澳大湾区是新发展格局的战略支点、高质量发展的示范地、中国式现代化的引领地。作为国家和地方战略定位中的重大平台，南沙拥有独特的优势与潜力。

2022 年底，《南沙方案》刚发布不久，中国发展研究基金会与广州市财政局合作开展“财政支持南沙方案落地 助力粤港澳大湾区建设”研究项目。此后一年多的时间里，中国发展研究基金会秉承“支持政策研究、促进科学决策、服务中国发展”的宗旨，扎实推动研究项目，优先安排 10 余名不同领域的优秀专家参加课题研究工作，并于 2023 年 3 月组织了包括中国环境与发展国际合作委员会中方首席顾问、国务院发展研究中心原副主任刘世锦在内的专家代表团深入广州南沙开展实地调研，在摸清南沙发展现状的事实和数据的基础上，于2023年4月和5月先后组织课题组专家代表赴厦门、海口、三亚调研国内其他自贸区发展经验，以期为落实中央决策、推动南沙方案落地提供助力。同样，广州市财政局也高度重视与中国发展研究基金会的合作，给予了大力的支持和配合，组织了有关部门和优秀专家参与课题研究。

为使课题研究具有坚实的基础和广阔的视角，中国发展研究基金会先后多次组织召开专家座谈会，并委托高校和研究机构学者以及政策咨询系统相关研究人员撰写了5份专题报告，这些报告及其研究团队负责人分别是：《粤港澳大湾区的战略意义和发展目标》[①]（刘培林）、《南沙与"一带一路"建设重要支撑区》[②]（胡必亮）、《南沙数字化转型的基础与路径》[③]（单志广）、《支持南沙特色产业发展的财政、金融政策分析》[④]（白彦锋）、《南沙的发展现状、独特优势和发展潜力》[⑤]（叶林）。在上述领域的专题研究及补充研究的基础上，课题组进一步完成了本项研究的导论部分和本书第二章《南沙、横琴、前海：粤港澳大湾区发展的三个平台》。《打造粤港澳大湾区发展新引擎：南沙发展报告》一书是集结了上述所有报告内容的最终成果。

本课题的顺利完成，得益于课题组全体成员的辛勤付出和众多专家与单位的鼎力支持。中共海南省委全面深化改革委员会办公室、中国（福建）自由贸易试验区厦门片区管理委员会、广州市财政局、厦门市发展和改革委员会、厦门市财政局、广州市南沙区财政局、厦门市发展研究中心、海口市财政局和三

① 对应本书第一章。
② 对应本书第四章。
③ 对应本书第五章。
④ 对应本书第六章至第十章。
⑤ 对应本书第三章、第十一章。

亚经济研究院帮助本课题协调实地调研安排。各专题报告的专家团队为本课题提供了扎实的研究资料。在中国发展研究基金会内部课题组成员的工作中，俞建拖作为课题负责人承担了课题研究设计、实施和相关报告的撰写工作，朱美丽作为课题协调人具体负责课题各项推进和研究工作，赵崧妍和何伟作为课题组成员共同完成了课题相关协调保障工作并参与研究和写作。

希望本书能够为相关政策制定者、企业决策者以及社会各界提供决策参考和行动指南。同时，也期待本书能够引起更多关注南沙发展、粤港澳大湾区发展的人士的共鸣，共同探讨推动区域发展的新路径，为南沙和粤港澳大湾区的发展建设提供新的思路和解决方案，为实现经济高质量发展贡献智慧和力量。我们坚信，未来的南沙必将成为粤港澳大湾区乃至全国经济发展的重要动力引擎，成为新时代中国改革开放的新高地。

值本书付梓之际，谨代表中国发展研究基金会对课题组全体成员以及为课题顺利完成提供支持和帮助的单位与个人，表示诚挚的感谢。

中国发展研究基金会副理事长兼秘书长 方晋

2025 年 2 月

目　录

CONTENTS

导论

面向世界的南沙*

2019 年 2 月,《粤港澳大湾区发展规划纲要》发布，明确提出香港、澳门、广州、深圳四大中心城市是区域发展的核心引擎。“粤港澳大湾区”的战略布局横空出世，成为中国经济地理的重要概念。2021 年 9 月,《横琴粤澳深度合作区建设总体方案》(简称《横琴方案》）和《全面深化前海深港现代服务业合作区改革开放方案》(简称《前海方案》）先后发布。2022 年 6 月，国务院印发《广州南沙深化面向世界的粤港澳全面合作总体方案》(简称《南沙方案》)，支持南沙打造成为立足湾区、协同港澳、面向世界的重大战略性平台。

粤港澳大湾区（简称大湾区）是新发展格局的战略支点、高质量发展的示范地、中国式现代化的引领地①。大湾区发展建设的机遇与挑战、优势和难点并存：一方面，大湾区区位优势、基础设施优势明显，经济实力雄厚，人均 GDP 远超世界银行高收入国家门槛，粤语文化圈内部合作基础良好且国际化水平领

* 本章作者为中国发展研究基金会课题组。

① 详见本书第一章《粤港澳大湾区的战略意义和发展目标》。

先；另一方面，世界百年未有之大变局加速演进，国际国内经济形势复杂多变，经济发展质量面临更高要求，大湾区在单位 GDP 能耗等指标方面还存在较大提升空间，绿色转型目标有待突破，产业结构存在短板（见图 1）。

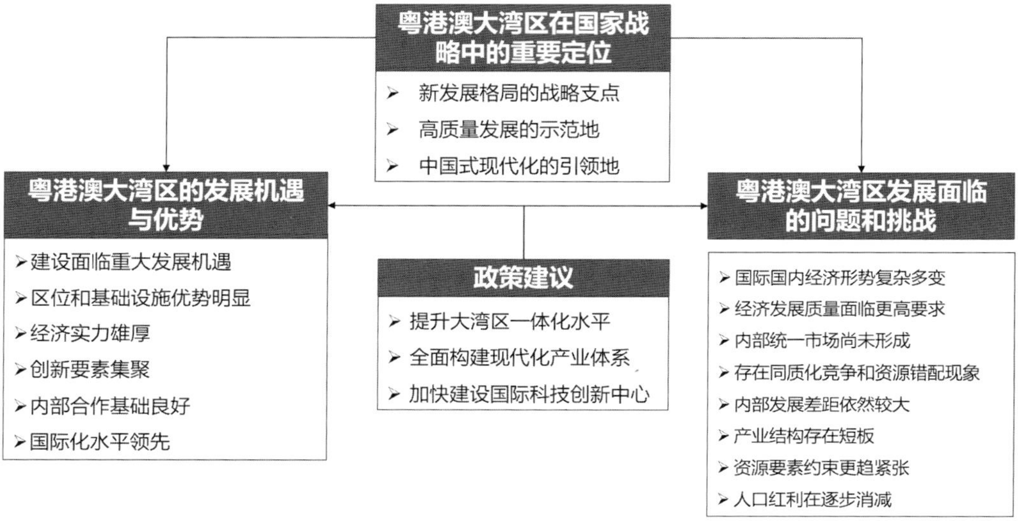

图 1　粤港澳大湾区的战略意义和发展目标

资料来源：作者自制。

横琴、前海、南沙是大湾区协同发展的引擎。相较于《横琴方案》和《前海方案》,《南沙方案》的出台时间虽然晚了一点，却更能体现中央对南沙的重视，具有构筑全局的决定性意义。通过南沙、前海和横琴这三个平台的联动，大湾区将形成一个有金融支持、以创新为主的高水平对外开放的“黄金三角”[①]。

① 详见本书第二章《南沙、横琴、前海：粤港澳大湾区发展的三个平台》。

作为国家和地方战略定位中纵深推进粤港澳大湾区建设的重大平台，南沙拥有独特的优势与潜力[①]，包括区位交通优势、政策创新优势、平台与环境优势以及包含先进制造业、战略性新兴产业、现代服务业等在内的产业优势。同时，南沙的发展也面临着一些现实挑战[②]，比如：基础设施建设尚需完善、人口红利的衰减、经济新常态背景下新旧动能转换的压力、城市副中心功能有待提升等。

“创建南沙‘一带一路’建设重要支撑区”是《南沙方案》中的一项重要规划。一方面，“一带一路”倡议的顶层设计为打造南沙支撑区提供了政策支持。另一方面，南沙的自身优势为政策落地提供了有利条件：一是南沙区位优势明显，交通运输便利；二是区域面积广，探索空间大；三是营商环境优越，投资贸易便利化水平高；四是产业基础雄厚，配套完善。在放权赋能、用好税收政策、创新人才政策的前提下，南沙可通过以下举措创建“一带一路”建设重要支撑区：建设海上丝绸之路的航运物流枢纽、建设制度型开放试验基地、建设综合服务基地、创建“一带一路”投融资中心、创建“一带一路”科技创新合作平台、创建“一带一路”企业基地、创建“一带一路”进出口博览中心、创建“一带一路”政策支持合作平台、创建“一带一路”人文交流平台[③]（见图 2）。

数字化转型作为重塑广州和打造南沙竞争力的强赋能手段，是推动南沙成为大湾区发展引擎、深化粤港澳三地协同共治的有效抓手。推动南沙数字化转型，可在充分发挥其场景优势的基础之上，围绕建设先进智能的数字基础设施、构筑高效流通的数据资源体系、推动经济发展数字化转型、推动公共服务数字化转型、推动城市治理数字化转型五大核心路径逐步实现[④]（见表 1）。

---

①② 详见本书第三章《南沙的发展现状、独特优势和发展潜力》。

③ 详见本书第四章《南沙与“一带一路”建设重要支撑区》。

④ 详见本书第五章《南沙数字化转型的基础与路径》。

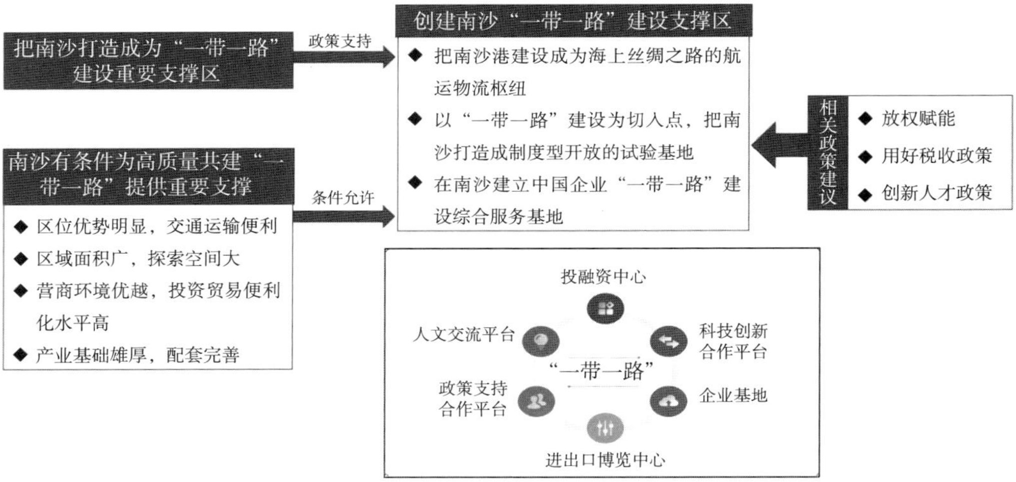

图 2　南沙与“一带一路”建设重要支撑区

资料来源：作者自制。

表 1　南沙数字化转型的基础与路径

数字化转型基础	数字化转型路径
➢ 信息基础设施初具规模 ➢ 数据资源共享稳步推进 ➢ 人工智能生态持续做强 ➢ 政务服务效能显著提升 ➢ 城市治理能力逐步完善 ➢ 民生服务体系初步构建 ➢ 主导产业规模持续壮大 ➢ 科技创新体系不断完善 ➢ 营商环境全球排名前列	◆ 建设先进智能的数字基础设施：建设高速精品城市网络、统筹发展算力基础设施、部署泛在物联感知体系、完善共性能力支撑体系、强化网络安全体系建设 ◆ 构筑高效流通的数据资源体系：健全公共数据管理体系、有序推进公共数据开放、强化公共数据开发运营、培育壮大数据交易生态、促进跨境数据可信流通 ◆ 推动经济发展数字化转型：做强做优数字产业集群、推广智能制造模式应用、加快服务业数字化转型、强化科技创新载体建设、数字赋能营商环境优化、深化数字经济区域合作 ◆ 推动公共服务数字化转型：提高数字政务服务效能、加快构建智慧教育体系、加快发展智慧医疗服务、构建智慧养老服务模式、构建数字人社服务体系、打造特色智慧文旅服务 ◆ 推动城市治理数字化转型：提升数字化监管水平、加强智慧安防体系建设、打造网格化治理体系、深化城市规建管一体化、优化智能交通运输体系、强化智慧生态治理能力

资料来源：作者自制。

落实《南沙方案》离不开财政、金融政策的支持（见图3）。在人工智能与集成电路产业、高端装备产业、生命健康产业、节能环保产业、现代服务业、航运物流业等南沙发展的重要产业上，需要着力提高预算透明度、增强财政管理能力、提升数字财税的管理水平，才能有效发挥财政资金的引导作用，助力南沙经济高质量发展[①]。

图3 财政、金融政策支持《南沙方案》落实

资料来源：作者自制。

《南沙方案》是粤港澳大湾区“1+N+X”政策体系中的点睛之笔。粤港澳大湾区内有“两种制度，三种货币，三个关税区”，若要真正实现协同发展，需要充分正视粤港澳三地规则衔接面临的体制壁垒高、需求回应慢、政策落地难问题，以体制机制创新保障《南沙方案》和一系列大湾区政策的落实[②]（见图4）。

---

① 详见本书第六章至第十章。

② 详见本书第十一章《推动〈南沙方案〉落地的制度协同与保障》。

> ➢ 粤港澳三地规则衔接面临的问题：差异化制度体系下规则衔接存在体制壁垒、规则衔接的顶层设计无法及时回应区域发展需要、基于规则衔接的政策落地难
>
> ➢ 优化南沙规则衔接、机制对接：加强顶层设计，贯通纵向治理体系、激发地方活力，构建多层级协同治理体系，搭建规则衔接、机制对接的合作框架
>
> ➢ 以体制机制创新保障《南沙方案》落实：高位高效推动发展规划与政策落地、争取和推进优势政策落实、建设与国家战略相衔接的平台支撑体系、探索治理风险共担的兜底机制

图 4　推动《南沙方案》落地的制度协同与保障

资料来源：作者自制。

一是要进一步思考国家、省、区、市的关系。打破传统中央与地方的责任关系框架，细化权责关系，整体思考和设计责任分工。政策设计与协同需要放在更加细化、更多层次的框架下统筹考量。各自由贸易区（以下简称自贸区）在发展战略制定方面存在着突出的国家和地方之间、地方各级之间责任划分模糊的问题。这一问题在南沙建设过程中也部分存在，未来需要在政策设计上进行统筹考量。

二是要关注粤港澳融合发展的制度建设。大湾区已成为我国经济发展活力最强劲的地区之一，建设取得积极成效。但在制度层面，粤港澳融合发展需要在以下方面进一步推进：其一，进一步巩固和发挥制度多样化的优势，强化三地各自发展特色。粤港澳三地具备各自的特色和优势，给大湾区的发展在货币、贸易、人文、国际联系等方面带来了差异化的优势。在制度统筹方面，需要充分认识和发挥这一优势。其二，在开放趋势和可持续发展的制度方面，强化高

标准引领下的三地制度演化趋同发展。其三，减少因制度差异衔接带来的摩擦成本，提升区域发展效能。

三是要紧扣横琴、前海和南沙三个平台的定位和特色。具体就南沙而言，首先，需要巩固优势区位要素、空间要素、制度要素、产业要素。南沙广阔的地域面积优势与制度优势和产业优势相结合，决定了南沙与前海和横琴片区在发展模式和路径选择上存在鲜明差别。其次，强化粤港澳协同的综合效能。区别于《前海方案》强化深港合作、《横琴方案》突出粤澳共建，《南沙方案》明确指出，赋予南沙立足湾区、协同港澳、面向世界的战略定位。最后，突出南沙对“一带一路”高质量发展的核心支撑作用。

四是要强化和优化财政政策与税收、人才、金融、产业政策的协同，一方面，优化支出方向，用足用好债务杠杆，更加积极主动有为。另一方面，创新政府作为模式，借鉴国内优秀地区经验做法，探索具有生产性而非纯粹支出性的财政方向。实现有为而不乱作为，需要强化支出绩效管理，提高资金使用效率，发挥广州卓有成效的管理经验，应用于建设南沙的预算绩效管理工作中。

五是要完善基本公共服务体系，推进以人为中心的新型城镇化，吸引人才流入，构建可持续的地区人口新格局和人才生态。

六是要积极投资并提高城市发展的韧性，应对自然灾害、紧急公共卫生事件、生产安全、气候变化、地缘政治和产业链相关的各类短期和长期的风险。

第一章

粤港澳大湾区的战略意义和发展目标*

粤港澳大湾区是我国开放程度最高、经济活力最强的区域之一，在全国新发展格局中具有重要战略地位。推进粤港澳大湾区建设，是以习近平同志为核心的党中央立足全局和长远作出的重大谋划。建设粤港澳大湾区具有重要的战略意义，既是对“一国两制”新实践的探索，能够进一步密切内地与港澳交流合作，为港澳经济社会发展以及港澳同胞到内地发展提供更多机会，保持香港、澳门长期繁荣稳定，也有利于贯彻落实新发展理念，进一步深化改革、扩大开放，建设高水平参与国际经济合作新平台，在建设现代化国家过程中发挥引领带动作用。

一、粤港澳大湾区在国家战略中的重要定位

建设粤港澳大湾区是习近平总书记亲自谋划、亲自部署、亲自推动的重大

---

* 本章作者为清华大学中国经济思想与实践研究院研究员刘培林、华北电力大学人文与社会科学学院讲师宋文娟、中国政法大学商学院讲师司海平。

国家战略。中央高度重视粤港澳大湾区在国家发展中的战略地位，2019 年专门印发了《粤港澳大湾区发展规划纲要》，并针对粤港澳大湾区内有关地区具体情况制定了三个意见和一个方案，为粤港澳大湾区的建设和发展做出了指导。

2023 年是全面贯彻党的二十大精神的开局之年，习近平总书记首次地方考察选择了广东，并为粤港澳大湾区建设领航掌舵、把脉定向，指出使粤港澳大湾区成为新发展格局的战略支点、高质量发展的示范地、中国式现代化的引领地[①]，为大湾区建设指明了前进方向，提供了根本遵循。

专栏一　党中央、国务院关于粤港澳大湾区发展的具体部署

2017 年 7 月 1 日，在香港回归 20 周年之际，在习近平总书记的见证下，国家发展改革委会同粤港澳三地政府在香港签署《深化粤港澳合作 推进大湾区建设框架协议》[②]，粤港澳大湾区建设正式开始。从地域范围看，“9+2”城市群模式构成了粤港澳大湾区，“2”为香港、澳门两个特别行政区，“9”为广州、深圳、珠海、佛山、中山、东莞、惠州、江门、肇庆九个广东省城市，总面积达 5.6 万平方公里。

2019 年 2 月，中共中央、国务院专门印发《粤港澳大湾区发展规划纲要》（简称《规划纲要》），明确了粤港澳大湾区的发展方向，即建成充满活力的世界级城市群、具有全球影响力的国际科技创新中心、“一带一路”建设的重要支撑、内地与港澳深度合作示范区、宜居宜业宜游的优质生活圈。

① 《习近平在广东考察时强调 坚定不移全面深化改革扩大高水平对外开放 在推进中国式现代化建设中走在前列》，《人民日报》2023 年 4 月 14 日。

② 《习近平出席〈深化粤港澳合作 推进大湾区建设框架协议〉签署仪式》，《人民日报》2017 年 7 月 2 日。

之后，为落实《规划纲要》，中央层面针对粤港澳大湾区内有关地区具体情况，制定了一个意见和三个方案。

一是 2019 年 8 月《中共中央 国务院关于支持深圳建设中国特色社会主义先行示范区的意见》发布，提出了深圳的发展定位，即高质量发展高地、法治城市示范、城市文明典范、民生幸福标杆、可持续发展先锋，并提出了到 2025 年和 2035 年的发展目标。

二是 2021 年 9 月《横琴粤澳深度合作区建设总体方案》发布，提出了合作区的战略定位，即促进澳门经济适度多元发展的新平台、便利澳门居民生活就业的新空间、丰富"一国两制"实践的新示范、推动粤港澳大湾区建设的新高地，并提出了到 2024 年、2029 年和 2035 年的发展目标。

三是 2021 年 9 月《全面深化前海深港现代服务业合作区改革开放方案》发布，提出了合作区打造全面深化改革创新试验平台和建设高水平对外开放门户枢纽两方面重要任务，并提出了到 2025 年和 2035 年的发展目标。

四是 2022 年 6 月《广州南沙深化面向世界的粤港澳全面合作总体方案》印发，提出了南沙五方面发展任务，即建设科技创新产业合作基地、创建青年创业就业合作平台、共建高水平对外开放门户、打造规则衔接机制对接高地、建立高质量城市发展标杆，并提出了到 2025 年和 2035 年的发展目标。

（一）新发展格局的战略支点

构建以国内大循环为主体、国内国际双循环相互促进的新发展格局，是党中央根据我国发展阶段、环境、条件变化作出的重大战略部署，是与时俱进提升我国经济发展水平的战略抉择，是塑造我国国际经济合作和竞争新优势的战略抉择，是统筹中华民族伟大复兴战略全局和世界百年未有之大变局的先手棋，是牢牢把握未来发展主动权的战略性布局。粤港澳大湾区在构建新发展格局中具有重要的地位和作用，处于新发展格局的战略支点。

连接内地、联通港澳、联系世界的双循环交汇衔接区。粤港澳大湾区是我国开放程度最高、经济活力最强的区域之一。香港是国际金融、航运、贸易中心和国际航空枢纽；澳门是世界旅游休闲中心和中国与葡语国家商贸合作服务平台，多元文化交流的功能日益彰显；珠三角九市是内地外向度最高的经济区域之一和对外开放的重要窗口。粤港澳大湾区区位优势明显，交通条件便利，合作基础良好，2022 年生产总值超 13 万亿元人民币，综合实力强，具备成为国际一流湾区和世界级城市群的条件。将粤港澳大湾区打造成具有全球竞争力、高水平参与国际经济合作新平台，依托大湾区参与全球合作和全球治理，助力推动“一带一路”的高质量发展和人类命运共同体的构建。

我国建设高水平社会主义市场经济体制、实行高水平对外开放先行区。粤港澳大湾区肩负着我国改革开放再出发、推进高水平对外开放的重要使命。习近平总书记指出，在国家扩大对外开放的过程中，香港、澳门的地位和作用只会加强，不会减弱[①]。40 多年前，广东充分发挥毗邻港澳的独特优势，以敢为人先的历史担当，改革开放先行一步，创造了很多全国第一。进入新时代，我国深化改革、扩大开放的基础条件和外部环境发生了深刻变化，粤港澳大湾区是我国市场化程度最高、开放型经济活力最强的区域之一，有基础、有能力顺应全球发展潮流，更好地发挥香港、澳门作为自由开放经济体和广东作为改革开放排头兵的优势，探索形成我国参与和引领国际合作竞争的新路径，为全国

① 《习近平会见香港澳门各界庆祝国家改革开放 40 周年访问团时的讲话》,《人民日报》2018 年 11 月 13 日。

改革开放再出发提供新经验。

（二）高质量发展的示范地

当前，我国经济已由高速增长阶段转向高质量发展阶段，推动高质量发展是当前和今后一个时期确定发展思路、制定经济政策、实施宏观调控的根本要求。党的二十大报告指出，高质量发展是全面建设社会主义现代化国家的首要任务。全面建设社会主义现代化国家，必须坚持以人民为中心的发展思想，加快转变发展方式，更多依靠创新驱动，推动质量变革、效率变革、动力变革，着力提高发展的质量和水平。粤港澳大湾区要先行示范。

我国高质量发展的先行区。粤港澳大湾区建设事关我国高质量发展进程，肩负着践行新发展理念时代先锋、构建高质量发展示范地的重要使命。我国区域间发展水平不一、发展阶段不同、发展基础差异较大，在高质量发展的过程中不可能齐步推进，有的区域必定要成为探索者和示范地。粤港澳大湾区经济实力雄厚、创新要素富集、市场经济发达，香港、澳门和珠三角九市以不到全国 1% 的国土面积和 6% 的人口总量，创造出全国约 10.55% 的经济总量，有条件在贯彻新发展理念、实现高质量发展上作出示范。粤港澳大湾区要在打造高质量发展的典范上担当作为。这是党中央赋予粤港澳大湾区建设的历史重任，也是建设好粤港澳大湾区的内在要求。

我国高质量发展的重要科技策源地。科技创新是引领高质量发展的“金钥匙”，构建国际科技创新中心是推动我国经济高质量发展的必然要求。在高质量发展的新阶段，粤港澳大湾区有条件打造成为引领技术变革的领头羊和全球经济发展的重要增长极。充分发挥粤港澳综合优势，在更高层次参与国际经济合作和竞争，提升发展能级和国际竞争力，使粤港澳大湾区成为高质量发展的示范地，成为全球最有前景的增长极之一。

（三）中国式现代化的引领地

党的二十大报告指出，从现在起，中国共产党的中心任务就是团结带领全国各族人民全面建成社会主义现代化强国、实现第二个百年奋斗目标，以中国式现代化全面推进中华民族伟大复兴。我国的现代化既有各国现代化的共同特征，更有基于我国国情的有别于其他国家现代化道路的中国特色。中国式现代化是人口规模巨大的现代化、全体人民共同富裕的现代化、物质文明和精神文明相协调的现代化、人与自然和谐共生的现代化、走和平发展道路的现代化。推进中国式现代化建设，需要粤港澳大湾区发挥引领示范作用。

面向现代化目标的多制度融合治理示范区。发挥粤港澳大湾区制度优势，以制度型开放和融合当好中国式现代化的排头兵。粤港澳大湾区是在“一个国家、两种制度、三种法律体系”的基础上建设的，国际上没有先例。应充分发挥粤港澳大湾区的独特优势，坚守“一国”之本，善用“两制”之利，支持香港、澳门更好融入国家发展大局、保持长期繁荣稳定，不断丰富“一国两制”新实践，更好地向世界展现中国式现代化的制度优势和美好前景。

共同富裕的中国式现代化的示范区。在粤港澳大湾区着力实现共同富裕的先行突破，坚持以人民为中心的发展思想，加快推动与港澳在就业、教育、医疗、社保等民生领域合作取得新突破，切实增强群众在大湾区建设中的获得感。随着建设工作的深入推进，让大湾区人民群众在推动高质量发展中共享高品质生活，彰显着中国式现代化的强大生命力和显著优势。发挥粤港澳大湾区大融合发展解决民生发展问题的示范作用。一方面，要进一步提高港澳居民来往内地通行证在交通运输、金融、通信、医疗等领域应用的便利水平；加快推进交通基础设施建设，为港澳居民来内地学习、就业、创业、生活提供更加便利的条件。另一方面，要加强文化交流和精神文明建设，不断提升粤港澳大湾区居民的获得感、幸福感。

人与自然和谐共生的中国式现代化示范区。以改革开放排头兵、领头羊的姿态，探索人与自然和谐共生的发展思路。尊重自然、顺应自然、保护自然，是全面建设社会主义现代化国家的内在要求。推进粤港澳大湾区建设要以“美丽湾区”为目标，构建生态廊道和生物多样性保护网络，进一步加强粤港澳三方大气污染联防联控，推广打造循环低碳试点园区，促进粤港澳大湾区协同打造生态保护屏障，推动粤港澳大湾区生态文明建设。

二、粤港澳大湾区的发展机遇与优势

粤港澳大湾区是我国经济活力最强、开放程度最高、国际化水平领先的区域之一，是我国建设世界级城市群和参与全球竞争的重要空间载体。推进粤港澳大湾区建设，既有重要的发展基础条件，还面临重大的发展机遇。

专栏二　粤港澳大湾区与世界主要湾区对比

与纽约湾区、旧金山湾区、东京湾区等国际一流湾区相比，粤港澳大湾区既有相似之处，也有自己的特色和优势。

根据统计年鉴和相关研究成果，统计对比了2022年粤港澳大湾区与世界湾区的情况，如表1-1所示。整体而言，粤港澳大湾区呈现出发展空间大、经济密度小、发展速度快等特点。相较于纽约湾区、旧金山湾区和东京湾区这世界三大湾区，粤港澳大湾区在面积、人口和GDP规模上都已经可以等量齐观。2022年世界500强企业中，粤港澳大湾区共有24家企业榜上有名。从城市分布来看，2022年入围的企业中，总部位于深圳的有10家，数量位居大湾区第一；其次是香港（7家）、广州（4家）、佛山（2家）和珠海（1家）。当然，在R&D占GDP比重部分，从2018年对比数据看，粤港澳大湾区与其他世界三大湾区还有较大差距。

表1-1　2022年粤港澳大湾区与世界三大湾区相关统计数据对比

类别	纽约湾区	旧金山湾区	东京湾区	粤港澳大湾区
面积（万平方公里）	2.15	1.80	1.36	5.65
人口（万人）	2340	765	3600	8600
城市数量（个）	25	12	10	11
GDP（万亿美元）	1.8	1	1.7	1.67
人均GDP（万美元）	9	13	5	2
第三产业占比（%）	89.4	82.3	82.8	65.6
R&D占GDP百分比（%）	2.8（2018年）	2.8（2018年）	3.7（2018年）	2.1（2018年） 3.7（2022年）
世界500强企业数量（家）	18	10	38	24
世界100强大学数量（所）	16	5	1	2
港口集装箱吞吐量（万标箱）	465（2018年）	227（2018年）	766（2018年）	6600（2018年） 8000（2020年）
机场旅客吞吐量（亿人次）	1.3（2018年）	0.76（2018年）	1.12（2018年）	1.75（2018年） 2（2020年）

资料来源：根据政府统计年鉴、学术研究报告和互联网统计资料整理。世界500强企业数据来源于2022年《财富》杂志发布的世界500强企业名单，世界100强大学数据来源于《世界大学第三方指数研究报告（2022）》杂志，GDP和人均GDP数据来源于《世界湾区发展指数研究报告（2022）》，该数据为2021年，R&D占比数据来源于《粤港澳大湾区建设报告（2022）》（大部分是2022年数据，因统计时效，国际湾区部分数据可能有所滞后）。

与其他三大湾区相比，粤港澳大湾区的生产总值规模排名虽然不是第一，但是其发展势头良好。截至2021年，粤港澳大湾区万亿GDP城市就有5个，分别是深圳、广州、香港、佛山和东莞。5个万亿级大市“肩并肩”，共同组成一个万亿元级经济圈。

从全球金融中心指数排名可以看出，粤港澳大湾区有香港和深圳两座城市排名居全球前15名。其中，香港的国际金融中心地位持续稳固、继续位列第三，深圳市2022年排名相较于2021年上升了6个名次，发展势头良好。大湾区主要金融中心的国际影响力进一步提高。从总体水平及国际对比来看，2021年粤港澳大湾区金融服务业增加值已超过2500亿美元，占该地区GDP的比重达到12.9%，超过东京湾区10%的占比，并逐步接近全球最大金融中心的水平。具体情况如表1-2所示。

表1-2 全球金融中心指数2022年排名前15名城市

城市	2022年排名	2021年排名	城市	2022年排名	2021年排名
纽约	1	1	东京	9	9
伦敦	2	2	深圳	10	16
香港	3	3	巴黎	11	10
上海	4	6	首尔	12	13
洛杉矶	5	7	芝加哥	13	11
新加坡	6	4	波士顿	14	12
旧金山	7	5	华盛顿	15	15
北京	8	8			

资料来源：《第31期全球金融中心指数报告》（GFCI31），粤开证券研究院。

（一）粤港澳大湾区建设面临重大发展机遇

2022年，党的二十大擘画了全面建设社会主义现代化国家、以中国式现代化全面推进中华民族伟大复兴的宏伟蓝图，吹响了奋进新征程的时代号角。新征程上，中国式现代化建设奋楫向前，粤港澳大湾区也将迎来新的重大发展机遇。为满足我国东南沿海地区区域一体化发展到高级阶段的内在要求，粤港澳大湾区将成为我国高质量发展的重要载体，推动大湾区高新科技创新、现代城市服务业、自由港贸易、配套基础设施等产业的发展更上一层楼。

一是世界百年未有之大变局使粤港澳大湾区迎来新的发展空间。当前，世界多极化、经济全球化、社会信息化、文化多样化深入发展，全球治理体系和国际秩序变革加速推进，各国相互联系和依存日益加深，和平发展大势不可逆转，新一轮科技革命和产业变革蓄势待发，“一带一路”建设深入推进，为提升粤港澳大湾区国际竞争力、更高水平参与国际合作和竞争拓展了新空间。

二是新一轮改革开放为粤港澳大湾区注入新的发展活力。在新发展理念引领下，我国深入推进供给侧结构性改革，推动经济发展质量变革、效率变革、动力变革，为大湾区转型发展、创新发展注入了新活力。新一轮国内区域发展资源竞争的序幕已经开启，未来国内区域和城市群之间既有经济发展水平和规模的格局将被打破。与要素流向转变、资源重新配置、技术创新变革、区域发展格局重塑相伴随的，是未来区域间再投资机会、产业集聚、行业发展、商业模式、盈利能力的变迁。粤港澳大湾区在经济规模、产业基础、市场化水平、资源环境、对外开放度、可持续发展潜力等诸多方面具有显著优势和巨大潜力，该区域在未来产生的强大“虹吸效应”会对其他区域经济、社会资源要素流向产生显著影响，包括资本、劳动力、技术创新、制度变革红利等对中长期经济增长至关重要的因素，将在区域内进一步集聚。

三是中国式现代化为粤港澳大湾区带来新的发展契机。全面深化改革取得重大突破，国家治理体系和治理能力现代化水平明显提高，为创新大湾区合作发展体制机制、破解合作发展中的突出问题提供了新契机。粤港澳大湾区建设充满活力的世界级城市群、具有全球影响力的国际科技创新中心、“一带一路”建设的重要支撑、内地与港澳深度合作示范区、宜居宜业宜游的优质生活圈的条件更加成熟，这将推动粤港澳大湾区的中长期经济可持续发展和繁荣。

（二）粤港澳大湾区区位和基础设施优势明显

区位优势是地区经济发展的重要保障，有助于吸引汇聚优质的生产要素和市场主体，在推动地区经济社会发展中具有关键作用。粤港澳大湾区总面积约5.6万平方公里，相当于纽约湾区和旧金山湾区的总和，是东京湾区的4倍；人口超过8000万人，相当于其他三大湾区的总和，拥有广阔的发展腹地和市场空间。粤港澳大湾区地处我国沿海开放前沿，以泛珠三角区域为广阔发展腹地，在“一带一路”建设中具有重要地位。粤港澳大湾区作为具有世界影响力的区域，具有高度的开放性和创新引领性。

粤港澳大湾区海岸线长、港口云集，面向南海，拥有全球三大港口，根据美国交通杂志（AJOT）公布的2023年全球百大集装箱港口排名，深圳港排名全球第四、广州港排名全球第六、香港港排名全球第十。2022年深圳港集装箱累计吞吐量突破3000万标箱并创历史新高。这是继上海港、新加坡港、宁波舟山港之后，全球第四个年吞吐量突破3000万标箱的港口。2023年，深圳港集装箱吞吐量有所回落，吞吐量为2988万标箱，增速为-0.53%。粤港澳大湾区还拥有香港、广州、深圳等具有国际影响力的航空枢纽。大湾区也是丝绸之路经济带和21世纪海上丝绸之路的交叉点。大湾区内部城市之间高速公路网密集、轻轨不断完善，港珠澳大桥通车，再加上深中通道全线贯通后，珠江口东西两岸将实现快速连接，形成一小时生活圈，建设全球航运中心、物流中心的条件更加成熟。

（三）粤港澳大湾区经济实力雄厚

粤港澳大湾区产业体系健全，产业链条完整。粤港澳三地形成了先进制造业、现代服务业互补互促、协同发展的产业格局，是世界制造业重要基地、国际金融航运贸易中心、世界旅游休闲中心，拥有香港交易所、深圳证券交易所、广州期货交易所。

一是粤港澳大湾区的经济发展水平在全国处于领先位置。40 多年的改革开放和发展，促使珠江三角洲地区成为我国重要的经济中心区域，在全国经济社会发展和改革开放大局中具有突出的带动作用和举足轻重的战略地位，形成了举世瞩目的珠江三角洲城市群。大湾区内珠三角九市立足珠江三角洲城市群的经济发展和区位优势，并与港澳强强联合，其经济发展合力在全国处于领先位置。广东省统计局数据显示，2022 年大湾区内珠三角九市地区生产总值 104681 亿元人民币；香港特区政府统计部门公布的数据显示，香港实现地区生产总值 28270 亿港元，按 2022 年平均汇率折算，约合 24280 亿元人民币；澳门特区政府公布的数据显示，澳门实现地区生产总值 1773 亿澳门元，约合 1470 亿元人民币；粤港澳大湾区经济总量超 13.04 万亿元人民币，占全国经济生产总值（含港澳）的 10.55%。

二是粤港澳大湾区的产业体系完备，集群优势明显。大湾区内各地区经济互补性强，香港、澳门服务业高度发达，珠三角九市已初步形成以战略性新兴产业为先导、先进制造业和现代服务业为主体的产业结构。大湾区内珠三角九市的产业体系比较完备，有着雄厚的制造业基础，被誉为“世界工厂”。2022 年，大湾区内珠三角九市第一产业生产总值 1619.33 亿元，占广东全省第一产业生产总值的 30.32%，第二产业生产总值 37095.18 亿元，占广东全省第二产业生产总值的 70.2%，第三产业生产总值 55552.73 亿元，占广东全省第三产业生产总值的78.32%[①]。从以上数据可以看出，大湾区内珠三角九市在制造业和服务业都有十分雄厚的实力。港澳方面，香港的金融业，澳门的旅游服务业，在全球享有盛誉。

三是粤港澳大湾区拥有繁荣的金融业。广东金融业增加值位居内地各省（区、市）第一，粤港澳大湾区核心城市中的香港、广州、深圳金融业增加值在地区生产总值中占比较高。2021年，香港金融业增加值超过6000亿港元，占当地GDP的比重为23%。2022年，深圳金融业实现增加值5137.98亿元，首次突破5000亿元大关，稳居国内大中城市第三位，金融业增加值占GDP的比重为15.9%。2022年，广州金融业实现增加值2596亿元，占GDP的比重为9.0%。近年来，粤港澳大湾区的资金跨境流动也更加便捷，“深港通”“债券通”“南向通”“跨境理财通”等各类“金融通”政策相继落地实施，人民币成为粤港澳跨境收支第一大结算货币。

（四）粤港澳大湾区创新要素集聚

习近平总书记强调，创新是引领发展的第一动力，是建设现代化经济体系的战略支撑[②]；谁牵住了科技创新这个牛鼻子，谁走好了科技创新这步先手棋，谁就能占领先机、赢得优势[③]。创新可以促进贸易规模的扩大和商品结构的优化，有利于提高贸易的经济效益，促进贸易的长远发展。而且创新会使企业形成较强的出口竞争能力，因此创新对于贸易的发展起到必不可少的作用。粤港澳大湾区科技创新要素高度集聚，科技研发、转化能力突出，拥有一批在全国乃至全球具有重

① 数据来源：各城市的国民经济和社会发展统计公报。

② 习近平：《决胜全面建成小康社会 夺取新时代中国特色社会主义伟大胜利——在中国共产党第十九次全国代表大会上的报告》，新华社，2017年10月27日。

③ 《习近平：当好全国改革开放排头兵 不断提高城市核心竞争力》，《人民日报》2014年5月25日。

要影响力的高校、科研院所、高新技术企业和国家大科学工程，完全有条件成为全球新一轮科技革命和产业创新发展的积极参与者和引领者。粤港澳大湾区科技创新能力强，广东区域创新综合能力连续5年蝉联全国第一，“深圳—香港—广州”创新集群2020年、2021年连续两年位居全球创新指数第二。

一是粤港澳大湾区各市研发投入大，形成了浓厚的创新氛围。2022年，深圳全社会研发投入1682亿元，占地区生产总值比重达5.49%，其中企业研发投入占比94%[①]。广州R&D经费支出占GDP的比重为3.12%。根据《国家创新型城市创新能力评价报告2022》，深圳排名第一，广州排名第四；根据《中国城市科技创新发展报告（2022）》，深圳排名第三，广州排名第四。同时，大湾区创新人才富集。广州市每十万人口高校平均在校生数突破万人，远远超出全国平均水平。另据《广州统计年鉴2022》，2021年广州拥有专业技术人才195万人，科研机构190个，各类科研机构从业人员34055人，其中科研人员28780人。

二是粤港澳大湾区的创新主体高度集聚。高校、高端研发机构、高新技术企业是创新活动最主要的行为主体，是创新的“发动机”。高校和科研机构是新知识生产的载体和创新人才集聚地，能够促进新技术和新企业的产生。在《2022年全球创新指数报告》中，深圳—香港—广州科技集群位居全球第二。粤港澳大湾区有173所高校，其中5所是世界100强大学，同时集聚了大批高水平的实验室和研究机构，研发能力强。统计显示，粤港澳大湾区共有43个国家重点实验室，珠三角有201家省级重点实验室、64家企业重点实验室，香港有6个国家工程技术研究中心香港分中心[②]。此外，粤港澳大湾区还拥有

① 《关于深圳市2022年国民经济和社会发展计划执行情况与2023年计划草案的报告》，深圳政府在线，2023年3月15日。

② 综合开发研究院（中国·深圳）课题组：《以“双转型”引领粤港澳大湾区发展》，《开放导报》2017年第4期。

华为、腾讯、华大基因等一批世界领先的创新型企业，可以带动大湾区企业整体创新水平。

三是粤港澳大湾区多样化、多层次的产业体系有利于形成高效的创新协作关系。创新活动通常贯穿于技术研发到商品化的全过程，需要完整的配套产业作为支撑。粤港澳大湾区产业结构丰富、互补性强，为粤港澳三地协同创新系统和创新生态链的建立奠定了良好的基础。近年来，粤港澳大湾区科技产业协同发展不断深化，并初步形成了“港澳高校—港澳科研成果—珠三角转化”的科技产业协同发展模式，推动了重大科技成果的顺利转化落地。

（五）粤港澳大湾区内部合作基础良好

从历史演进来看，香港、澳门与珠三角九市文化同源、人缘相亲、民俗相近、优势互补，在经贸、技术和信息等领域交流合作密切，粤港澳地区合作具有悠久的历史和良好的合作基础。加之近年来要素便捷流通、资源高效配置和产业协同发展，功能性区域一体化水平不断提升，进一步夯实了合作基础。

一是传统的粤港澳区域合作为新阶段粤港澳大湾区合作奠定了坚实的基础。20 世纪 70 年代末到 20 世纪 90 年代初是粤港澳合作的 1.0 版，主要基于粤港澳之间的经济落差和珠三角经济发展对港澳的高度依赖，港澳的资金、技术和人才与广东的廉价劳动力等资源形成了生产网络，其最终产品借助港澳销往全球各地，这一完整的加工贸易链条把粤港澳三地密切地联系在一起。20 世纪 90 年代，受亚洲金融危机的影响，香港对珠三角的经济辐射能力下降，原有的合作空间萎缩。进入 21 世纪，加快港澳现代服务业和珠三角现代制造业的融合发展成为趋势，以服务业为主的粤港澳合作 2.0 版浮出水面[①]。伴随粤港合作框架

---

① 张紧跟:《论粤港澳大湾区建设中的区域一体化转型》,《学术研究》2018 年第 7 期。

协议的签订和广东自由贸易试验区的设立，粤港澳三地在生产服务领域的合作不断加强。

二是以粤港澳大湾区制度合作为特点的粤港澳合作 3.0 版正在逐步形成。近年来，粤港澳合作不断深化，基础设施、投资贸易、金融服务、科技教育、休闲旅游、生态环保、社会服务等领域合作成效显著，已经形成了多层次、全方位的合作格局。粤港澳大湾区内外循环畅通的新发展格局正在形成，基础设施“硬联通”和规则机制“软联通”不断拓展，对内对外经济联系更加紧密，开展全国全球商贸活动日益便利。

三是粤港澳大湾区内部具有极强的功能互补性，有利于区域协同合作。香港作为国际金融中心，能够为大湾区提供强大的资金支持并作为大湾区接轨国际的重要窗口；深圳科技创新和生产能力强，是大湾区生产力和竞争力升级的核心引擎；广州作为重要贸易中心为大湾区提供贸易平台。此外，佛山、东莞、中山是新型制造业中心；江门、肇庆可以承接其他城市转移出来的传统制造业；珠海、澳门两个相邻城市可以成为大湾区旅游休闲中心；惠州作为深圳的卫星城，除了承接深圳的制造业转移，还承接着深圳外溢的居住需求。

（六）粤港澳大湾区国际化水平领先

香港和澳门两个特区经济与国际高度接轨。香港作为国际金融、航运、贸易中心和国际航空枢纽，拥有高度国际化、法治化的营商环境以及遍布全球的商业网络，是全球最自由的经济体之一，是大湾区走向世界、参与国际合作的“桥头堡”。澳门是我国最早对外开放的港口，与欧盟、葡语系国家联系密切，加入了 106 项国际公约或多边条约，是引进发达国家发展经验的重要桥梁[①]。澳

① 辜胜阻、曹冬梅、杨嵋：《构建粤港澳大湾区创新生态系统的战略思考》，《中国软科学》2018 年第 4 期。

门作为世界旅游休闲中心和中国与葡语国家商贸合作服务平台的作用不断强化，多元文化交流的功能日益彰显。珠三角九市是内地外向度最高的经济区域和对外开放的重要窗口，在全国加快构建开放型经济新体制中具有重要地位和作用。粤港澳大湾区可以充分利用香港和澳门的国际化经验，并与深圳和广州等珠三角九市的产业强强联合[①]，进一步通过国际化激发活力，实现高质量发展。

一是粤港澳大湾区拥有改革开放前沿的政策优势。改革开放以来，我国先后在粤港澳大湾区范围内设立深圳特区和珠海特区（1980 年）、横琴新区（2009 年）、前海深港现代服务业合作区（2010 年）、南沙新区（2012 年）、中国（广东）自由贸易试验区（2014 年）、珠三角国家自主创新示范区（2015 年）和深圳中国特色社会主义先行示范区（2019 年）。这些被赋予国家级特区、新区、自由贸易试验区的地区和城市承担了一系列改革开放的示范引领任务，同时也在改革开放创新中拥有了先行先试的政策集成优势。

二是粤港澳大湾区拥有优越的地理区位优势。粤港澳大湾区背靠内地、连接港澳、面向东盟，向东是海峡西岸经济区和我国台湾地区，向西是北部湾经济区和东南亚各国，向北经南广铁路、贵广铁路、武广高速铁路等陆路交通连接起湖南、湖北、江西、贵州等省，从而进入我国广阔的内陆腹地。凭借优越的地理位置，粤港澳大湾区成为我国国际国内物流运输航线的重要节点，也是 21 世纪海上丝绸之路的重要枢纽。

三是粤港澳大湾区拥有发达的交通网络。粤港澳大湾区位于沿海地带，以其发达的交通网络而著称，该地区河流纵横交错，拥有丰富的机场和港口资源。区内共有香港、澳门、广州、深圳和珠海 5 个国际机场，2023 年的旅客吞吐量合计 1.72 亿人次，货邮吞吐量合计 746 万吨。这一运输规模已超越伦敦、纽

---

① 黄群慧、王健：《粤港澳大湾区：对接“一带一路”的全球科技创新中心》，《经济体制改革》2019 年第 1 期。

约、东京等国际大都市的机场群，在全球各大湾区中排名第一。此外，粤港澳大湾区还拥有香港港、广州港、深圳港、珠海港、东莞港和中山港等一流港口。这些港口不仅具备世界上最好的水深条件、最大的通过能力和最高的效率，而且在全球供应链中扮演着关键的枢纽角色。特别是深圳港、香港港和广州港，它们在全球集装箱吞吐量排名中均位列前十，使得该区域的集装箱吞吐量位居世界第一，甚至超过了世界三大湾区总和的五倍[①]。

四是粤港澳大湾区拥有独特的海外联系优势。得益于其侨乡背景、英语和葡语三大语言文化，大湾区在与海外进行连接交往时具有一定的便利条件。自秦汉时期起，随着海上丝绸之路的兴起，广东岭南地区作为贸易的起点和重要港口，一直是国际文化交流的关键枢纽，逐渐孕育出一种开放、包容、务实和创新的岭南文化。珠三角地区历史悠久，是中国最早开展海外贸易和移民的地区之一，孕育了江门、中山等知名侨乡。同时，香港和澳门的独特历史背景，为该地区增添了华侨文化、英语文化和葡语文化的多元文化基因，使其成为连接中国与世界的文化桥梁，成为连接世界的重要文化纽带。

三、粤港澳大湾区发展面临的问题和挑战

当前，世界百年未有之大变局加速演进，新一轮科技革命和产业变革深入发展，国际力量对比深刻调整，逆全球化思潮抬头，单边主义、贸易保护主义明显上升，世界处于新的动荡变革期。与此同时，我国加快构建新发展格局、推动高质量发展面临不少躲不开、绕不过的深层次矛盾和挑战，来自外部的打压遏制随时可能升级，不确定、难预料因素明显增多。在这一时代背景下，粤

① 单菁菁、张卓群：《粤港澳大湾区融合发展研究现状、问题与对策》,《北京工业大学学报（社会科学版）》2020 年第 2 期。

港澳大湾区建设面临着老问题，也出现了许多新挑战。

（一）国际国内经济形势复杂多变

当前，全球治理体系失衡和不适应问题愈加突出，不稳定、不确定、难预料因素增多。全球化出现退潮，贸易保护主义抬头，国际形势复杂严峻。特别是乌克兰危机的影响深远复杂，不仅影响全球粮食能源安全，甚至可能会激化各国之间的政治分歧和紧张关系，打破现有的国际秩序并危及全球和平与稳定。世界经济的不确定因素增多，在全球增长动能减弱的影响下，欧美通胀固化和银行业动荡的风险持续上升，经济衰退的阴影挥之不去。

从国内看，中国经济处于推动高质量发展爬坡过坎的关键期，经济下行压力和结构性矛盾依然突出，各类风险隐患易发多发。考察改革开放以来我国的经济发展历程可以看到，中国宏观经济和金融发展时常面临内外部危机事件的负面冲击。特别是 2008 年全球金融危机爆发以来，欧洲债务危机、中美贸易摩擦、世纪疫情、乌克兰危机等“黑天鹅”和“灰犀牛”事件频频发生，给处于新旧动能转换、结构优化调整关键时期的中国经济带来了巨大挑战。在遭受发达经济体政策外溢、逆全球化和贸易保护主义以及全球新兴经济体结构性改革等不确定性因素的冲击和影响下，我国经济和金融运行的潜在不确定性和困难程度有所加剧。

粤港澳大湾区是我国重要的对外贸易中心。随着中国经济的发展和结构调整，对外贸易对经济增长的贡献在不断下降，这给粤港澳大湾区对外贸易的发展带来挑战。地缘政治的不确定性和全球向低碳经济转型的趋势要求大湾区加强产业链供应链的安全，并提升高端产业的自主创新能力。中国经济潜在增长平台下移，叠加外部政治经济环境变化，粤港澳大湾区经济增长出现放缓势头，值得高度关注。

（二）粤港澳大湾区经济发展质量面临更高要求

粤港澳大湾区经济实力雄厚、创新资源丰富、市场经济发达，是我国开放程度最高、经济活力最强的区域之一。2022 年，大湾区珠三角九市地区生产总值超过 10 万亿元，加上港澳两地地区生产总值，粤港澳大湾区经济总量超过 13 万亿元，综合实力显著增强，粤港澳大湾区正朝着建成国际一流湾区和世界级城市群的既定目标加速前进。

新一轮科技革命和产业变革深入发展，我国经济也由高速增长阶段转向高质量发展阶段，国际国内环境都要求大湾区实现更高质量的发展。一方面，相比国内其他地区，粤港澳大湾区在高质量发展方面面临着更高的标准和更高的要求。作为国家重大战略，粤港澳大湾区要承担起新的使命任务，在推动高质量发展方面走在前列、做好示范，要统筹用好国内国际两个市场、两种资源，打造全球高端要素资源集聚地。另一方面，在看到成绩、优势的同时，也应当清醒地认识到，粤港澳大湾区距离东京湾区、纽约湾区、旧金山湾区等国际一流湾区和世界级城市群仍有差距，实现高质量发展仍然任重道远。

粤港澳大湾区经济运行仍存在部分领域产能过剩、供给与需求结构不平衡不匹配等矛盾，经济增长内生动力有待增强。总体上来看，大湾区内珠三角九市现有的传统产业发展方式依然较为粗放低效，主要表现在技术创新能力不强、产品附加值不高和产业布局不合理等方面。此外，粤港澳大湾区内部的传统优势产业存在结构趋同的问题，导致部分产能出现过剩，尤其是深圳、东莞、惠州的制造业和珠海、佛山、中山三地的工业结构存在明显的趋同化。比如，粤港澳三地在数字产业发展方面的协同效应尚未形成良好局面，数字化发展较快的城市引领带动作用发挥不够明显，城市间的产业合作和优势产业协作互补存在深度不足的问题。其中，深圳的数字化发展水平相对较高，但在大湾区内尚未形成强劲的辐射带动作用。就制造业而言，大湾区内部的创新制造企业大都集中在广州和深圳，惠州、中山、江门、珠海、肇庆等地的制造业发展短板比较明显。

粤港澳大湾区的劳动生产率有待进一步提高，技术创新后劲需进一步增强。在产业发展方面，粤港澳大湾区主要以制造业和出口加工业为支柱，同时也在金融、科技和创新等领域发挥重要作用，而旧金山湾区、纽约湾区和东京湾区则主要以金融、科技和服务业为主要经济支柱。从产出规模看，粤港澳大湾区的经济总量虽大，但人均产值低，地均产值也比其他几个湾区低，单位 GDP 的能耗却比其他几个湾区高。以高端创新人才为例，粤港澳大湾区还存在较大缺口。虽然大湾区拥有香港大学、香港中文大学、中山大学、华南理工大学等国际国内知名高校，培养了众多人才，但区域内高端复合型人才、具有企业家精神的创业者以及具有工匠精神的高级技工和技术研发人员仍然缺乏。近年来，粤港澳大湾区科研人员数量增长缓慢，增长率波动下行，甚至一度出现科研人员负增长的现象。

（三）大湾区内部统一市场尚未形成

粤港澳大湾区整体处于“一个国家、两种制度、三种货币体系、四个关税区（含自贸区）”的状态，存在区域分割等问题，尚未形成完全统一的区域大市场，要素还不能高效便捷流动。粤港澳大湾区内有着两种不同的社会制度，从而形成了粤港澳大湾区特有的法律环境，这在一定程度上影响了粤港澳三地的贸易往来，影响着大湾区的快速发展。首先，社会制度的不同影响着大湾区建设。“一国两制”会导致港澳地区和珠三角九市在经济交流方面存在一些障碍。其次，法律体系的不同影响着大湾区建设。内地和港澳地区进行贸易的时候，会不可避免地面临存在差异的民商法律体系的交叉与融合问题，当法治难以达到共同融合，大湾区各城市之间生产要素的流动便会存在壁垒，阻碍资源流动，增加粤港澳大湾区协调发展的难度，这对大湾区的贸易发展提出了更高的要求。

一是劳动力流动限制仍然较多。在通关程序和入境人才方面，还存在一些不利于劳动要素自由流通的因素。目前粤港澳大湾区三地的财政税收制度还存在着差异，尤其是个人所得税的制度还存在着较大的差异。人才要自由流动，就得确保人才流动不因税制的差异而导致其收入有很大差距。而当前珠三角九市个人所得税税负差额的补贴优惠基本上是由各个城市认定的，比如境外高端人才和紧缺人才的认定标准。从这个角度看，有必要进行相应的统一，才能促进人才有效配置。再比如，人口流动之后，需要对应享受公共服务，但是现在粤港澳大湾区公共服务的一体化程度有待进一步提高。教育、社保、住房等还具有较大的差异，导致人口在流动时会考虑公共服务的变化，比如大湾区的社保通，三地养老金中来源于政府补贴的比例目前还有一些差异。

二是资本要素的自由流动仍然受到限制。粤港澳大湾区无论是在政策支持、经济基础，还是在产业布局等方面都展现出发展的优势地位，但由于粤港澳三地现在的汇率体系存在一些差异，跨境资本流动管理也存在一些差异，同时港澳金融机构在珠三角地区业务办理的范围也受到一些限制，这就使得资本流动也受到一些限制。

三是商品流通标准尚不统一。对比深圳和香港、珠海和澳门之间的商品货物的流动，口岸检查机制、标准计量和质量认可等方面标准并不统一。2023 年 4 月，为促进粤港澳大湾区标准化工作，推动粤港澳大湾区高质量发展，广东省市场监督管理局发布《促进粤港澳大湾区标准发展指南（试行）》，广东省市场监督管理局、香港特别行政区工业贸易署、澳门特别行政区政府经济及科技发展局基于共同促进粤港澳大湾区标准发展合作机制，将按照国家标准化管理委员会、粤港澳大湾区建设领导小组办公室的总体工作要求，共同推进粤港澳大湾区标准化工作。广东省人民政府和国家标准化管理委员会共建的粤港澳大湾区标准化研究中心，在共同促进粤港澳大湾区标准发展合作机制框架下，具体负责“湾区标准”研究、清单公布及维护等相关支撑工作。目前来看，需要加快推进“湾区标准”建设，尽快以“标准”这一世界通用语言助推粤港澳大湾区融合发展。

（四）大湾区存在同质化竞争和资源错配现象

粤港澳大湾区内部存在多种不同的体制机制，当多种经济体制共同运行时，在发展过程中如果协调不力，就会产生利益争夺甚至出现恶性竞争的情况，从而导致严重内耗。粤港之间的贸易空间在进口方面存在较大的重叠，主要进口来源地均是东亚、东南亚，并且进口商品都以机械电气设备为主，占比超过60%；除机械电气设备外，粤港还在仪器、医疗器械、钟表及乐器、矿产品、化工产品等主要进口商品上有较大重叠，贸易竞争较激烈。对比之下，澳门的进口商品结构较为分散，与广东、香港的进口相似度较低，没有过多潜在竞争。总体而言，粤港贸易竞争较强，澳门相对竞争较小。广东贸易迅速发展，规模上正在赶超香港。

粤港澳大湾区城市群功能分工格局仍存在两个主要问题：其一，尽管中心城市在研发、营销等功能上具备绝对优势，但其高质量的资本和技术要素储备相对不足，难以有效支持高端功能专业分工。对于外围城市而言，由于集中所有要素资源从事生产功能专业化分工，它们逐步贻误了借助技术和资本要素禀赋推动城市功能优化升级的机遇。其二，经济社会发展状况和财税等制度特殊性的共振叠加，一定程度阻碍了大湾区内部要素的自由流动，导致大湾区各城市均存在不同程度的功能分工与要素禀赋错配情况，进而成为制约粤港澳大湾区经济协调可持续发展的重要瓶颈①。

① 张志明、林琳、周艳平:《打造粤港澳大湾区城市群功能分工新格局》,《中国社会科学报》2022 年 6 月 8 日。

以港口为例，粤港澳大湾区内有香港港、深圳港和广州港三大世界前十的集装箱港口。此外，广东省内还有珠海港、汕头港、湛江港等五大沿海主要港口和佛山港、肇庆港两大内河主要港口，辐射华南、西南地区。大湾区内的世界级港口群充满活力，承载能力极高，但在运行中还存在着不协调的问题。

一是港口资源配置不优、同质化竞争较为激烈。珠江港口群由多个不同的市场主体负责运营，包括招商局港口、盐田港集团、广州港集团、广东省航运集团、珠海港控股集团、东莞港务集团、汕头港务集团、茂名港集团、惠州港务集团以及中山港航集团等。这些主体各自管理着不同城市的港口，形成了一种“一城一港”的格局。这种发展模式导致了港口之间的竞争日益加剧，主要表现为服务和功能的同质化。此外，公共资源的配置并不理想，影响了港口的整体竞争力。尽管港口规模庞大，但在现代港口物流和航运服务业的发展上却显得相对滞后，未能充分发挥其潜力。

二是港口运营成本存在差异。以广州港为例，它位于珠江口西岸，珠三角的地理中心，紧邻佛山、珠海、中山、江门、肇庆等以制造业和贸易加工为主的城市。这些城市拥有发达的内河网络和密集的高速公路网，使得运输成本较低，且劳动力资源丰富，因此广州港的作业费用相较于深圳港和香港港更为优惠。然而，在通关费用方面，广州港的费用较高，这主要是因为广州港的作业区域由广州海关和黄埔海关两个不同的海关监管，这可能导致需要进行两次报关和转关，加之口岸费用的计征标准不一致，造成了通关成本的增加和效率的降低。相比之下，深圳港由单一海关监管，实现了三检合一的联检制度，口岸监管环境较为宽松。香港则实行自由港政策，政府不干预港航企业的经营，实施船舶开放登记，大部分货物免征关税，通关效率极高。

三是港口的一体化运输网络尚未完善。深圳港和香港港位于珠江出海口的东岸，由于铁路建设相对滞后，集装箱的集疏运主要依赖公路和水路。虽然珠江东岸的外贸集装箱大多可以通过集卡车进行集疏运，拥有较高的效率，但这给城市带来了巨大压力。广州港位于珠江西岸，铁路仅连接到黄埔港区和新沙港区，而南沙港区的铁路仍在建设中。集装箱的集疏运以水转水（驳船运输）为主，辅以陆运和铁路。特别是南沙港区，70% 的集疏运依赖于内河驳船，在中国沿海的主要集装箱港口中这是“水水中转”比重最高的，但运输效率相对较低。广州、深圳和香港三个港口在铁路运输方面共同面临的问题是运输能力不足，无法与港区顺畅衔接，难以充分发挥中长距离集疏运的优势。

（五）大湾区内部发展差距依然较大

粤港澳大湾区内部发展存在发展不充分、不平衡的问题，发展差距依然较大，协同性、包容性有待加强。长期以来，大湾区内部东西两岸一直面临发展不协调、不平衡的问题。2021 年，大湾区 11 个城市的人均生产总值已经基本达到了国际中等偏上的水平，但是内部分化明显，其中香港、澳门的人均 GDP 遥遥领先，深圳、珠海、广州、佛山、东莞、惠州处在第二梯队，属于高收入水平，而中山、江门、肇庆则处于第三梯队，属于中等偏上的水平。

珠江东西两岸连通性不强，高能级城市不能有效辐射带动其他城市，是导致上述问题的重要原因。珠江两岸交通基础设施建设虽然相对于国内其他地区而言较为先进，但与大湾区一体化发展的要求相比则较为滞后，阻碍了生产要素和创新资源的跨城市流动。东岸发达的经济发展无法有效影响到西岸地区。由于两岸生产要素的回报率存在明显差异，创新资源必然会从粤港澳大湾区的西岸大量转向东岸。以广州、深圳、香港为代表的珠江东岸经济圈，占据了 60% 以上的经济总量，而佛山、中山等西岸地区经济发展并不理想。同时东岸有香港、深圳两个经济十分发达的大城市，而西岸则缺乏能引领经济发展的城市。香港和澳门属于全球经济体中的发达地区，产业结构高级化程度较高且产业结构相对稳定，而广东省虽然是我国东南沿海的发达省份，并且地区生产总值在全国排名第一，但仍然存在不少能源消耗高、环境污染严重、亟须淘汰的落后传统产能，推进产业绿色转型升级的压力相对较大。

粤港澳大湾区内部面临创新资源分布不平衡的问题。广州、深圳和香港是大湾区中三大核心城市，集聚了大湾区大量的创新资源和创新能力，而西岸城市的创新资源则相对缺乏，创新能力不足。创新资源分布的不平衡限制了创新活动的广泛开展。创新资源分布不均、发明创新质量不高、跨境创新合作机制不健全等问题限制了大湾区西岸部分城市的经济发展，西岸产业和人口聚集度较低，难以形成规模效益。从大湾区各城市 R&D 投入与产出数据来看，深圳 R&D 投入强度已达到发达国家水平，也远远领先于大湾区其他城市。尽管广州研发投入总量达到 532 亿元，但研发投入强度仅为 2.48%。从大湾区内珠三角九市先进制造业以及高技术制造业增加值及所占比重可以看出，深圳在先进制造业、高技术制造业方面大幅领先其他大湾区城市。东莞、佛山则依靠制造业传统优势在先进制造业发展中表现突出。而广州则相较落后，以科技创新改造规模庞大的存量传统制造业仍需加紧脚步；大湾区内部边缘城市如肇庆、江门等先进制造业、高技术制造业所占比重都较低，与大湾区其他城市差距进一步拉大。

（六）大湾区产业结构存在短板

相较于世界一流湾区，粤港澳大湾区十一市第三产业占比偏低，并且存在“两极化”的问题。其中，香港、澳门第三产业占比超过 90%，已经进入后工业化阶段，而广州、深圳等城市第三产业占比低，大湾区其他内地城市在第三产业向高端化发展的道路上则面临更大的差距，具体数据如表 1–3 所示。

表 1-3　2022 年粤港澳大湾区产业结构占比

城市	第一产业（%）	第二产业（%）	第三产业（%）
香港	0.0	7.3	92.7
澳门	0.0	8.7	91.3
深圳	0.1	38.3	61.6
广州	1.1	27.4	71.5
东莞	0.3	58.2	41.5
惠州	5.1	55.9	39.0
珠海	1.5	44.7	53.8
中山	2.5	49.4	48.1
江门	8.6	45.7	45.7
佛山	0.0	34.7	65.3
肇庆	18.0	41.7	40.3

注：澳门为 2020 年数据。

资料来源：2023 年珠三角各市国民经济和社会发展统计公报，《澳门统计年鉴（2021）》。

大湾区内珠三角九市的市场经济体制有待完善。大湾区东岸高新技术制造业占比较高，已形成以电子信息、人工智能、生物医药、新材料、汽车 / 新能源汽车制造等为代表的产业集群；西岸主要是家电制造、纺织服装、石油化工、电器机械等产业，支柱产业分散，优势产业不突出且规模偏小，整体偏传统产业，与东岸相比，西岸各城市之间存在重叠、重复性竞争。江门、肇庆、惠州产业基础相对薄弱：惠州主要是电子工业和石油化工，肇庆围绕广州、佛山的汽车和先进装备产业上下链条发展配套产业集群，江门主要是石化、金属制品、食品加工等。

香港经济增长缺乏持续稳固的产业支撑。作为一个高度融入世界经济体系的外向型经济体，香港经济运行与外部经济波动息息相关。自 20 世纪 50 年代以来，香港经济经历了三次转型，制造业基本上都搬离了香港，如今服务业占绝对主体地位，保留下来的制造业企业屈指可数。近年来不少香港工商界人士呼吁产业回流，但成效不彰。香港虽然是一个以服务业为主体的高度开放型小型经济体，服务业占香港经济比重高达九成以上，但香港服务业总体上仍停留在传统的金融、商贸、航运、会展等领域，而创新金融、电子商务、科技产业服务等新型服务业态则成长缓慢。

澳门经济结构相对单一、发展资源有限。澳门由博彩业而兴，从 2010 年到 2019 年，博彩业毛收入占澳门本地生产总值比重均超过六成。产业结构单一，发展空间有限，一直是澳门经济可持续发展面临的重要难题。据澳门特区政府统计暨普查局数据，2023 年，澳门特区博彩业总收入高达 1830.59 亿澳门元，占到澳门 GDP 的 49.68%，博彩业税收更是达到特区政府总收入的 65% 左右。以博彩业为龙头而带动的经济快速发展虽然让澳门成为全球最富裕的地区之一，但博彩业“一业独大”的经济结构不可避免地潜藏了不少问题。依靠单一博彩业无法为澳门经济提供更多的活力，这种高度依赖外部游客的产业结构非常脆弱。澳门从事高端服务业尤其是博彩行业人数较多，而从事以高端制造业、高新技术行业为代表的高端产业人才较为缺乏。澳门现有澳门大学、澳门科技大学等国际化高水平大学，已建成 4 所国家重点实验室。但澳门科研成果主要以实验室科研为主，与产业应用的结合相对欠缺，“文章多，产业少”，欠缺成果转化动能，而且科研平台数量仍显不足。企业是科技创新成果转化的主体，由于澳门缺少具有创新能力和动力的企业，导致其整体研发投入较低。此外，澳门资本市场不发达，缺少风险投资，难以为科技产业化提供金融支持。政府层面的科技委员会和科技发展基金发挥的主要是咨询和资助功能，缺少科技管理职能的专职机构。

（七）大湾区资源要素约束更趋紧张

随着开发强度的增加，土地越来越成为稀缺的要素。粤港澳大湾区三面环山，三江汇聚，面向南海，且地处海陆交互作用地带，地质条件优越，但区域开发强度已经较大，且各地之间差异较大，局部存在一些地质问题。大湾区耕地面积总量少，约7820平方公里。数据显示，2023年佛山现状土地开发强度高达40.83%，超过地区土地开发强度警戒线水平，也远高于珠三角平均土地开发强度。有“广东四小虎”之称的顺德土地开发强度更是高达53%。港澳城市空间高度拥挤，背后原因是香港土地略少而生态用地比重极高，澳门则是土地面积极少。香港、澳门陆地面积在粤港澳大湾区十一市中排在最末两位，人口密度在全球主要经济体中分别位列第四、第一。香港近年在创新科技上有一定成果，而在“再工业化”策略下，发展以新技术及智能生产为基础的先进制造业亦大有可为，但土地不足仍将制约发展。

粤港澳大湾区水资源空间分布不均匀，供需矛盾突出。区域性资源性缺水问题严重，区域性典型水质性缺水状况较为普遍，水资源开发利用率高，水资源安全形势严峻，洪涝灾害频繁，防洪抗灾能力不强，能源储备体系不完善。研究发现，2019年粤港澳大湾区人口与水资源量、GDP与水资源量的匹配程度较低，基尼系数分别为0.520和0.651，属于高度不平均等级，且基尼系数呈上升趋势；通过泰尔指数得到了相同的结论，区域间差异对总体差异贡献率较大，而区域内的人口、GDP与水资源分配差距不突出；2019年粤港澳大湾区水资源负载指数为4.0，等级为Ⅲ级，开发利用程度为中等水平，各城市水资源负载差距较大，且呈逐年增加趋势，表现为经济总量大、人口密集、水资源条件相对不足的地区，开发利用程度高、潜力小；粤港澳大湾区水资源空间分布与生产力布局不协调，且水资源空间不均衡性有进一步加剧的趋势[①]。

能源对外依存度较高，能源安全保障程度仍不够高。大湾区一次能源资源

---

① 黄锋华、黄本胜、洪昌红等：《粤港澳大湾区水资源空间均衡性分析》，《水资源保护》2022年第3期。

匮乏，缺煤、少油、乏气，水能资源基本开发完毕，风电、光伏等可再生能源尚未大规模开发利用，能源供应易受极端天气、突发事件、国际能源市场等外在因素影响。由于新能源发电存在明显的季节性和间歇性特点，加上电网网络的限制和西电东送的不确定性，在高峰负荷时段，特别是在珠三角地区，电力供应紧张的情况时有发生。随着核电和可再生能源的逐步投入使用，电网的调峰压力不断增加。能源结构的清洁化和低碳化水平需要进一步提高，以更好地符合碳达峰碳中和目标。虽然大湾区能耗强度在国内处于领先地位，但与发达国家相比仍有明显差距。

生态保护面临着严峻挑战，发展空间受限。由于受到全球气候变化和城市化进程的严重影响，以及缺乏顶层设计和跨区域生态合作，粤港澳大湾区的生态空间受到严重侵占，生态系统功能退化，资源和能源的约束日益紧张，环境压力不断增加。城市发展在不断挤压生态空间，填海面积超过900平方公里，陆域水体减少了近1000平方公里，自然岸线和沿海湿地面积大幅减少，珠江口沿海的天然红树林面积已不足0.03平方公里。由于城镇和工业区布局不合理，人口高度集中，环保基础设施建设滞后，污染负荷不断增加，大湾区的环境污染问题呈现出区域性和复合性的特点，尤其是一些行政区交界地带已经成为生态问题的重灾区。大湾区的海岸线资源日益紧张，珠海自然岸线保有率只有11%，而中山、广州和东莞更是已不足6%。此外，粤港澳大湾区的滨海湿地丧失率较高，局部海域生态功能减弱，海洋生物多样性和生物体质量呈下降趋势，珊瑚礁、红树林和海草床等典型海洋生态系统遭到不同程度的损害，一些自然保护区的生态安全形势严峻。

（八）大湾区人口红利在逐步消减

人口老龄化问题成为香港经济社会可持续发展面临的重大挑战。从人口总量看，自2020年步入人口负增长后，香港连续3年人口数量下跌。截至2022年末，香港人口临时数字为733.32万人，与2021年同期740.15万人相比减少6.83万人，跌幅为0.9%。2021—2022年的人口下跌由自然减少（即死亡人口多于出生人口）及香港居民净移出（即移入人口少于移出人口）组成。一方面，自然减少的人口在2022年有所扩大，减少了2.95万人。另一方面，这个“移民城市”的外来人口也在减少。2022年净移出人数为3.88万人，其中2.12万人为单程证持有人的净移入，6万人为其他香港居民的净移出。诚然，2023年香港人口数呈现小幅回升，截至2023年底，香港总人口为750.31万人。从人口结构看，香港人口持续走向高龄化。香港人口年龄中位数由1991年的31.6岁升至2021年的46.3岁。生育方面，香港生育水平在过去30年间呈现下跌趋势。其中，总和生育率由1991年的每千名女性相对1281个活产婴儿下降至2021年的772个。同一时期，香港死亡率持续下降，以致平均预期寿命出现上升。香港号称全球人均寿命最长的地区之一，男性的出生时平均预期寿命由1991年的75.2岁增至2021年的83.2岁，同期女性则由80.7岁增至87.9岁。

澳门人口流动性和增长都较为缓慢。澳门在回归后的前10年有一定的人口流入和增加，之后10多年的总人口变化不大。特别是自2014年以来，人口总数维持在65万~68万人，年均增长不足1%。另外，澳门的老龄人口比例持续上升，从2015年的14.6%升至2023年的16.7%，年轻劳动力数量持续下降。

相比长三角地区，粤港澳大湾区“人口数量红利”占优势，但长三角地区更具有人口素质优势。目前，粤港澳大湾区和长三角地区的人口年龄结构均呈现出“两头低、中间高”的特征，即少年儿童人口和老年人口占比相对较低，而劳动力人口的比例较高。大湾区劳动力人口及老年人口占比分别达74.72%和9.00%，同期长三角地区占比分别为71.74%和13.59%。2023年，大湾区珠三角九市常住人口占广东常住人口的81.97%，按国际通用标准衡量，广东和长三角地区常住人口年龄结构属于“老年型”，但人口出生率和人口迁移，特别是跨省流动人口规模大，广东人口老龄化进程比全国和其他省份有所迟缓。珠三角虽然整体上仍然比较年轻，但是各地区老龄化水平也在随着时间逐步加深，老龄化程度较高的是广州中心区以及珠三角边缘区县。因为金融和科技的缘故，广州、深圳、东莞和佛山等地吸引了大量的年轻人，人口规模大且多数都是年轻人，老龄化程度则相对较低。

四、政策建议

当前全球正经历百年未有之大变局，粤港澳大湾区建设，要综合研判所拥有的机遇与基础，以及所面临的问题与挑战，以提升大湾区经济一体化水平、全面构建现代化产业体系、加快建设国际科技创新中心为重点，加快推进粤港澳大湾区建设。

（一）提升大湾区经济一体化水平

提升大湾区经济一体化水平是全面建设粤港澳大湾区的应有之义。粤港澳大湾区经济一体化发展的核心，要以战略共识、制度保障、要素流动为基础支撑，以空间格局、产业经济、统一市场为主要表现形式[①]。

第一，要进一步推动三地的标准互认和规则衔接，在一些重点领域如食品药品安全、工程建设、通信、通关、环保等领域取得突破，提升大湾区市场一体化水平。目前在中央和地方层面都已成立了推进粤港澳大湾区建设领导小组，

① 倪外、周诗画、魏祉瑜：《大湾区经济一体化发展研究——基于粤港澳大湾区的解析》，《上海经济研究》2020年第6期。

应尽快建立相应的协调机制，为大湾区的发展提供制度保障；在大湾区内各地方政府之间建立联合协调委员会，加强地方务实合作，推动规划加快落实。

第二，牢牢把握扩大内需这一战略基点，加快粤港澳大湾区国际消费枢纽建设，聚焦结构优化和扩大有效投资，强化与京津冀协同发展、长江经济带发展、长三角一体化发展、黄河流域生态保护和高质量发展等区域重大战略的对接联动，在服务构建全国统一大市场中发挥更重要的作用。

第三，更好地发挥港澳自由开放经济体和广东改革开放排头兵的优势，促进国内国际两个市场、两种资源的畅通连接，不断增强粤港澳大湾区在联通国内国际双循环中的功能作用，使大湾区成为我国构建新发展格局的战略支点。立足新发展格局，提升粤港澳大湾区应对国际国内复杂经济形势的能力。

第四，推动跨境要素的高效便捷流动。比如，市场准入、标准认定、知识产权保护，政府都必须基于高标准的市场规则体系，并且是要一体化的。人才、资本、信息、技术等高端创新要素的自由流动是大湾区内部协同创新的关键所在。在人才方面，需要制定跨域流动的优惠政策，如为在粤工作的港澳科研人员购买社会保险、允许办理多次往返通行证，并通过提高薪酬、改善生活质量、提供多元生活方式等手段促进人才的流入。在资本方面，营造最优的金融和投资环境，促进粤港澳三地资金的往来，充分发挥香港的金融优势，并与内地的金融资源形成互动，降低金融的交易成本，鼓励资本跨域流动。在信息方面，通过对区域基础设施进行合理规划布局，完善交通配套基础设施，促进粤港澳三地通关通行更加便利，借助现代科技加强各类信息交流平台建设，以促进信息要素的流动。在技术方面，破除影响创新要素自由流动的瓶颈和制约，推动创新要素在大湾区内部顺畅、便捷、高效地流动。

第五，充分发挥横琴、前海、南沙三大平台的引领带动作用。抓住横琴、前海、南沙这三个粤港澳重大合作平台，将其作为推进大湾区建设的关键之举。三大平台毗邻港澳，具有对接港澳、与港澳深度融合发展得天独厚的区位优势。从战略定位上看，横琴的目标是要构建与澳门一体化高水平开放的新体系，推动澳门的经济适度多元发展；前海的目标是打造高水平对外开放的门户枢纽，支持香港的服务业发展；南沙地处大湾区的地理几何中心，幅员广阔，腹地较深，其目标是深化面向世界的粤港澳全面合作。三个平台均是服务港澳、拓展港澳发展空间、引领带动粤港澳全面合作的重要载体。可以通过探索跨区域协调发展机制，为国内更大范围的区域间协同发展提供示范。

（二）全面构建现代化产业体系

立足于粤港澳大湾区的资源禀赋特点和产业发展优势，以优化产业链、升级供应链、提升价值链为目标，推进大湾区内产业实现链式发展、互补发展、协同发展，推动制造业与生产性服务业良性互动，逐步形成区域产业集聚发展格局和协同发展体系。

第一，推动产业深度融合发展。粤港澳大湾区要充分利用港澳现代金融、专业服务的优势，以及广东制造业体系健全、市场规模庞大的优势，推动优势互补结合，推动建设具有国际竞争力的现代化产业体系。整合香港、深圳、广州、东莞等地的港口资源，加大公路桥梁、轨道交通等公共基础设施建设和生态环境等公共产品供给，探索建立粤港澳大湾区融合发展先行试验区，推动粤港澳大湾区产业深度融合发展。

第二，强化产业分工和合作能力。粤港澳大湾区的中心城市与重要节点城市应注重错位发展，在此基础上以产业合作为核心，带动粤港澳大湾区的整体产业结构升级，共同推动粤港澳大湾区加快发展先进制造业、培育壮大战略性新兴产业、有序发展现代服务业，以构建粤港澳大湾区具有国际竞争力的现代产业体系[①]。比如说，东岸打造研发密集型、资本密集型的高端信息电子和新能源汽车制造产业带；西岸发展现代装备制造、智能家电升级、康养医疗服务产业带；江肇惠主要发展一般制造业、现代生态农业，承接东西岸产业转移和产业配套。通过强化分工和合作能力，更好地解决大湾区内部同质化竞争和资源错配问题。

（三）加快建设国际科技创新中心

要加快建设大湾区国际科技创新中心，实施一批具有前瞻性、战略性的国家重大科技项目，协同港澳推进建设一批世界级创新平台，不断强化科技创新策源能力。

第一，政府树立奋发有为的观念，破除政策性束缚。在“一国两制”的前提下，加快粤港澳大湾区协同创新的顶层设计，制定粤港澳大湾区发展规划，加强各城市间的协同与沟通，打造创新的利益共同体。在《深化粤港澳合作 推进大湾区建设框架协议》基础上，加快构建粤港澳科技合作的常态化机制，逐步统一市场准入和市场监管制度，统一技术研发、使用、考核等标准，推动大湾区一体化建设。在发展观念上，实现由“双边”或“三边”关系向“命运共同体”关系的观念转变[②]。

第二，以完善粤港澳协同创新机制为抓手，推动科研资金、仪器设备、试验样品、科研人员、科学数据等创新要素跨境高效便捷、安全有序流动，推动三地创新资源高效对接联通，不断提升创新能级。依托多元主体协同创新机制，

---

① 覃成林、潘丹丹：《粤港澳大湾区产业结构升级及经济绩效分析》，《经济与管理评论》2020 年第 1 期。

② 黄群慧、王健：《粤港澳大湾区：对接“一带一路”的全球科技创新中心》，《经济体制改革》2019 年第 1 期。

通过对地方政府、高等院校、科研院所、核心企业以及中介服务机构等资源的整合，推动制度创新、知识创新、技术创新，充分发挥其在加速要素流动和链接创新主体方面的纽带作用，加快协同创新系统建设，释放创新主体协同效应，推动产学研深度融合，打造全球技术创新领先湾区。

未来，要充分发挥粤港澳大湾区在区位和基础设施优势、经济实力雄厚、创新要素集聚、国际化水平领先、合作基础良好等方面的优势，妥善应对各种风险挑战，着力推动粤港澳大湾区建设成为我国新发展格局中的战略支点、高质量发展的示范地和中国式现代化的引领地，更好地服务国家战略。

第二章

南沙、横琴、前海：粤港澳大湾区发展的三个平台*

粤港澳大湾区是由广东省的九个主要城市——广州、深圳、珠海、佛山、惠州、东莞、中山、江门、肇庆，以及两个特别行政区——香港和澳门构成的城市群，作为中国开放程度最高、经济活力最强的区域之一，承载着高质量发展的重要使命。广州南沙、珠海横琴和深圳前海三个自贸区以其各自独特的优势扮演着不同的角色，共同推动粤港澳大湾区的高质量发展。

一、南沙粤港澳全面合作示范区

南沙粤港澳全面合作示范区位于广东省广州市最南端，东与东莞市隔江相望，西与中山市、佛山市顺德区接壤，地处珠江出海口和粤港澳大湾区地理几何中心，是广州市唯一的出海通道，也是连接珠江口两岸城市群和港澳地区的

---

* 本章作者为中国发展研究基金会课题组。

重要枢纽节点，更是21世纪海上丝绸之路以及陆上丝绸之路的连接点。在南沙方圆100公里的范围内，覆盖粤港澳大湾区内九大城市、六大机场。

2012年，国务院正式批复《广州南沙新区发展规划》，南沙新区被设立为国家级新区，是第六个国家级新区。2015年，中国（广东）自由贸易试验区广州南沙新区片区正式挂牌成立。2022年6月，为推动广州南沙粤港澳重大合作平台建设，国务院发布《广州南沙深化面向世界的粤港澳全面合作总体方案》（简称《南沙方案》）。

《南沙方案》赋予南沙立足湾区、协同港澳、面向世界的战略定位，强调与港澳协同，共同扩大对外开放：将南沙打造成为香港、澳门更好融入国家发展大局的重要载体和有力支撑。

二、横琴粤澳深度合作区

横琴粤澳深度合作区位于广东省珠海市南部的横琴岛，珠江口西侧，与澳门三岛隔河相望，最近处仅200米。虽然地处珠海，但由于地形地貌的原因，横琴与珠海市区的交通互连性并不好，反倒不如与澳门特区往来近便。

2009年，国务院批复实施《横琴总体发展规划》，横琴新区正式挂牌成立，成为继天津滨海新区、上海浦东新区之后的第三个国家级新区。2015年，中央审议通过设立广东自贸区横琴片区。2021年9月，中共中央、国务院发布《横琴粤澳深度合作区建设总体方案》（简称《横琴方案》），横琴粤澳深度合作区正式成立。

《横琴方案》的定位是“新平台、新空间、新示范、新高地”，即促进澳门经济适度多元发展的新平台，便利澳门居民生活就业的新空间，丰富“一国两制”实践的新示范，推动粤港澳大湾区建设的新高地，赋予横琴创“新”发展的重要使命。

三、前海深港现代服务业合作区

前海深港现代服务业合作区地处广东省深圳市南山半岛西部，位于珠三角区域发展主轴与沿海功能拓展带的十字交会处，紧邻香港特别行政区，具有独特的区位优势和基础条件。

2010年，国务院批复实施《前海深港现代服务业合作区总体发展规划（2010—2020年）》，提出“把前海建设成为粤港现代服务业创新合作示范区”。2015年，深圳前海蛇口自贸片区挂牌成立，标志着前海自贸区的正式成立。2021年9月，中共中央、国务院出台《全面深化前海深港现代服务业合作区改革开放方案》（简称《前海方案》），进一步扩展前海合作区的发展空间，总面积由14.92平方公里扩展至120.56平方公里，并提出到2025年和2035年的发展目标。

《前海方案》聚焦“扩区”和“改革开放”两个重点，目的在于打造粤港澳大湾区全面深化改革创新试验平台，建设高水平对外开放门户枢纽，其核心是现代服务业的高质量发展。

四、三个平台对比

鉴于原有经济基础、人口规模、地区面积差异等因素，南沙粤港澳全面合作示范区、横琴粤澳深度合作区和前海深港现代服务业合作区之间的经济发展状况存在着较大差异。如表2-1所示，三者之中，南沙的面积最大（803.00平方公里），横琴（106.00平方公里）与前海（120.56平方公里）的面积接近。在地区生产总值方面，2023年前海的地区生产总值高达2464.10亿元，为三者之中最高，南沙次之（2323.54亿元），横琴（472.53亿元）尚不足前海的 1/5。在进出口额上，三者表现出更为明显的差异，2023 年前海的进出口额最高（4940.00 亿元），比南沙（2912.09 亿元）高约 70%，将近横琴同期水平（251.22 亿元）的 20 倍。

表 2–1 三个平台部分数据对比

平台	面积（平方公里）	2023 年地区生产总值（亿元）	2023 年进出口额（亿元）
横琴粤澳深度合作区	106.00	472.53	251.22
前海深港现代服务业合作区	120.56	2464.10	4940.00
南沙粤港澳全面合作示范区	803.00	2323.54	2912.09

资料来源：根据横琴粤澳深度合作区统计局官网、前海深港现代服务业合作区官网、广州市南沙区人民政府官网公开资料整理。

对比《粤港澳大湾区发展规划纲要》《横琴方案》《前海方案》和《南沙方案》的内容，不难发现，三个重大平台的战略定位、发展目标、产业方向、金融业对外开放举措和国际合作领域各有侧重。在战略定位上，横琴侧重“粤澳合作”，前海突出“粤港合作”，南沙强调“粤港澳全面合作”和“面向世界”。在发展目标上，横琴致力于构建琴澳一体化发展格局，进而促进澳门经济适度多元发展，前海聚焦高水平对外开放和国际化营商环境，南沙强调粤港澳的全面深度合作。在产业方向上，横琴布局科技研发和高端制造产业、中医药等澳门品牌工业、文旅会展商贸产业和现代金融产业，前海突出强调服务业，南沙着力打造科技创新产业、服务青年创业。在金融业对外开放举措上，横琴在发展金融产业、丰富金融产品、创新跨境金融管理、优化跨境直接投资交易环节、拓展跨境融资领域等方面多向发力，前海聚焦于与香港金融市场的互联互通，南沙强调粤、港、澳三地联动。在国际合作领域上，横琴着力打造高水平建设横琴国际休闲旅游岛、打造具有国际影响力的展会平台、建设高品质进口消费品交易中心、建设中葡国际贸易中心和数字贸易国际枢纽港、支持澳门世界旅游休闲中心建设，前海强调深化与港澳服务贸易自由化和高水平参与国际合作，南沙聚焦国际经济合作、对标国际高水平自贸协定规则、促进与“一带一路”共建国家及全球主要自贸港区建立务实交流合作。

专栏三 横琴、前海、南沙政策对比

珠海横琴、深圳前海、广州南沙均是《粤港澳大湾区发展规划纲要》中明确的重大战略合作平台。

1. 战略定位对比

《横琴方案》：统筹“新平台、新空间、新示范、新高地”建设。促进澳门经济适度多元发展的新平台，便利澳门居民生活就业的新空间，丰富“一国两制”实践的新示范，推动粤港澳大湾区建设的新高地，建设成为相关领域深化改革、扩大开放的试验区和先行区。

《前海方案》：聚焦“扩区”和“改革开放”两个重点。打造大湾区全面深化改革创新试验平台，建设高水平对外开放门户枢纽。

《南沙方案》：突出“粤港澳全面合作”和“面向世界”两个关键。强调与港澳协同，共同扩大对外开放。将南沙打造成为香港、澳门更好融入国家发展大局的重要载体和有力支撑。

2. 发展目标对比

（1）《横琴方案》

到 2024 年：共商共建共管共享体制机制运作顺畅，创新要素明显集聚，特色产业加快发展，公共服务和社会保障体系与澳门有序衔接，琴

澳一体化发展格局初步建立，促进澳门经济适度多元发展的支撑作用初步显现。

到 2029 年：规则深度衔接的制度体系全面确立，各类要素跨境流动高效便捷，特色产业发展形成规模，公共服务和社会保障体系更加完善，琴澳一体化发展水平进一步提升，促进澳门经济适度多元发展取得显著成效。

到 2035 年："一国两制"强大生命力和优越性全面彰显，合作区经济实力和科技竞争力大幅提升，公共服务和社会保障体系高效运转，琴澳一体化发展体制机制更加完善，促进澳门经济适度多元发展的目标基本实现。

（2）《前海方案》

到 2025 年：建立健全更高层次的开放型经济新体制，初步形成具有全球竞争力的营商环境，高端要素集聚、辐射作用突出的现代服务业蓬勃发展，多轮驱动的创新体系成效突出，大湾区引擎作用日益彰显。

到 2035 年：高水平对外开放体制机制更加完善，营商环境达到世界一流水平，粤港澳市场互联互通，建成全球资源配置能力强、创新策源能力强、协同发展带动能力强的高质量发展引擎，改革创新经验得到广泛推广。

（3）《南沙方案》

到 2025 年：联合科技创新体制机制更加完善，产业合作不断深化，区域创新和产业转化体系初步构建；教育、医疗等优质公共资源加速集聚，市场化、法治化、国际化营商环境基本形成，携手参与“一带一路”建设取得明显成效；先行启动区建设取得重大进展。

到2035年：创新和产业转化体系更趋成熟，国际科技成果转移转化能力明显提升；公共服务达到世界先进水平，国际一流的营商环境进一步完善，在大湾区参与国际合作竞争中发挥引领作用，携手港澳建成高水平对外开放门户，成为粤港澳全面合作的重要平台。

3. 产业方向对比

（1）《横琴方案》

科技研发和高端制造产业：布局发展急需的科技基础设施，实施大科学计划和大科学工程，构建技术创新与转化中心，打造大湾区科技创新重要支点，发展集成电路等微电子供应链和新材料新能源产业集群。

中医药等澳门品牌工业：建设中医药生产基地和创新高地，简化中成药大湾区上市审批流程，建立国家中医药出口基地，发展中医药服务贸易；打造世界级毛坯钻石宝石交易中心；等等。

文旅会展商贸产业：国际旅游岛和世界旅游休闲中心，休闲度假、会议展览、体育赛事、观光等旅游产业和休闲养生、康复医疗等大健康产业；建立中葡国际贸易中心和数字贸易国际枢纽港。

现代金融产业：打造中葡金融服务平台、支持在合作区开展跨境人民币结算、降低澳资金融机构设立银行保险机构门槛。

（2）《前海方案》

推动服务业创新发展：陆海空多式联运、枢纽联动；建立与国际接轨供应链标准；规范发展离岸贸易；推进国际船舶登记和配套制度改革。

加快科技发展改革创新：聚焦港澳优势领域，创新科技合作体制，推动科技成果向技术标准转化；完善全链条配套支持，推动基础研究成果转化；引进创投及研发机构，加快建设现代海洋服务业集聚区。

增强服务贸易自由化：扩大服务领域开放，促进贸易往来；打造面向海外市场的文化产品基地；支持港澳医疗机构集聚发展；引进国际知名大学开展高水平合作办学。

提升法律事务对外开放水平：建设国际法律服务中心和国际商事争议解决中心，探索不同法系、跨境法律规则衔接；支持国际法律事务所在前海设立代表机构。

（3）《南沙方案》

科技创新产业合作基地：承接香港科技创新成果转移转化，推动海洋科技力量集聚，高水平建设南沙科学城，打造智能制造产业链，建设专业化机器人创新中心，建设国际光缆登陆站和数据服务试验区。

青年创业就业合作平台：开辟拓展面向港澳青年的创新创业空间，构建全链条创业服务体系和全方位多层次政策支持体系。

高水平对外开放门户：构建中企走出去综合服务基地，建设一体化国际投融资综合服务体系，建设印刷业对外开放连接平台；打造国际海事服务产业集聚区、大湾区航运联合交易中心，设立期货交割仓等。

4. 金融业对外开放举措对比

（1）《横琴方案》

发展现代金融产业：设立多币种创业投资基金、私募股权投资基金；鼓励和支持境内外投资者在跨境创业投资及相关投资贸易中使用人民币；发展财富管理、债券市场、融资租赁等现代金融业；对澳门扩大服务领域开放，降低澳资金融机构设立银行、保险机构准入门槛；开展跨境机动车保险、跨境商业医疗保险、信用证保险等业务。

创新跨境金融管理，加强与港澳离岸金融市场联动，探索构建电子围网系统，推动金融市场率先高度开放；探索跨境资本自由流入流出和推进资本项目可兑换；支持在合作区开展跨境人民币结算、推动跨境电商等新型国际贸易结算便利化，实现银行真实性审核从事前审查转为事后核查。

在跨境直接投资交易环节，按照准入前国民待遇加负面清单模式简化管理，提高兑换环节登记和兑换便利性，探索新形态跨境投资管理。

在跨境融资领域，探索建立新的外债管理体制，试点合并交易环节外债管理框架，完善企业发行外债备案登记制管理，实施全口径跨境融资宏观审慎管理，扩大跨境资产转让范围，提升外债资金汇兑便利化水平；支持符合一定条件的非金融企业，在全口径跨境融资宏观审慎管理框架下，根据实际融资需要自主借用外债，逐步实现外债项下完全可兑换。

在跨境证券投融资领域，服务实体经济投融资需求，扶持合作区特色优势产业，并在境外上市、发债等方面给予积极支持，简化汇兑管理。

（2）《前海方案》

扩大金融业对外开放：在与香港金融市场互联互通、人民币跨境使用、外汇管理便利化等领域先行先试，开展本外币合一银行账户试点，支持金融机构开展跨境证券投资，支持国际保险机构在前海合作区发展，探索建立统一的绿色金融标准，探索跨境贸易金融和国际支付清算新机制，支持香港交易所前海联合交易中心依法合规开展大宗商品现货交易。

（3）《南沙方案》

有序推进金融市场互联互通。支持符合条件的港澳投资者依法申请设立证券公司、期货公司、基金公司等持牌金融机构；支持南沙参与粤港澳大湾区保险服务中心设立；支持跨境机动车保险、跨境商业医疗保险先行先试；支持开展移动支付创新应用。

加快研究按程序在南沙设立粤港澳大湾区国际商业银行。支持推进外汇管理改革，探索开展合格境内有限合伙人（QDLP）境外投资等政策试点，支持粤港澳三地机构合作设立人民币海外投贷基金。加强金融监管合作，提升风险监测、预警、处置能力。

5. 国际合作领域对比

（1）《横琴方案》

高水平建设横琴国际休闲旅游岛，支持澳门世界旅游休闲中心建设。大力发展休闲度假、会议展览、体育赛事等旅游产业和休闲养生、康复医疗等大健康产业。加强对周边海岛资源开发，推动游艇自由行。

打造具有国际影响力的展会平台。支持粤澳两地举办国际高品质消费博览会暨世界湾区论坛，允许在合作区内与澳门联合举办跨境会展过程中，为会展人员和持有展会票务证明的境内外旅客依规办理多次出入境有效签证（注），在珠海、澳门之间可通过横琴口岸多次自由往返。

建设高品质进口消费品交易中心，建设中葡国际贸易中心和数字贸易国际枢纽港，推动传统贸易数字化转型。

（2）《前海方案》

深化与港澳服务贸易自由化：支持对港澳扩大服务领域开放，深化与港澳规则对接，引进港澳及国际知名大学开展高水平合作办学，支持港澳医疗机构集聚发展，推动对接港澳游艇出入境、活动监管、人员货物等开放措施。

高水平参与国际合作：健全投资保险、政策性担保、涉外法律服务等海外投资保障机制，发展中国特色新型智库，建设粤港澳研究基地，支持深圳机场口岸建设整车进口口岸，打造国际一流系列会展品牌，积极承办主场外交活动。

（3）《南沙方案》

加强国际经济合作：支持南沙高质量实施《区域全面经济伙伴关系协定》（RCEP），率先积累经验。对标《全面与进步跨太平洋伙伴关系协定》（CPTPP）、《数字经济伙伴关系协定》（DEPA）等国际高水平自贸协定规则，加大压力测试力度。加强与发达经济体合作，推动在金融、科技创新等领域的对接，打造成为国际经济合作前沿阵地。

构建国际交往新平台：鼓励引导港澳商会协会在南沙设立代表处；促进与“一带一路”共建国家以及全球主要自贸港区建立务实交流合作，

探索举办“一带一路”相关主题展会，构筑大湾区对接“一带一路”建设的国际经济合作新平台。办好国际金融论坛（IFF）全球年会，积极承办国际重要论坛、大型文体赛事等对外交流活动。

资料来源：作者根据《粤港澳大湾区发展规划纲要》《横琴粤澳深度合作区建设总体方案》《全面深化前海深港现代服务业合作区改革开放方案》《广州南沙深化面向世界的粤港澳全面合作总体方案》整理。

五、三个平台协同带动粤港澳大湾区高质量发展

粤港澳大湾区的发展不仅仅是单一城市或区域的发展，更重要的是区域间的协同合作。通过南沙、前海和横琴这三个平台的联动，大湾区将形成一个有金融支持、以创新为主的高水平对外开放的“黄金三角”。三大平台应如何发挥各自优势，协同带动粤港澳大湾区的高质量发展？

（一）加强产业协同，形成优势互补

南沙、横琴、前海三个平台在产业发展上各有侧重，通过加强对三个平台整体产业发展的引导，支持三地优势产业发展，深化三地产业分工协作，可形成产业互补、协同发展的格局。例如，南沙的航运物流能够为前海、横琴和大湾区其他地区提供便利的交通往来，前海的服务业能够为大湾区内的企业提供强有力的软实力支撑，横琴的高端制造业能够进一步带动大湾区内制造业等实体经济发展。

（二）锚定各自目标，避免无序竞争

南沙、横琴、前海三个平台都承担着“高水平对外开放”的重任，但三个方案中提出的国际合作领域却各不相同，应当围绕各自发展目标重点发力，避免大湾区内部的无序竞争。例如，南沙的重点是衔接国际高水平自贸协定规则和支撑“一带一路”建设，横琴则侧重开展休闲旅游、会议展览、体育赛事和康复医疗等领域的国际业务，前海的重点在于现代服务业的国际合作，因而三者应坚持各自定位，形成差异化发展格局。

（三）利用区位优势，形成平台特色

因各自地理位置等原因，南沙、横琴、前海三个平台的服务对象和辐射范围也各不相同。横琴与澳门仅一水之隔、前海与香港紧密相连，二者的功能中各自对应着与澳门、香港紧密合作的侧重点。南沙地处大湾区地理几何中心，腹地广阔，能够辐射更大范围内的产业发展，更易形成面向世界的开放平台。

（四）三地相互借鉴，政策协同创新

粤港澳大湾区内有“两种制度、三种货币、三个关税区”，如何通过体制机制的政策创新，带动大湾区内的协同发展是当务之急。南沙、横琴、前海三个方案分别给予三地不同的政策空间，三地应在制度创新上相互借鉴，共同探索更加开放的政策、形成更为优化的营商环境。例如，前海在金融服务业开放方面的政策可以为南沙和横琴提供参考，横琴在与澳门先进制造业合作方面的政策也可以为前海和南沙提供经验。

（五）完善基础设施，促进三地联通

基础设施的互联互通是三地协同发展的重要基础。通过加强交通网络建设，

如港珠澳大桥等，实现三地的快速连接，促进人才、资金、信息等要素的自由流动。

（六）促进青年交流，共享人才资源

人才是推动发展的关键。《南沙方案》中明确提出要打造“青年创业就业合作平台、开辟拓展面向港澳青年的创新创业空间”，横琴和前海可通过依托港澳的高等教育资源，为南沙提供人才支持，共建人才培养和交流平台，共享人才资源，共同提升区域内的人才竞争力。

南沙、横琴、前海作为粤港澳大湾区发展的三个重要平台，各自承担着不同的发展使命，通过产业、政策、区位优势、基础设施和人才的协同发展，共同推动大湾区的繁荣与进步。

第三章

南沙的发展现状、独特优势和发展潜力*

在《广州南沙深化面向世界的粤港澳全面合作总体方案》(以下简称《南沙方案》)的指引下，南沙发展进入新的历史时期。2022 年，南沙区经济总量超过 2200 亿元，实现地区生产总值同比增长 4.2%，增速为全市第一。在中国工业百强区排名中，南沙居第 26 位。当然，南沙发展成果的取得并不只是当下的努力，更是南沙持续创新发展的结果。因此，厘清南沙的发展现状、独特优势以及发展潜力是南沙发展的重要前提和支撑。

一、粤港澳大湾区发展背景下的南沙定位

南沙是粤港澳大湾区发展的重要平台支撑，从中央到地方都对南沙的发展

---

* 本章作者为中山大学中国公共管理研究中心、政治与公共事务管理学院教授、博士研究生导师，广州国际城市创新研究中心主任叶林；中山大学马克思主义学院助理教授周寒；中山大学政治与公共事务管理学院硕士研究生王政皓。

方向进行了明确的规划，南沙被纳入关乎国家与地方发展的重大战略之中。

（一）国家战略中的南沙使命

南沙区作为国家战略的一部分，是促进粤港澳紧密合作的关键区域，成为推动地区发展的重要支撑平台。《粤港澳大湾区发展规划纲要》（以下简称《规划纲要》）中强调，南沙是内地与港澳深度合作的重要平台，旨在创新区域协调发展新模式，以此发挥引领示范作用。具体来说，《规划纲要》对于南沙的发展提出了要求，即“充分发挥国家级新区和自贸试验区优势，加强与港澳全面合作，加快建设大湾区国际航运、金融和科技创新功能的承载区。调整优化城市布局和空间结构，强化与周边地区在城市规划、综合交通、公共服务设施等方面的一体化衔接，构建‘半小时交通圈’。支持广州南沙与港澳合作建设中国企业走出去综合服务基地和国际交流平台，建设我国南方重要的对外开放窗口”。基于此，《规划纲要》进一步明确了南沙在发挥科技创新载体、参与金融跨境合作、推动贸易自由化、粤港产业合作中的主要角色；强调其与周边地区的互联互通以推动区域一体化进程，并且提升城市功能。作为重要平台的南沙，还承担着政策试点的任务，比如，港澳青年创业就业、执业资格许可试点。2017 年，国家发展改革委与粤港澳三地政府共同签署《深化粤港澳合作 推进大湾区建设框架协议》，南沙成为粤港澳重大合作平台，突出其在深化改革、对外开放等进程中的示范引领作用。

2022 年 6 月，《南沙方案》的出台更加明确了南沙在国家和区域发展中的作用。南沙是贯彻落实《规划纲要》的重要部署，更加凸显了南沙在国家和区域战略中的发展定位。从这个意义上来说，南沙与横琴、前海一并成为粤港澳大湾区建设背景下有着特殊政策倾斜且承担重大改革任务的重要区域。因此，在《南沙方案》中，南沙的总体定位是立足湾区、协同港澳、面向世界的重大战略性平台。

首先，立足湾区。旨在突出强调南沙要在创新发展、产业升级、科技创新等方面体现其引领示范作用，并开展多领域的深化改革。这也体现在《规划纲要》的具体要求中，即“共同将广州南沙打造为华南科技创新成果转化高地”，并“积极布局新一代信息技术、人工智能、生命健康、海洋科技、新材料等科技前沿领域，培育发展平台经济、体验经济等新业态”。

其次，协同港澳。凸显南沙在推动香港、澳门更好融入国家发展大局中的平台作用。在《南沙方案》中，这一定位被具体细化为“强化粤港澳联合科技创新”等方面。

最后，面向世界。强调南沙要成为高水平对外开放门户。一方面，南沙要积极参与“一带一路”建设，主动对接“一带一路”共建国家发展需要，不断深化国际合作。另一方面，南沙要充分发挥自身优势和产业基础，深度参与全球竞争与合作，加强对外经贸交流，高质量实施《区域全面经济伙伴关系协定》（RCEP），深化与周边国家的经济合作。

此外，国家“十四五”规划将南沙与横琴、前海一并定位为粤港澳重大合作平台，以推动粤港澳大湾区的高质量发展。总体来说，南沙在国家战略中的定位充分体现着国家的区域发展布局以及对南沙发展所寄予的期待。与此同时，南沙因其特有的地缘优势和发展潜力，成为国家和地方发展战略的重要组成部分，地方战略中的南沙定位进一步扩宽和丰富了南沙发展的思路和方向。这也意味着南沙还需承担地方发展任务，以保障地方治理目标的实现。

（二）地方战略中的南沙定位

地方战略中的南沙发展既是为了推动国家重大发展战略的落地，更是为了发挥南沙的独特优势来为地方发展创造新的机遇。南沙是广东纵深推进粤港澳大湾区建设的重大平台之一。2023年广东省政府工作报告中明确提出，要出台支持政策推动南沙加速发展，高水平编制新一轮南沙总体发展规划，推动出台南沙条例，支持南沙探索设立法定机构，开展土地管理综合改革试点，推动设立大湾区国际商业银行，加快推进大湾区航运联合交易中心建设，建设中国企业“走出去”综合服务基地，加快打造立足湾区、协同港澳、面向世界的重大战略性平台，形成热火朝天落实《南沙方案》的生动局面。这既推动了《南沙方案》的落地，同时也强调了南沙在全省的发展定位和主要任务。

在广东省“十四五”规划中，南沙被定位为粤港澳全面合作示范区，这为《南沙方案》的出台做了很好的铺垫和部署。与此同时，广东省“十四五”规划对南沙在科技创新、高质量发展、人才引进等诸多领域的发展均有布局。具体来说，南沙科学城作为联动协同发展区以推动粤港澳大湾区综合性国家科学中心的建设，支持南沙国际化人才特区的发展以吸引高精尖人才，广东南沙转口贸易产业园、广州南沙进口贸易促进创新示范区均被纳入广东贸易高质量发展十大工程建设的具体项目中。南沙与前海、横琴一同推进粤港澳深度金融合作，南沙港将建设成为世界级港口群。

南沙作为广州市的行政辖区，其发展离不开广州市的支持和推动，其发展成效同样关乎广州的发展机遇。广州市“十四五”规划中的南沙定位是“打造粤港澳全面合作示范区，粤港澳大湾区国际航运、金融和科技创新功能的承载区、先进制造业发展区，高水平对外开放门户，广州城市副中心”。广州市提出举全市之力推动南沙的开放发展。其中，广州市“十四五”规划在对接国家及区域重大发展战略的同时，细化了南沙在城市及区域发展中的功能定位和战略布局。具体来说，南沙科学城成为粤港澳大湾区综合性国家科学中心的主要承载区，联动港澳推动科技创新成果转化。南沙国际汽车产业基地被纳入广州市新兴支柱产业基地，同智能装备与机器人、新能源与节能环保相关的基地被纳入广州市新兴优势产业。更为重要的是，广州市明确表示举全市之力支持南沙开发开放，开展跨境投资、应对气候变化投融资试点，力图把南沙建设成为广州高质量发展的新阵地。

需要特别指出的是，为了贯彻落实《规划纲要》中关于粤港澳大湾区建设国际科技创新中心的要求，南沙还成为粤港澳大湾区国际科技创新中心的重要支撑和广深港澳科技创新走廊枢纽节点。这既体现了南沙融入国家战略的具体行动，同时也体现出地方政府对于南沙在科技创新领域的功能定位与布局。

与此同时，2023 年广州市政府工作报告提出，要把南沙建设成为“世界水准、中国气派、湾区特色、岭南风韵的城市发展标杆”。这意味着作为城市副中心的南沙要在城市建设方面体现其示范作用。《南沙方案》中同样对南沙的城市建设提出了新要求，即“运用下一代互联网、云计算、智能传感、卫星、地理信息系统（GIS）等信息技术，加快南沙智慧城市基础设施建设”。

国家战略中的南沙定位与地方战略中的南沙发展布局共同构成了南沙在粤港澳大湾区建设背景下的战略部署，这些也塑造着南沙特有的发展优势。《规划纲要》和《南沙方案》的出台不仅意味着南沙战略定位的提升，更意味着南沙发展的政策利好由此形成。因为国家层面战略规划的出台会充分调动地方发展的积极性，直接体现为各层级政府出台各类规划、制定各项政策以对接国家战略、回应国家治理的重大需要。

二、南沙的发展优势与产业特征

不可否认的是，南沙在国家与地方发展中的战略地位塑造了其发展优势和政策红利。与此同时，南沙自身所具备的发展优势为其承担国家和地方发展任务提供基础。南沙发展优势的形成既来自其自身的区位优势，也来自南沙以往的发展积累，更来自不同层级政府的战略布局、政策支持和持续投入。当然，南沙发展优势的形成与扩展也离不开产业发展的支撑。产业结构的竞争力直接影响着地区的竞争力，并成为支撑地区未来发展的核心动力。理解南沙的发展优势和产业特征能够更清晰地把握国家战略支撑下的南沙发展现状和未来方向。

（一）优势叠加：南沙发展的动力

南沙以特有的区位优势为其在粤港澳大湾区交通网络布局中创造了优势地位，这也构成了南沙发展的地理基础。与此同时，政策红利、平台建设以及由此而开展的制度创新更进一步强化了南沙的发展优势。产业结构的优化升级为南沙发展提供新动能。生产生活环境的宜居宜业同样为提升南沙的区域竞争力提供有力保障。

1. 区位和交通优势突出

南沙位于粤港澳大湾区的地理中心，是连接广深港、广珠澳以及粤港澳大湾区城市并推动其走向全球的重要枢纽。目前，广深港高铁、南沙大桥、南沙国际邮轮母港已经开通。南沙周边有广州、深圳、香港、澳门、珠海五大国际机场。国际班轮航线已达 114 条，航线能够通达全球 200 多个城市和 400 多个港口，搭乘高铁半小时可到达香港。深中通道现已开通。与此同时，数据显示，南沙水上运输业货运周转量和平行进口汽车数量居全国第二位，邮轮出入境旅客数量排名全国第三位。2022 年底，南沙净增外贸集装箱班轮航线 13 条（累计 148 条），完成集装箱吞吐量 1838.85 万标箱、同比增长 4.1%，货物吞吐量 3.6 亿吨、同比增长 1.5%，中欧、中亚班列实现始发，海铁联运量达 10 万标箱[①]。以南沙为中心的

① 数据来源：2023 年广州市南沙区政府工作报告。

粤港澳大湾区“半小时交通圈”也正在形成。完备的交通基础设施配套极大提升了南沙在区域和全球层面的联通性。

2. 政策优势和制度创新持续推进

随着国家重大战略规划的相继出台，南沙的政策优势更为突显。南沙是多种国家级特殊功能区叠加的区域。南沙是国家级新区，是广东省自贸试验区的片区，是粤港澳全面合作示范区，其辖区内还叠加国家综合保税区、进口贸易促进创新示范区和国家级经开区等不同层级特殊功能区。此外，在区域发展层面，南沙是支持深圳建设中国特色社会主义先行示范区的重要主体，同时也在广深双城联动中扮演重要角色。这些特殊功能区的突出优势在于区域内享受特殊政策倾斜和管理权限下放，同时允许开展特殊政策的先行先试。这些特殊功能区的设立既体现了南沙在国家、区域发展中的重要作用，同时也带来了诸多政策利好，为培育新发展动能、塑造新发展优势、形成新发展格局注入了强大动力。

《南沙方案》明确提出“对南沙有关高新技术重点行业企业进一步延长亏损结转年限。先行启动区内鼓励类产业企业减按15%税率征收企业所得税，并按程序制定优惠产业目录”。为了更好地贯彻落实《南沙方案》，广东省先后成立省领导小组及工作专班、南沙工委，制定了贯彻落实《南沙方案》的“118+155”重点任务清单。更为重要的是，南沙在科技创新、产业发展、人才引进、平台建设等重点发展领域都制定了明确的支持政策，实行落户奖励、研发奖励与补贴、平台资助、项目支持、人才补贴等各类支持，吸引研发机构、头部企业、急需人才在南沙落地落户。比如，重大科技创新平台可获得最高2亿元的资金支持。

南沙作为广东省自贸试验区三大片区之一，持续开展制度创新，始终走在改革试点的前列。南沙的营商环境全球模拟排名从2017年的第51名上升至2019年的第24名。截至2023年6月，南沙自贸片区的制度创新成果已达884项，其中有409项被国家、省、市等不同层级政府复制推广。也正因如此，南沙自贸片区的制度创新指数连续三年排名全国前三。就具体指标而言，在促进“投资便利化”方面位居全国之首，而在“贸易便利化”和“政府职能转变”两个关键领域中位列全国第二。这离不开南沙实施的一系列治理创新举措（见表3-1）。具体来说，南沙创立了商事登记确认制，推动“无证明自贸区”建设。工程建设项目“交地即开工”的实施方案已经进入5.0版本。南沙区税务局与香港税务局开展工作合作，以税收规则衔接为切入点，最大限度符合港澳税负的计算规则，以改善因税负问题而阻碍人才流动的情况。

表3-1 2021—2022年南沙自贸片区十大制度创新成果

序号	成果名称	领域
1	构建营商环境多元主体共商共建共治长效机制	营商环境
2	全国首创“1+3”营商环境评价体系	营商环境
3	创新跨境电商出口退货“一站式”海关监管服务模式	贸易便利化
4	全国首创港澳工程专业人才职称评价标准体系	资格认定
5	建立多维协同融合未成年人保护机制	法治建设
6	新经济新业态全链条税收管理服务机制	税收服务
7	“工业厂房仓储项目一站式审批”+“承诺验收”推动工程建设项目审批再提速	行政审批
8	全方位构建“一件事”极简审批服务体系	行政审批
9	打造绿色金融服务生态城市发展示范样本	投资便利化
10	全国首创保护中小投资者全过程法律服务机制	法治建设

资料来源：《广州南沙自贸片区挂牌七周年 发布2021—2022年度十大创新成果》，中国新闻网，2022年4月21日。

总体来说，南沙以自贸试验区建设为契机，充分发挥地方自主性，激活市场和社会主体效能，在行政监管体制改革、投资贸易便利化、法治和社会建设等方面进行各种制度创新以不断提升对外开放水平，积极探索高质量发展的政策路径。特别是在推动香港、澳门融入国家发展大局的大背景下，南沙围绕港澳合作而进行的制度创新有着更为重要的意义，同时也为南沙区域地位的提高和发展优势的积累创造了机遇。

3. 以平台优势引领高质量发展

南沙坚持创新引领高质量发展的平台优势逐渐凸显。南沙以科技创新、产业升级为着力点，积极设立和引进各类研发平台、产业园区和各类创新平台来增强地区发展活力。南沙现已集聚各类创新平台 370 家，其中，2021 年国家工程研究中心全国仅新增 3 家，其中有 1 家落地南沙。截至 2023 年 7 月，南沙共有 4 家省级高水平创新研究院，数量占全市的 1/3；已经累计建成 14 家省级新型研发机构，占全市的 1/5。南方海洋科学与工程广东省实验室（广州）已搭建 16 个院士团队，有力推动了南沙科技产业高质量发展。

2022 年，高新技术企业为 902 家，与 2021 年相比，增长了 21.2%①。2022 年，南沙新增省级以上专精特新企业 235 家，共有 25 家企业入选广州独角兽企业榜单。2022 年，南沙 R&D 经费投入占比为 5.45%，位居全市第二，增速居全市第一②。

南沙综合利用各种政策工具支持各类产业园区的发展，这也成为推动南沙产业结构升级的重要举措。南沙先后针对渔业产业园、法律集聚服务区、人力资源产业园、进口贸易促进示范区等各类平台型的产业园区给予财政补贴、投融资支持，制定各类专项政策和实施意见。产业园区建设旨在推动产业集聚效

① 数据来源：《2022 年广州南沙区国民经济和社会发展统计公报》。

② 数据来源：2023 年广州市南沙区政府工作报告。

应的形成，进而实现创新要素推动下的高质量发展。

总体来说，南沙现已形成“1+1+3+N”高端创新平台体系（见表3–2）。这主要包括科技创新的空间载体，即南沙高标准规划建设南沙科学城和中国科学院明珠科学园，还包括重大科创平台，即南方海洋科学与工程广东省实验室（广州）、三个大科学装置等。此外，南沙正布局成为国家南方海洋科创中心。在创新平台体系的支撑下，南沙的创新发展有了充分的平台保障和资金支持。

表3–2　南沙“1+1+3+N”高端创新平台体系

战略布局	高端创新平台
一城一园	南沙科学城、中国科学院明珠科学园
省实验室	南方海洋科学与工程广东省实验室（广州）
重大科技基础设施	冷泉生态系统研究装置、动态宽域高超声速风洞、极端海洋动态过程多尺度自主观测科考设施
高水平研究平台	香港科技大学（广州）、中国科学院大学广州学院、上海海事大学湾区研究生院、广东海洋大学（南沙）研究生院、广州超算中心南沙分中心、南方海洋科学与工程广东省实验室（广州）（新型地球物理综合科学考察船）、中国科学院南海海洋研究所、广东空天科技研究院、广东智能无人系统研究院、南海生态环境工程创新研究院、广州海洋地质调查局深海科创中心（天然气水合物钻采船）

资料来源：《广州市南沙区、广州南沙开发区（自贸区南沙片区）国民经济和社会发展第十四个五年规划和2035年远景目标纲要》。

4. 环境宜居宜业

南沙生态禀赋良好，优势明显。南沙全区海岸线达106.73公里，海域面积达351.57平方公里。南沙分布着广州面积最大的红树林，总面积约为1.98平方公里。空气清新，区域内拥有广阔的湿地和长距离的绿色步道，是全球最适宜居住的区域之一。生态环境优势也为南沙发展布局带来了新思路。南沙南部着力打造“两带一区”，即“环健康谷”水乡文化休闲体验带、广深“双城”都市田园示范带和南部生态产品聚集区。在南沙明珠湾起步区的建设过程中，南沙开始试点绿色生态总设计师制度。该制度的主要特征是由政府职能部门和第三方研究团队共同对辖区内的开发建设和运营进行生态规划设计和指导。特别是对能源、建筑、市政等事务进行全流程管理，统筹推进区域内的减碳工作。此外，重视城市建设的生态工作，运用绿色生态技术解决生态问题的同时节约生产建设成本。

当然，环境优势不仅来自自然禀赋，同时还来自公共服务的不断完善。南沙吸引了一批优质教育医疗资源的落地。南沙是香港科技大学（广州）校区所在地，辖区内还有广州外国语学校、华南师范大学附属南沙中学、广州大学附属中学南沙实验学校，中山大学附属第一（南沙）医院、广东省中医院南沙医院。优质公共服务资源的落地为改善居民生活、建设粤港澳优质生活圈示范区提供保障。

如何充分利用南沙的发展优势实现国家和地方战略以体现其引领示范作用，成为不可回避的重要问题。对于南沙来说，在这一过程中，产业发展特别是产业结构的合理安排显得尤为关键。也正因如此，南沙的产业结构处在动态调整过程中，从而更高效地推动地区的经济增长。

（二）持续调整：南沙的产业特征

南沙在升级成为国家级新区之后，产业结构发生了调整，第三产业比重迅速上升。统计数据显示[①]，南沙的三次产业结构占比为 3.2 ∶ 44.2 ∶ 52.6，第三产业正在成为南沙的主导产业。其中，2022 年，南沙区农业总产值达 126.32 亿元，居全市之首，同比增长 6.6%。规模以上工业增加值 732.32 亿元，同比增长 6.9%。其中，先进制造业增加值占规模以上工业增加值的 77.2%，同比

① 数据来源：《2022 年广州南沙（开发区）国民经济和社会发展统计公报》和 2023 年广州市南沙区政府工作报告。

增长 11.2%。汽车制造业产值达 1956.99 亿元，同比增长 19.3%；装备制造业产值达 2515.35 亿元，同比增长 13.6%。进出口总额 2988.19 亿元，同比增长 15.1%，实际利用外资 172.80 亿元，同比增长 72.7%[①]。近年来，南沙制定并实施了“1+1+10+N”产业政策体系，在人才、用地、项目等发展要素上对重点发展产业给予大力支持。2022 年，南沙新增规模以上工业企业 100 家。

1. 先进制造业引领南沙经济增长

就产业结构来说，以汽车制造、高端装备等为代表的先进制造业是南沙产业发展的重中之重。其中，汽车制造业是南沙的主导产业，也是南沙发展先进制造业的支撑性产业。南沙汽车制造业占全区规模以上工业总产值的比重从 2015 年的 29.4% 增长到 2020 年的 46.6%。《2022 年广州南沙（开发区）国民经济和社会发展统计公报》数据显示，汽车制造业产值 1956.99 亿元，与 2021 年相比增长 19.3%，占全区规模以上工业产值的 51.4%。目前，以广汽丰田、威马汽车等为代表的千亿级新能源汽车产业集群正在形成，融捷、巨湾等新能源汽车产业链项目开始落地建设。氢能产业与新能源汽车融合发展成为重要发展方向。主要做法是在广汽丰田开展氢燃料电池汽车示范运营，并且以广钢气体为龙头，积极推动制氢、储运、加氢等核心领域的发展。

重型装备制造龙头企业的贡献正在凸显。2022 年，南沙装备制造业产值达 2515.35 亿元，同比增长 13.6%。具体来说，首先，智能制造业规模不断壮大。北京精雕、中邮信源、鼎飞无人装备等智能制造项目陆续竣工，智能装备及智能设备正在成为新的经济增长点。特别是在经济下行压力下，智能化是南沙制造业发展的主要方向，以此来推动技术创新。其次，以东方重机、海瑞克为代表的高端装备龙头企业的领先技术产品开始推向国际市场，南沙正着

---

① 数据来源：《2022 年广州南沙（开发区）国民经济和社会发展统计公报》和 2023 年广州市南沙区政府工作报告。

力打造国家重大成套技术和装备产业基地。最后，船舶制造的产业链初具规模。作为全国重要的造船基地，广州船舶制造的产业链同样延伸到南沙。目前，作为超大型船舶建造基地的龙穴造船基地在全国乃至全球的影响力开始显现。

2. 战略性新兴产业激发南沙发展潜力

南沙积极布局集成电路、航空航天、生物医药等战略性新兴产业和未来产业。在集成电路产业发展方面，南沙成功吸引了各类科技创新领军企业。同时，聚集了超过 400 家人工智能企业，其中云从科技在科创板上市，成为人工智能平台领域的首家上市公司，正在建设 2 个年产能可达 100 万辆的智能网联汽车产业集群，小马智行成为全国估值最高的自动驾驶公司。在航空航天方面，以建设中国航天“第三极”、中国商业航天“第一极”为目标，积极推进可以集运载发射、卫星研制和航天应用为一体的整体产业链布局。与此同时，南沙建有全国首个商业航天产业基地，该基地发展出南沙首家商业航天独角兽企业[①]。吉利科技集团全国唯一的商业航天总部成功发射了拥有完全自主知识产权的“吉利未来出行星座”首轨九星。此外，南沙也在打造粤港澳大湾区最大的飞机船舶租赁集聚区。

生物医药产业正向着高端价值链的方向发展。南沙累计落户超 400 家生物医药行业的企业，生命健康企业 200 多家。兆科眼科、固生堂中医、中康控股等头部企业成功上市。粤港澳大湾区精准医学研究院（广州）、广东医谷等重点平台相继在南沙集聚。在其他战略性新兴产业方面，南沙大力发展海洋经济，强化科技与海洋的融合。在产业发展方面，南沙建设国家科技兴海产业示范基地，加快海洋能发电装备、先进储能技术等能源技术产业化。在科技方

① 分别为中科空天飞行科技产业化基地、广州中科宇航探索技术有限公司。

面，推动可燃冰、海洋生物资源综合开发技术研发和应用，打造南方海洋科技创新中心。此外，现代农业依然潜力无限。南沙也在积极布局现代种业的技术创新，旨在推动现代生物育种技术和品种产业化技术的发展，打造大湾区种业“硅谷”。

3. 现代服务业激活各类要素流动

现代服务业的发展为实现高端要素集聚创造了更多的发展机遇。南沙的区域和交通优势使其枢纽能级不断提升的同时，也带动了南沙物流业的发展并参与到全球货物流通中。目前，南沙正加快建设智能化全球分拨中心及大湾区国际冷链分拨中心。比如，美赞臣、达能、斯维诗、合生元等外资企业在南沙建立了全国乃至亚太地区的分拨中心。再比如，全国最大的临港冷链物流仓库——广州南沙国际物流中心南区冷链项目启用。跨境电商呈现出蓬勃发展态势。南沙形成了便捷高效的跨境电商通关模式，实现了贸易、直播、运营及平台等资源的集聚，天猫、京东、唯品会、抖音、洋葱等大型跨境电商平台均在南沙落户。据统计，2022 年南沙跨境电商进出口总额约 910 亿元，同比增长 1.5 倍。外贸进出口和实际利用外资分别位列全国经开区第七和第二。南沙综合保税区在全国综保区发展绩效评估中跃升为 A 类。南沙的国家出口贸易促进创新示范区实现进口 1365.2 亿元，同比增长 23.2%。资本流动则为现代服务业的发展以及各类要素流动提供基础性支撑。正因如此，南沙正开展跨境金融先行先试，实施全国首批跨境贸易投资高水平开放试点、合格境外有限合伙人（QFLP）境内投资试点和首批气候投融资试点。2022 年，在南沙落地的 QFLP 跨境基金投资额度共 155 亿元，涉及金融企业 6758 家。特别是在《南沙方案》获批之后，南沙在跨境金融以及促进大湾区金融互联互通的作用得到进一步的确认和强化。

总体来说，南沙的产业在保持先进制造业竞争优势的同时，不断向新兴产业布局，并基于其发展优势打造完整且高附加值的产业发展链条，以实现产业集群。南沙旨在实现汽车、造船、航空航天、芯片等先进制造业的高质量发展，推动生物医药、海洋等战略性新兴产业的布局，抢占数字经济发展的先机。产业的蓬勃发展是南沙立足湾区的活力所在，是南沙面向世界参与全球竞争、区域合作的基石。当然，南沙在具备一定发展优势的同时，其发展进程同样面临诸多挑战。

三、南沙发展面临的不足和挑战

南沙经过多年的发展已经形成了自身的发展优势和有竞争力的产业结构，并承担国家重大战略任务，进入新的发展阶段。但南沙的高质量发展依然面临一定的挑战和不足。南沙的发展能级、人口规模、示范作用还未能充分匹配其在国家及区域发展战略中的重要位置，这是南沙发展面临的挑战和不足，具体体现为城市建设需进一步提升，高精尖人才、技术等关键要素集聚效应相对较弱，重大改革事项推进相对缓慢，粤港澳三地规则衔接难度较大。因此，有效回应这些挑战不仅能够确保《南沙方案》落地，更能突破南沙发展的固有瓶颈，激发新的发展动能。

（一）城市副中心功能有待提升

作为广州城市副中心的南沙，规划与政策层面的功能定位和发展方向已非常明确。问题在于，无论是人口规模、基础设施完备程度还是要素集聚程度，南沙作为广州城市副中心都未能充分体现其比较优势，尽管南沙在地理位置上处于粤港澳大湾区的中心，但其与广州主城区的距离相对较远。就区位而言，南沙因空间距离原因而无法与广州中心城区的人才、资本、技术等关键要素实现高效联动。这意味着既有的广州中心城区无论是经济体量还是要素集聚优势都更为明显，但对南沙的辐射带动作用相对有限。换句话说，南沙作为城市副中心，其集聚效应无法达到预期，从而弱化了其作为地缘中心的辐射效应，进而使其在城市及区域的门户枢纽功能有待加强。与广州不同的是，深圳经过多年的发展，已经基本形成了多中心的空间发展格局，主要体现为福田－罗湖和前海这两大中心，福田－罗湖主要承担城市整合功能，前海主要是面向香港发挥对外开放作用。南沙仍需体现其对区域发展的带动作用。

与此同时，城市副中心功能的实现需要强有力的产业基础作为支撑，以产业发展带动人才、资金、技术等核心要素的集聚是提升城市治理能级的关键。问题在于，尽管南沙在自身的优势产业和新兴产业方面进行了全面布局并取得了一定的进步，但南沙引领性的龙头企业数量还相对较少，龙头企业的规模效应还需进一步提升。高新技术企业还处于孵化和成长阶段，相对成熟的高新技术企业规模优势也尚未形成，实现自身发展还需要一定的周期。也正因如此，南沙对于高端资源要素的吸引力仍有待加强。当然，南沙也在持续提升“南沙人才卡”的含金量，积极为高层次人才发展提供有竞争力的政策支持，以吸引粤港澳大湾区的各类人才到南沙落户。

不过，这并不意味着南沙失去了发展的潜力和发展空间。作为广东自贸试验区片区，南沙的划定面积广，远超其他自贸试验区（海南自贸港除外），这也为南沙自贸片区的发展奠定了空间基础。从目前的发展情况来看，南沙自贸片区也是南沙经济发展最为活跃、制度更为开放、核心要素较为集中、发展优势突出的区域。自贸试验区的设立意味着南沙有着更多的政策利好和资源倾斜，但如何将国家战略规划转化为可落地的政策或行动方案成为影响南沙城市副中心功能实现和引领示范作用发挥的重要前提。目前，一些涉及深层次改革事项的推进过程相对缓慢，政策争取与落地的难度增加，现有的政策争取主要还是集中在税收优惠、专项财政支持等方面，重大事项的改革争取效果也没有完全达到预期，这也在一定程度上延迟了改革效能。随着自贸试验区在全国的逐步扩展，前海、横琴等相关方案的批复，南沙在制度创新层面的优势被相对弱化。与此同时，城市副中心功能有待提升也进一步制约了南沙的人口流入，人口规模本身也成为南沙未来发展所面临的主要挑战。

（二）人口流入相对不足影响地区的长远发展

随着《南沙方案》的实施，南沙的战略地位和治理能级全面提升。但问题在于，城市的高速发展离不开人口的流入，特别是人才的支撑。与各种政策利好相比，南沙全区的人口规模依然无法与其城市功能定位和战略布局相匹配。南沙面临人口流入相对不足的情况。这直接影响了城市开发建设的速度和规模，也无法有效推动城市经济增长，拉动城市消费，改善公共服务质量。

《广州统计年鉴》的数据显示，2021 年底南沙的常住人口为 90.04 万人，占全市人口的 4.7%，人口规模在全市十一区中仅高于北部的从化。在《广州南沙新区城市总体规划（2012—2025）》中，南沙 2020 年的预期常住人口规模为 170 万 ~190 万人。从目前的情况来看，南沙的常住人口尚未能达到预期规模。南沙“十四五”规划提出，南沙 2025 年常住人口预期目标为 120 万人左右。这意味着南沙区需要再新增 30 万人左右。统计数据显示，2012—2021 年南沙区累计新增人口为 27.71 万人。因此，人口增长的规模和速度需要大幅提高，从而为推动《南沙方案》的落地提供智力支持和劳动力支撑。如何快速实现人口的增长成为南沙发展的重要挑战。

与此同时，由于广州其他外围城区放宽落户门槛，如社保缴费年限、年龄等，并且实行相对灵活的落户政策，加之有些外围城区与中心城区的距离相较于南沙有些优势，这些特征使得广州市的人口规模保持稳定增长。外围城区也在一定程度上起到了分流人口的作用。番禺成为近10年外围城区人口流入最多的辖区，其次是花都、增城和黄埔。因此，广州外围城区对于人口的吸引力也会对南沙的人口流入形成一定的挑战，弱化了南沙的优势。基于此，南沙“十四五”规划纲要中也强调，将根据南沙的发展情况制定符合实际的人口迁入计划，在符合广州市户籍管理制度的前提下，实施差别化的入户政策。但比较遗憾的是，尽管制定了相关人才引进计划，但南沙对于高层次人才的吸引力尚未在人口规模上得到充分体现。

总体来说，南沙人口规模增长压力依然明显。尽管南沙已经在人才引进方面取得了巨大进步，但其对于人才的吸引力并没有呈现出与其发展定位和政策利好所匹配的优势。因此，如何推动人口向南沙快速流入成为南沙发展面临的重要任务和挑战。当然，人口流入放缓与经济下行压力下增长动能减弱、城市建设有待完善有所关联，也是理解南沙发展挑战的重要维度。

（三）经济下行压力下经济增长动能减弱

南沙经济发展同样面临一定的挑战。这主要体现为以下几点。首先，南沙的优势产业表现欠佳。以汽车为代表的支柱产业对于经济拉动作用明显减弱，汽车销量不及预期。与此同时，房地产业的发展与南沙的开发建设相应而生。由于南沙是城市副中心，地理位置与中心城区有一定的通勤距离，房地产业同样受到经济下行的影响，未能有效发挥其对经济发展的贡献。更进一步来说，支柱产业的增长放缓也影响了南沙的财政收入，对南沙新一轮的开发建设和投融资产生一定的不利影响。其次，城市及区域竞争更加激烈。全国范围内的国家新区、自贸试验区等特殊区域的发展都需要引进头部企业或者总部企业，以带动整个行业的发展。因此，各大城市以及国家级特殊功能区对于总部企业、头部企业、关键生产线、重大投资的争夺更加激烈。南沙在城市和区域层面的竞争力同上海、深圳辖区的特殊区域相比，治理能级还处于相对劣势。尽管南沙叠加了多种国家级特殊功能区，并设立了两个法定机构参与南沙开发建设，但辖区内的镇街仍是推动南沙发展的重要力量。这也相对限制了南沙纵向争取中央和省级部门的特殊政策支持的机会，同样弱化了其在城市和区域竞争中的优势。与此同时，与深圳前海、上海临港相比，南沙获取特殊政策的时间相对靠后，进而使得释放政策红利的时机进一步延后。最后，南沙的小微企业、创业企业、高新技术企业正处于初创阶段，还需要一定的成长时间，产业集群的规模效应还未能充分显现。这意味着其无法直接创造可观的经济产值。

政策红利的释放还需能够充分回应市场和地方实际发展需要。特别是在经济下行压力下，南沙一直积极出台相关支持政策来帮助企业解困。而如何均衡地分配财政补贴资金，使其既能充分考虑到小微企业的发展又能满足头部企业的需要显得尤为重要。从这个意义上说，面向小微企业的财政支持是否落到实处并且发挥应有的作用还需进一步确认。此外，税收优惠的选择性倾斜也会引发内部竞争，这同样不利于激励基层政府投身到南沙开发建设过程中。总的来说，南沙需要直面经济下行压力下如何激活经济发展动能这一关键问题，这也是当下南沙发展所面临的直接考验。

（四）城市发展建设需进一步完善

南沙发展不仅面临城市副中心功能有待增强、人口流入相对不足的挑战，城市建设还在持续进行中，仍需进一步完善，这几大挑战相互影响，制约着南沙发展。目前，南沙确立了“一轴四带、一城四区”的总体空间发展格局，重点建设中心城区、庆盛枢纽、南沙枢纽、南沙湾 4 个片区。问题在于，南沙中心城区的基础设施和各类配套设施、公共服务已经较为完善，但其他 4 个片区依然在开发建设中。城市片区的开发意味着基础设施层面的互联互通。目前，其他城市片区的教育、医疗等公共服务体系和生活服务类公共设施仍处在建设阶段。这也进一步制约了人口向南沙流动、人才在南沙落户的意愿，同时成为约束南沙实现高质量发展的原因之一。特别是在香港住房、教育等公共服务资源相对紧张的情况下，南沙完备且优质的公共服务配套可以成为其吸引香港人才的重要优势。从这个角度来说，南沙基础设施建设和公共服务配套的品质还需进一步加强。

与此同时，南沙的轨道交通布局还未能充分支撑起连接城市副中心与广州主城区的作用。主要原因在于，南沙与广州主城区的距离超过 50 公里，这对交通设施特别是轨道交通的布局提出了更高的要求，即要尽可能缩短通勤时间。已经建成的地铁 4 号线连接了南沙的中心城区以及广州的中心城区，但通勤时间仍然超过一个小时。地铁 18 号线的开通虽然缩短了南沙到中心城区的通勤时间，但从地铁线路来看，18 号线并没有经过南沙中心区域的蕉门和金洲，这意味着地铁线路绕开了南沙的人口集聚区。18 号线的终点站仍然处于开发建设阶段，整体客流量偏低，这也从侧面反映出南沙的人口规模仍有待进一步扩大。尽管南沙在地理位置上有着天然的优势，但南沙城市内部的交通配套未能完全发挥出吸引人口流入的作用。

从更宏观的国际环境和国内形势来看，南沙“十四五”规划明确指出了其所面临的挑战。首先，世界局势的不稳定性持续上升，推进高层次的国际交流与合作的难度也将随之增大。其次，国内发展条件深刻变化，经济社会发展局面可能更加复杂，全面深化改革任务更重，随着制度创新的边际效益逐渐降低和边际成本的上升，改革的复杂性也随之增加。最后，要素资源约束趋紧，经济增长模式亟待转变，基于劳动力、资本、土地等传统要素投入的粗放式规模增长正在逐渐向基于数据、技术、高素质人才等新要素的高质量发展转变，区域层面争夺新要素、抢占产业发展制高点的竞争将更加激烈。

总体来说，回应南沙发展所面临的挑战既是南沙服务国家重大战略的必经之路，同时也是最大限度释放《南沙方案》政策红利的必然要求。当然，推动《南沙方案》的落地还需要更为系统的制度协调和保障。

第四章

南沙与“一带一路”建设重要支撑区*

吴晋时期，广州就是海上丝绸之路的一个起点。公元226年，孙吴政权决定将合浦以北划为广州。之后，开通了由广州首航，穿越海南岛东部、西沙群岛海面而至东南亚的航线，从此广州成为海上丝绸之路的始发港。唐中叶之后，海上丝绸之路取代陆上丝绸之路成为中西交通的主要通道。唐宋时期，海上丝绸之路臻于极盛，有东西两路航道，可抵达今越南、马来西亚、印度尼西亚、印度、沙特阿拉伯王国、阿拉伯联合酋长国等国家，作为始发港的广州也成为进出口商品的集散中心，呈现出“连天浪静长鲸息，映日帆多宝舶来”的繁荣景象。现在的南沙港就是当时广州的重要商港之一。①

有此渊源，中共中央、国务院在2019年2月18日发布的《粤港澳大湾区发展规划纲要》（以下简称《规划纲要》）第一章“规划背景”就明确提出粤港

---

* 本章作者为北京师范大学一带一路学院执行院长、经济学教授胡必亮，北京师范大学一带一路学院研究助理、经济与工商管理学院博士生张怡玲。

① 张难生、叶显恩：《海上丝绸之路与广州》，《中国社会科学》1992年第1期。

澳大湾区“在‘一带一路’建设中具有重要地位”，粤港澳大湾区建设“有利于推进‘一带一路’建设，通过区域双向开放，构筑丝绸之路经济带和21世纪海上丝绸之路对接融汇的重要支撑区”；紧接着《规划纲要》第二章“总体要求”又明确提出，粤港澳大湾区要“以‘一带一路’建设为重点，构建开放型经济新体制，打造高水平开放平台，对接高标准贸易投资规则，加快培育国际合作和竞争新优势”。此外，《规划纲要》还在第九章“紧密合作共同参与‘一带一路’建设”集中讨论了粤港澳大湾区如何共建“一带一路”的几个重要问题。总之，《规划纲要》的一个重要思想和一项重要规划内容，就是要“打造‘一带一路’建设重要支撑区”。那么，这个重要支撑区的建设重点在哪里？又该如何打造好这个重要支撑区呢？这是我们需要深入研究和探讨的问题。

为了加快推进粤港澳大湾区发展，中共中央、国务院于2021年9月连续印发了两份重要文件，即《横琴粤澳深度合作区建设总体方案》（简称《横琴方案》）和《全面深化前海深港现代服务业合作区改革开放方案》（简称《前海方案》）；2022年6月，国务院印发《广州南沙深化面向世界的粤港澳全面合作总体方案》（简称《南沙方案》）。通过印发这三个方案，推动前海、横琴、南沙三个“示范区”实现快速发展，进而带动和促进整个粤港澳大湾区高质量发展。

毫无疑问，整个粤港澳大湾区的城市（包括广东省的广州、深圳、珠海、佛山、惠州、东莞、中山、江门、肇庆9个城市和香港、澳门两个特别行政区）都应该为打造“一带一路”建设重要支撑区做出自己的贡献，广州南沙尤其应该在这一方面发挥其独特的重要作用。通过比较上面提到的三份重要文件，我们发现《横琴方案》没有提到“一带一路”；《前海方案》两次提到“一带一路”，即“不断与共建‘一带一路’国家和地区扩大合作”和

“支持‘一带一路’新闻合作联盟在前海合作区创新发展”；《南沙方案》则六次提到“一带一路”，而且内容非常丰富，涉及总体要求、需求导向、与港澳合作参与共建、交流合作、展会、新平台等方面。尽管是否提及“一带一路”和提及次数的多寡，并不能完全反映出这三个示范区在推进“一带一路”建设方面的重要程度，但我们还是可以从一定程度上看出这三个“示范区”在“一带一路”建设示范方面的一些差别。因此我们认为，南沙在打造“一带一路”建设重要支撑区方面，具有更加重要的意义；在制定《南沙方案》具体规划时，应特别加强对南沙与“一带一路”建设重要支撑区之间的关系研究，这不仅是贯彻落实中央要求的需要，也是促进南沙高质量发展的客观需求。

一、把南沙打造成为“一带一路”建设重要支撑区的政策内涵和战略意义

2015 年 3 月，经国务院授权，国家发展改革委、外交部、商务部联合发布了《推动共建丝绸之路经济带和 21 世纪海上丝绸之路的愿景与行动》（以下简称《愿景与行动》），提出要“充分发挥深圳前海、广州南沙、珠海横琴、福建平潭等开放合作区作用，深化与港澳台合作，打造粤港澳大湾区”。这是粤港澳大湾区的概念第一次在中央文件中被提出。2019 年 2 月，中共中央、国务院印发《规划纲要》，为粤港澳大湾区的发展擘画了宏伟蓝图。

在《规划纲要》中，“一带一路”四个字共出现 19 次，分布在第一章、第二章、第四章、第六章、第九章和第十章。《规划纲要》第一章指出，“粤港澳大湾区地处我国沿海开放前沿，以泛珠三角区域为广阔发展腹地，在‘一带一路’建设中具有重要地位”；紧接着又指出，“‘一带一路’建设深入推进，为

提升粤港澳大湾区国际竞争力、更高水平参与国际合作和竞争拓展了新空间”；还进一步提到，“打造粤港澳大湾区，建设世界级城市群……有利于推进‘一带一路’建设，通过区域双向开放，构筑丝绸之路经济带和21世纪海上丝绸之路对接融汇的重要支撑区”。

《规划纲要》第二章提出“以‘一带一路’建设为重点，构建开放型经济新体制，打造高水平开放平台，对接高标准贸易投资规则，加快培育国际合作和竞争新优势”；明确地在“战略定位”部分提出了“‘一带一路’建设的重要支撑”这一战略定位。

第九章通篇内容都是讲“一带一路”的，标题为“紧密合作 共同参与‘一带一路’建设”。该章提出要“深化粤港澳合作，进一步优化珠三角九市投资和营商环境，提升大湾区市场一体化水平，全面对接国际高标准市场规则体系，加快构建开放型经济新体制，形成全方位开放格局，共创国际经济贸易合作新优势，为‘一带一路’建设提供有力支撑”；有一处明确提出“打造‘一带一路’建设重要支撑区”。可以说，“一带一路”建设和粤港澳大湾区是“你中有我，我中有你”的关系，无论是《愿景与行动》还是《规划纲要》，都是彼此深度融为一体的。“一带一路”建设对于我国新时代推进高水平对外开放事业具有统领作用，是我国扩大和深化对外开放的重要平台，而粤港澳大湾区是我国开放程度最高、经济活力最强的区域之一，“一带一路”建设需要粤港澳大湾区这一强大后备力量的支撑，粤港澳大湾区的发展必须要牢牢抓住“一带一路”这一重要的新机遇，打造“一带一路”建设重要支撑区正是实现“一带一路”建设和粤港澳大湾区发展双向促进的关键举措。

“一带一路”建设重要支撑区是一个新概念，适合于生根在新的土壤之中。粤港澳大湾区所包括的香港和澳门以及珠三角九市均有悠久的发展历史，都已经具有了良好的发展规划，形成了较为成熟的发展经验，而深圳前海、广州南沙和珠海横琴这三个新的示范区正在积极探索其最佳发展定位。以上提到的中央出台的三个重要文件，对粤港澳大湾区三个发展示范区的基本定位、建设方向、发展目标等都提出了战略部署。三个方案均有不同的发展重点：前海着眼于加强与香港的合作，其战略定位是建设成为深港现代服务业合作区、粤港澳大湾区全面深化改革创新试验平台、高水平对外开放门户枢纽；横琴着眼于加强与澳门的合作，其战略定位是建设成为粤澳深度合作区、促进澳门经济适度多元发展的新平台、便利澳门居民生活就业的新空间、丰富“一国两制”实践的新示范、推动粤港澳大湾区建设的新高地；南沙则面向整个世界，其战略定位是建设成为深化粤港澳全面合作，立足湾区、协同港澳、面向世界的重大战略性平台。《南沙方案》的一个重要发展目标，就是到2025年，市场化法治化国际化营商环境基本形成，携手参与“一带一路”建设取得明显成效；另一个目标是要发挥外国驻穗领事馆集聚优势，深入对接“一带一路”共建国家发展需要；同时支持港澳全面参与和助力“一带一路”建设，促进与“一带一路”共建国家以及全球主要自贸区、自贸港区和商会协会建立务实交流合作，探索举办“一带一路”相关主题展会，构筑粤港澳大湾区对接“一带一路”建设的国际经济合作新平台。

由此可见，在三个新区中，南沙的战略定位以及发展规划同“一带一路”建设的相关性是最高的。因此，为了全面深入贯彻落实《愿景与行动》《规划纲要》以及《南沙方案》，南沙必须承担起打造“一带一路”重要支撑区的这一重要使命担当，完成好这一重大任务，首先将南沙打造成为“一带一路”建设重要支撑区。这也是推动形成区域协调发展新格局、构建全方位开放新格局、实现高质量发展的战略需要，是实现2035年远景目标以及第二个百年奋斗目标，以及实现中华民族伟大复兴和构建人类命运共同体的战略需要。

二、南沙有条件为高质量共建“一带一路”提供重要支撑

（一）区位优势明显，交通运输便利

南沙新区地处珠江出海口和粤港澳大湾区地理中心，东与东莞隔江相望，西与中山、佛山、顺德接壤，距广州市中心50公里，距香港38海里[①]，距澳门41海里，方圆80公里范围内汇聚了大湾区的11座城市。这些城市在不同的领域均有很好的发展基础。广州以制造业立市，拥有智能网联与新能源汽车、软件和信创、时尚产业、文化创意等8个万亿级产业链群，超高清视频和新型显示、现代高端装备、生物医药及高端医疗器械、绿色石化和新材料、半导体和集成电路、新能源等13个千亿级产业链群，以及一大批百亿级产业链群，是国家首批产业链供应链生态体系建设试点、国家首批综合货运枢纽补链强链城市，在科技自主研发方面也一直在提升，2022年自然指数–科研城市排名已经跃居全球第十位[②]。东莞拥有电子信息制造业以及高端装备制造业两大支柱性产业。电子信息制造业总产值接近万亿规模，占到广东省的近1/4，拥有华为、OPPO、vivo、华贝电子、蓝思科技、生益科技等一批龙头企业，配套从基础零部件到终端产品制造、从消费类产品到投资类产品的完整产业体系，综合配套率达90%以上，全球每5台智能手机就有1台来自东莞。高端装备制造产业2021年总产值达3700亿元，产业链覆盖上游控制器、编码器、传感器等关键零部件，中游机械手、整机，下游系统集成，拥有拓斯达、天机机器人、李群自动化、奥普特、艾尔发、鼎泰机器人、创世纪等一批优秀企业。佛山的制造业几乎涵盖制造业各行各业，机械装备、家电家具、陶瓷建材、食品饮料等传统优势产业基础雄厚，现有国家级特色产业基地26个，各主要行业的本地产业

---

① 1海里=1.852公里。

② 《2023年广州市政府工作报告》，广州市人民政府门户网站，2023年2月1日。

配套率高达90%以上，入选国家新型工业化产业示范基地。香港是全球第三大金融中心，重要的国际贸易中心、航运中心和国际创新科技中心。澳门是国际自由港、世界旅游休闲中心，有发达的轻工业、旅游业、酒店业和娱乐场。凭借这样的地理位置，南沙既可以背靠广州、东莞、佛山这些制造业发达的城市，又可以借力香港和澳门，借助它们金融业、现代服务业和旅游业的优势，形成合力，促进海上丝绸之路发展。

交通基础设施互联互通是南沙能否发挥自身区位优势的关键。在内联方面，南沙已经形成了十分通达的交通网络，广深港高铁、南沙客运港、南沙客运站、广州地铁4号线和18号线、自贸区快线大巴以及61条公交线路等形成了比较发达的交通网络体系。2018年9月正式开通运营的广深港高铁香港段将南沙庆盛站到深圳福田中心区的时间缩短为21分钟，到香港西九龙的时间缩短为35分钟；2019年4月正式通车的南沙大桥连通珠江东西两岸，打通了大湾区的“动脉”；2021年6月开通的明珠湾大桥将南沙区内的七个功能片区连接成了一个“15分钟交通圈”；2021年9月正式开通运营的广州地铁18号线首通段（冼村至万顷沙）使南沙与广州主城区实现半小时通达；2021年12月正式开启货运功能的南沙港铁路则打通了泛珠三角与内陆地区海铁公联运“最后一公里”，改变了过去南沙港口货物水路和公路中转的低效运输方式，加快了港口周转速度，提高了运输效率，降低了运输成本，南沙港集装箱班列由此将可直达欧洲。这些战略性基础设施建设项目使得南沙与香港、珠江口东西两岸主要城市核心节点、广州主城区之间实现了30分钟左右直接通达。

在外通方面，南沙具有南沙港这一重要的对外开放通道。南沙港坐落在南沙区西岸龙穴岛，南向南海，东望深圳，西靠南海、番禺、顺德，位于珠江三角洲地理几何中心，是广佛经济圈和珠三角西翼城市通向海洋的必经之路，方圆100公里内覆盖整个珠三角城市群。南沙港的母公司广州港集团已累计向其投资超过500亿元人民币，建成了一批大型深水集装箱，商品、汽车、粮食、石油化工和国际邮轮等专业化码头集群，这使得南沙港成为华南地区综合体量最大、服务功能最全、集疏运条件最好的现代化港区。不仅如此，南沙港还建有沿海港口最大单体综合冷链仓库，在生鲜类产品的进出口方面具有很大的优势。数据显示，南沙港是世界最繁忙的港口之一，居全球货物吞吐量第四位，其外贸总值占广州的近1/4。2021年，南沙集装箱吞吐量为1766.03万标箱，港口货物吞吐量达35504.88亿吨，进出口总额达2600.3亿元[①]。南沙港区港口服务效率也是全球领先，单一港区通过能力位居全球前列。截至2022年6月，南沙港区全港海铁联运班列业务辐射全国9个省市、42个地级市，外贸航线通达全球100多个国家和地区的400多个港口[②]。除此之外，南沙港铁路常态化开行了中欧、中亚班列。这使得南沙港有条件逐步地建设成为国际航运枢纽，有助于促进全球港口互联互通，成为共建“一带一路”国家之间贸易往来的一个重要的中转站。

南沙还在持续优化其交通网络。根据广州市政府、广东省发展改革委联合印发实施的《南沙综合交通枢纽规划（2020—2035年）》，在区内交通方面，南沙计划打造区内城轨“3040”出行时空圈、区内城市骨干道“102020”出行时空圈和区内慢行交通“15分钟社区生活圈”。“30”指的是南沙至广州中心城区30分钟；“40”指的是南沙内部组团之间40分钟互达；“10”指的是区内各产业功能区或组团中心10分钟内接入高快速路；前一个“20”指的是区内各产业功能区或组团中心至区外交通枢纽20分钟直达；后一个“20”指的是区内各

① 《峥嵘十年丨广州南沙：从大湾区走向世界，志在“芯晨大海”》，澎湃新闻，2022年10月20日。

② 《广州南沙打造湾区枢纽“链”全球》，中国政府网，2022年6月18日。

组团中心至南沙中心城区 20 分钟可达；“15 分钟社区生活圈”指的是在 15 分钟步行可达范围内，配备生活所需的基本服务功能与公共活动空间，形成安全、友好、舒适的社会基本生活平台。

在轨道交通方面，南沙预计实现“30+12348”时空目标。“30”指与大湾区中心城市 30 分钟互达；“1”指与大湾区节点城市 1 小时互达；“2”指与省内地级市 2 小时互达；“3”指与邻近省会城市 3 小时互达；“4”“8”指与国家级城市群（京津冀、长三角、长江中游、成渝、中原等城市群）主要城市 4~8 小时互达。在高快速路方面，南沙正布局形成“406090”湾区时空圈。“40”指实现南沙至广州中心城区，以及深圳、佛山、东莞、中山等周边城市 40 分钟互达；“60”指南沙至江门、珠海、澳门、香港等大湾区主要城市 60 分钟互达；“90”指南沙与珠三角其他城市 90 分钟互达。

在港口水运方面，规划至 2035 年实现南沙港货物吞吐量 5.4 亿吨，集装箱吞吐量 3050 万标箱①；南沙客运港重点发展通达大湾区城市的水上高速客运和国际国内邮轮休闲旅游客运，争取成为国家邮轮旅游发展实验区。

目前，南沙枢纽、广珠澳高铁、南珠城际、深江铁路、狮子洋通道等战略性基础设施正在加快规划建设中，南沙港区四期已投入自动化调试。据相关负责人介绍，南沙港区四期全自动化码头是全球首个江海铁多式联运全自动化码头，拥有目前世界上智慧港口的最先进功能，集物联网感知、大数据分析、人工智能、5G 通信等先进技术为一体。南沙四期工程建成后，南沙港区集装箱年通过能力将达到 2400 万标箱，位居全球单一港区前列。南沙国际通用码头、南沙五期、南沙国际海铁联运码头等项目也正在建设中，一些支持项目如南沙国际物流中心、南沙粮食码头及筒仓扩建工程、沙仔岛汽车物流枢纽等也在加快

① 《南沙综合交通枢纽规划（2020—2035 年）印发实施 “湾区核心”交通发展迎来飞跃》，广州市南沙区人民政府网，2021 年 1 月 8 日。

进行中，项目建成后，南沙港口服务能级可以实现更大的提升，南沙国际航运枢纽地位将得到凸显，成为泛珠三角经济腹地全面深度参与“一带一路”建设的出海大通道。目前，南沙国际物流中心已获批进境水果、植物种苗、肉类海关指定监管场地。在铁路、高速公路、快速路和港口水运等领域的突破、规划与建设，能够更好地发挥南沙粤港澳大湾区地理几何中心的优势，增强中国与“一带一路”共建国家的互联互通。

（二）区域面积广，探索空间大

作为粤港澳大湾区的三个重大合作平台之一，相比 120.56 平方公里的深圳前海和 106.46 平方公里的珠海横琴，南沙新区拥有全域 803 平方公里的面积。同时，南沙新区也是我国现有的 19 个国家级新区之一。国家级新区由中央政府批准设立并拥有相应的配套政策，是承担国家重大发展和改革开放战略任务的综合功能平台，享受中央政府的倾斜政策和“先行先试”的权限，具有很大的发展空间。2019 年 12 月印发的《国务院办公厅关于支持国家级新区深化改革创新加快推动高质量发展的指导意见》指出，坚持向改革创新要动力，赋予新区更大改革自主权；支持新区率先复制自贸试验区改革开放经验，对接国际先进规则，深度参与全球产业分工；支持新区探索更加开放便利的海外科技人才引进和服务管理机制，建设海外人才离岸创新创业基地；支持有条件的新区开展资本项目收入结汇支付便利化试点等。南沙于 2012 年被设立为国家级新区，根据 2012 年发布的《广州南沙新区发展规划》，南沙的发展原则是改革创新、先行先试，强调要加快体制机制创新，形成符合国际惯例、与港澳接轨的营商环境，进一步完善市场经济体制和现代社会管理格局，增强发展的活力和动力。2022 年印发的《南沙方案》则给出了更多细化的支持政策，比如，支持南沙实行更大力度的国际高端人才引进政策，对国际高端人才给予入境、停居留便利；支持推进外汇管理改革，探索开展合格境内有限合伙人（QDLP）境外投资等政策试点。无论是面向全部国家级新区的政策还是仅面向南沙新区的政策，都给予了南沙更强的积极性和自主权去探索自身的发展道路，拓展了南沙创新性发展的空间。截至2020年底，南沙自贸试验区已累计形成了689项制度创新成果，其中43项在全国、112项在全省复制推广。

南沙的土地面积与新加坡（735.2平方公里①）大致相当，人口约90万人，是新加坡人口的1/6。2023年，南沙的地区生产总值（GDP）为2323.54亿元，新加坡的国内生产总值（GDP）为6733亿新加坡元，按2023年的平均汇率计算，折合人民币约35480亿元，约是南沙的15倍。对标新加坡，拥有大量土地亟待开发的南沙有着巨大的发展潜力。目前，南沙规划了占地60平方公里的自贸试验区，分7个功能片区：海港区块（国际航运合作发展区）、明珠湾起步区区块（金融商务中心集聚区）、南沙枢纽区块（粤港澳融合发展试验区）、庆盛枢纽区块（科技创新、国际教育、现代服务业国际合作区）、南沙湾区块（广州滨海国际门户、国际科技创新合作和文化创意区）、蕉门河中心区区块（商务办公和科技创新集聚区）和万顷沙保税港加工制造业区块（第三代半导体、智能网联汽车、国际加工贸易转型升级服务区）。其中，庆盛枢纽区块已明确提出要成为积极参与21世纪海上丝绸之路建设的新平台。南沙广阔的土地面积有利于与粤港澳开展全面合作，为共建“一带一路”深度合作提供重要载体和支撑。

（三）营商环境优越，投资贸易便利化水平高

营商环境涉及公共服务、政务环境、税收环境、金融服务、法治环境、科创环境等方面，良好的营商环境能够降低企业生产经营的成本，是一个地区招

① 此为2023年数据。

商引资的重要筹码。在公共服务方面，截至2023年末，南沙全区共有各类卫生机构354个，医院实际拥有床位2845张，各类专业卫生技术人员5248人①，2022年中山大学附属第一（南沙）医院完成建设；共有学校95所，专任教师5662人②，2022年南沙获批为广州唯一的全国义务教育优质均衡先行创建区、广东省基础教育高质量发展示范区。优质充裕的医疗和教育资源能够为南沙的居民提供良好的基本保障，为南沙吸引更多的人才。

在政务环境方面，《南沙方案》明确2022—2024年每年安排南沙100亿元新增地方政府债务限额并统一计入地方政府债务余额，2022年获批新增专项债券额度245亿元；政府投资、社会投资工程项目审批时限分别压缩到70个工作日和15个工作日以内，“带设计方案”项目实现“交地即开工”，能够为企业开工建设缩短3~6个月的时间；推出“南沙政务全球通”，数字政府实现98%（1420项）政务服务事项“零跑动”；率先全面推行区块链电子发票；实现出口退税3日内办结③。

在税收环境方面，《南沙方案》给出了“双15”优惠，即企业所得税与个人所得税均按最高15%的税率来征收。一般来说，企业所得税税率为25%，个人所得税超过144000元的部分税率为20%及以上，最高可达到45%。因此“双15”优惠税率是相当大的税收优惠，能显著减轻企业负担，鼓励企业专注研发生产和扩大投资，鼓励高端人才在南沙安家立业；自2022年1月1日起，当年具备高新技术企业或科技型中小企业资格的，其具备资格年度之前8个年度发生的尚未弥补完的亏损，准予结转以后年度弥补，最长结转年限延长至13年，

① 《2021年广州市南沙区国民经济和社会发展统计年鉴》，广州市南沙区人民政府网，2023年1月19日。

② 《2021年广州市南沙区国民经济和社会发展统计年鉴》，2022年。

③ 《广州南沙投资便利》，广州市南沙区人民政府网，2023年12月8日。

这将有效解决南沙的技术含量高、投资回报周期长的企业在原规定时间内难以弥补亏损的问题；对在南沙工作的港澳居民免征个人所得税税负超过港澳税负部分，遵循了内地税制，对接了香港、澳门税制，便利了香港、澳门居民到广州南沙创业就业。

在金融服务方面，截至 2022 年，南沙区累计落户 6758 家金融机构，其中有 15 家持牌法人金融机构，2215 家融资租赁企业；本外币存款余额合计为 2648.85 亿元，本外币贷款余额为 2560.51 亿元。值得一提的是，南沙上线了全国首个碳中和融资租赁服务平台。广州期货交易所、国际金融论坛永久会址等重大金融平台落户于南沙，广州中国金融四十人研究院挂牌成立。对于大多数企业来说，获取融资都具有关键性意义，南沙完善的金融服务有助于帮助企业解决融资难的问题。

在法治环境方面，南沙成立了大湾区暨“一带一路”法律服务集聚区，目前已入驻 30 家法律服务机构[①]，南沙也是全广东省唯一入围首批全国法治政府示范区候选的、全国率先试点聘任港澳籍劳动人事争议仲裁员的区（县）级单位，自贸区人民法院获评全国优秀法院，工商联获评全国“五好”工商联。南沙公开透明的法治环境以及良好的法律服务能够为企业解决很多的顾虑，减少很多的不确定性，便于企业在合法合规的情况下大展拳脚。

在科创环境方面，南沙正完善提升“1+1+3+N”高端创新平台体系。“1+1”是南沙科学城、明珠科学园和南方海洋科学与工程广东省实验室（广州），“3”是冷泉生态系统研究装置、动态宽域高超声速风洞、极端海洋动态过程多尺度自主观测科考设施这三个重大科技基础设施，“N”是香港科技大学（广州）、中国科学院大学广州学院等多个高水平研究平台。截至 2022 年，

① 《广州南沙投资便利》，广州市南沙区人民政府网，2023 年 12 月 8 日。

已建成12家孵化器和9家众创空间[①]；累计超过900家国家级高新技术企业落户南沙。香港科技大学（广州）2022年9月正式开学；已建成博士、博士后科研平台24家，院士工作站5个；2021年研究与试验发展经费（R&D）达116.21亿元，投入强度为5.45%[②]。完善的科研平台以及鼓励创新的环境能够吸引更多的高新技术企业入驻南沙，为南沙的发展增添更多的新动能。

投资贸易便利化水平对一个地区国际贸易和外商投资有十分关键的影响。在促进投资贸易便利化水平方面，南沙已经做出了很多的努力，比如南沙挂牌成立了南沙区贸促会贸易促进工作站；创立了商事登记确认制；获批全国首批跨境贸易投资高水平开放试点；落地实施自由贸易账户（FT账户），已累计开立FT账户6463户[③]；在13个APEC成员国贸易体系推广全球溯源体系；全球报关服务系统开展实单运营，推出智能审证、七天常态化通关等举措；全流程“线上海关”建设实现“单一窗口”主要业务应用率达100%，企业办事效率提升80%以上，打造全天候智能通关模式，实现查验效率提升30%以上；已打造全球优品分拨中心、全球溯源体系等贸易数字化服务品牌。海关总署又出台了16项措施支持南沙增强国际航运物流枢纽功能，支持跨境电商业务发展，促进国际经济合作等。南沙贸易便利化、投资自由化指数连续多年排名全国自贸片区前列，中山大学2019—2020年中国自贸区制度创新指数成果报告显示，南沙投资便利化指数评估位居全国43个自贸片区第一。

“一带一路”国际产能合作是“一带一路”建设的重要内容，是指通过与“一带一路”共建国家合作建设项目，合作建立生产基地、产业园区等，向其提供技术、资金、设备、管理经验等方面的支持，从而形成比贸易更加密切的产

①③《广州市南沙区2022年国民经济和社会发展计划执行情况与2023年计划草案的报告》，2023年。
②《2021年广州市主要科技活动情况公报》，2022年。

业链供应链分工合作关系。“一带一路”国际产能合作一方面能够推动我国产业转型升级，另一方面能够帮助“一带一路”共建国家完善基础设施建设、加快工业化进程。南沙良好的营商环境适宜合作园区的建设和生长，有利于“一带一路”国际产能合作。促进中国与“一带一路”共建国家之间的投资贸易便利化是“一带一路”建设的内容之一，南沙要建立高水平对外开放门户也必须要提升自身与其他国家的投资贸易便利化水平，在这一点上，南沙与“一带一路”有着共同的努力方向。南沙现如今的投资贸易便利化水平较高，这为南沙促进“一带一路”国际贸易和投资打下了良好的基础。良好的营商环境和较高的投资贸易便利化水平这两者结合起来赋予了南沙强烈的吸引力，使得南沙有资格成为汇聚“一带一路”建设重要力量的沃土，为深化与“一带一路”共建国家的经贸合作提供支持。

（四）产业基础雄厚，配套完善

2023 年，南沙有“四上”企业[①]2689 家，具备经济高质量发展的产业基础。作为一个新区，南沙的主导产业是现代产业，主要有先进制造业、现代服务业、战略性新兴产业及未来产业。先进制造业是南沙的根基产业，南沙目前有东方重机、广汽丰田、广船国际、文船重工、中科宇航等一大批重点制造业企业，包含智能网联与新能源汽车、装备制造、半导体和集成电路等 17 条重点产业链[②]。2023 年南沙汽车制造业产值达 1869.17 亿元，生产汽车 95 万辆。规划在“十四五”期间推动汽车、船舶、海工、装备、材料、信息等产业向高端化、智能化、绿色化发展，引进培育一批处于价值链顶部、产业控制力强和国

① “四上”企业指规模以上工业企业、限额以上批零住餐企业、规模以上服务业企业、有资质等级的建筑业企业和房地产开发经营企业。

② 《南沙这项“实打实”的平均增速居全市首位》，《广州日报》2022 年 1 月 27 日。

际影响力强的龙头企业。现代服务业在加速成长，2023年现代服务业增加值为872.98亿元，占地区生产总值的比重为37.6%；2023年南沙跨境电商进出口额858.8亿元，南沙综保区跨境电商进出口值在全国综保区排名第一，跨境电商网购保税进口业务量约占全国的1/5[①]；截至2022年底，累计引进融资租赁飞机242架，成为大湾区最大的飞机、船舶租赁集聚区。规划在“十四五”期间重点发展航运服务、金融商务、科技服务、专业服务、新型商贸等现代服务业。战略性新兴产业及未来产业也在蓬勃发展中，南砂晶圆、芯聚能等一批项目已经建成投产；国内产能最大的碳化硅芯片项目芯粤能等主体工程完工；国际数据传输枢纽首批项目已经投产运行；广州云谷二期数据中心已经竣工。规划在“十四五”期间重点发展智能网联新能源汽车、新一代信息技术与人工智能、生物医药与健康、新能源与节能环保等战略性新兴产业以及区块链、量子信息和纳米科技等未来产业。

南沙产业发展的空间布局也在加速打造中，目标是实现“一轴带动、一核引领、两极联动、五片协同、多点支撑”。“一轴带动”指沿庆盛大道经庆盛站、南沙站延伸至深中通道连接点，构建连接广州和深圳两大中心城市、产业要素高度联通和流通、产业链群顺畅协作的发展大通道，打造产业要素流通辐射轴。“一核引领”指以明珠湾综合服务区和蕉门河中心区为核心，围绕建设高端型开放型创新型现代产业体系，打造产业综合服务核心区。“两极联动”指围绕庆盛、黄阁先进制造业基础和南沙枢纽站的产业联通优势，实现北部庆盛科技创新发展极和南部万顷沙新兴产业成长极联动发展。“五片协同”指对接广州的智能产业片区、对接东莞的高品质服务区、对接佛山的高端制造片区、对接珠海和澳门的新兴未来产业片区及对接深圳和香港的现代

① 《抢抓RCEP机遇，广州南沙打造跨境电商枢纽之城、标杆之城》，澎湃新闻，2022年8月27日。

临港产业片区。“多点支撑”指围绕这一产业空间布局，南沙建立了多个专业化产业园区、产业集聚区、街区楼宇等重点产业平台作为支撑。在“一轴”两端布局庆盛产教融合数字创新示范区和广深联动未来产业创新示范区。在“一核”布局大湾区明珠科学与创新园、全球海洋科学与工程创新中心核心区、重大科技基础设施集聚区、明珠湾高端科学和金融服务区以及南沙枢纽粤港澳创新创业深度合作示范区。围绕“一轴”和“一核”，布局万顷沙战略性新兴产业发展区、黄阁战略性新兴产业发展区和龙穴岛海洋科技产业集聚区。中交汇通中心、利通金融中心、越秀国际金融中心、国际风险投资中心等 45 个以总部及金融为主体的项目已落户明珠湾高端科学和金融服务区。南沙还建有 3 个跨境电商 BC 监管场站，5 个跨境电商产业园，超 48 万平方米的准甲级以上写字楼，超 200 万平方米仓储设施，已经有 600 家企业在此开展跨境电商服务。天猫、京东、唯品会、抖音、洋葱等大型跨境电商平台集聚南沙，美赞臣、达能、斯维诗、合生元等国际知名品牌也在南沙建立了全国乃至亚太地区的分拨中心[①]。

南沙在现代产业的良好基础能够助力“一带一路”科技创新合作。根据 2016 年科技部、国家发展改革委、外交部和商务部联合发布的《推进“一带一路”建设科技创新合作专项规划》，科技创新在“一带一路”建设中具有引领和支撑作用，要与“一带一路”共建国家合作开展高端装备研发和产业化应用，支撑重大基础设施建设，促进绿色加工、再制造关键技术研发和产业化应用，开展汽车、轨道客车、船舶等交通装备设计和研发；开展跨境电子商务联合创新研发合作；共同开展大数据、云计算、物联网、智慧城市等领域的合作与应用等。这些关键的合作内容分别对应南沙的先进制造业、现代

① 《〈2021 年度中国城市跨境电商发展报告〉发布》，《广州日报》2022 年 9 月 14 日。

服务业和战略性新兴产业及未来产业，与南沙大力发展的现代产业结构不谋而合。

三、创建南沙“一带一路”建设重要支撑区的主要内容

通过以上讨论，我们认识到，既然中央已经提出了要把粤港澳大湾区打造成“一带一路”建设重要支撑区，而在前海、横琴和南沙三大国家级新型示范区中，由于前海和横琴的定位分别是重点支持香港、澳门与粤港澳大湾区在现代服务业方面的一体化发展和支持澳门的经济适度多元化发展，而南沙的发展定位重点是立足粤港澳，促进面向世界的全面发展，在目前我国构建新时代对外开放新格局以及国际地缘政治发生巨大变化的情况下，南沙要促进面向世界的粤港澳深度合作发展，目前最重要的一个切入点就是整合粤港澳资源，推动共建“一带一路”高质量发展。通过上面的讨论，我们也认为南沙是有条件在这方面做出重要贡献的。为此，我们建议在南沙创建“一带一路”建设重要支撑区，带动整个粤港澳大湾区共同促进高质量共建“一带一路”。

（一）把南沙港建设成为海上丝绸之路的航运物流枢纽

把南沙打造成为联通“一带一路”共建国家并实现货物集散、存储、分拨、转运等多种功能的航运物流枢纽。目前，中国与“一带一路”共建国家的贸易体量已经很大，且还在快速增长。2023 年，我国对“一带一路”共建国家的进出口额达到 19.47 万亿元。目前，海上丝绸之路的航运物流枢纽建设还很欠缺，并没有形成类似中欧班列这样的航运品牌。南沙港在唐宋时期就是海上丝绸之路的重要起点之一，占据着优越的地理位置，在南沙打造海上丝绸之路航运物

流枢纽有利于整合存量航运物流基础设施资源，更好发挥航运物流枢纽的规模经济效应，推动航运物流组织方式变革，提高航运物流整体运行效率和现代化水平，促进中国与“一带一路”共建国家的互联互通。《规划纲要》已经明确指出要建设具有重要影响力的国际交通物流枢纽，《南沙方案》也指出要增强南沙国际航运物流枢纽能力，《广州市南沙区、广州南沙开发区（自贸区南沙片区）国民经济和社会发展第十四个五年规划和2035年远景目标纲要》提出要强化国际航运枢纽能级。因此，在南沙打造海上丝绸航运物流枢纽既是其现实的发展需要，也是落实《南沙方案》和地方发展规划提出的政策目标所要完成的重要任务。

第一，要打造“丝路航运”这一海上丝绸之路航运品牌，按照固定班次、航线、班期和全程运行时刻航行，通过标准化、统一化、规模化的规范运营，降低成本。要加强南沙与“一带一路”共建国家航运专用线、联运转运设施建设，大幅增加南沙港与“一带一路”共建国家港口的航线。同时，以南沙港为汇聚点，加强南沙港与粤港澳大湾区以及国内其他区域的互联互通，尤其是与“一带一路”共建国家货物贸易往来频繁的省市如广东省的其他港口城市，以及上海市、浙江省、江苏省等，使南沙港成为连接内地、港澳，辐射“一带一路”共建国家的交通枢纽。

第二，要利用好南沙港铁路，加强南沙港铁路与南沙港的海铁联运功能，有效衔接航运、铁路、快速路等运输方式，强化多式联运组织能力，实现多种运输方式顺畅对接，降低不同运输方式之间的衔接成本。

第三，整合南沙港附近物流设施资源，引导应急储备、分拨配送等功能设施集中集约布局。建议在南沙港国际航运枢纽周围建立海上丝绸之路货运站，与万顷沙物流基地对接。支持各类物流中心、配送设施、专业市场等与海上丝绸之路货运站功能对接、联动发展，促进物流要素规模集聚和集成运作。

第四，增强专业物流服务能力，建议依托南沙粮食码头建立海上丝绸之路粮食转运中心，依托南沙国际物流中心建立海上丝绸之路食品生鲜转运中心，依托沙仔岛汽车物流枢纽建立海上丝绸之路汽车转运中心。

第五，建立集约高效的海上丝绸之路现代物流服务体系，优化物流服务链条、强化物流服务功能、畅通通关流程、缩减通关时间，协同好供应链，加快运输、仓储、配送、流通加工、包装、装卸等领域数字化改造、智慧化升级和服务创新，通过“数字物流”提升物流效率，降低物流成本。

第六，密切连接生产和消费，将海上丝绸之路交通物流网络与南沙的先进制造业、跨境电商等产业深度融合，提高对海上丝绸之路交通物流网络上的经济要素高效流动的支持能力，推动资源整合、产业链联动和价值协同创造，发展海上丝绸之路航运物流枢纽经济，为南沙培育经济新增长点。

（二）以“一带一路”建设为切入点，把南沙打造成制度型开放的试验基地

对于制度型开放，国际上已经有了一套比较成熟的制度，应该在共建“一带一路”过程中加以借鉴；但是，由于共建“一带一路”的合作伙伴绝大多数都是发展中国家，在体制机制、贸易投资规则、金融市场等方面都不完善，因此也不应该完全照搬照抄现有国际规则。因此，我们认为很有必要在南沙的“一带一路”建设重要支撑区建立一个试验基地，对于与共建“一带一路”相关的双向开放、多向开放规则进行探索和试验，在取得共识和取得良好实际效果后，先在“一带一路”共建国家推行与“一带一路”建设相关的制度型开放规则。结合目前共建“一带一路”的重点区域和重点领域，我们建议目前“一带一路”制度型开放合作的重点放在 RCEP 成员国、中国 – 中亚国家、中非合作框架下的合作伙伴国、中拉合作框架下的合作伙伴国；重点领域主要包括基

础设施互联互通、基础设施建设投资、贸易合作、产能合作、境外园区建设合作等。

“一带一路”建设框架下的制度型开放合作，目的主要有三个：一是扩展合作空间，找到更多合作的可能性，更好地发挥各自的比较优势，取得互利共赢的良好效果；二是通过制度性合作，增强“一带一路”共建国家的国际竞争力，进而取得更好的经济效益；三是通过制度型开放合作，加快推进区域经济一体化发展，尤其是推进亚太经济一体化、非洲经济一体化和拉美经济一体化发展，同时也推进中国与这些区域之间的经济一体化发展，最终降低整体的交易成本，共同收获更多的制度红利。

（三）在南沙建立中国企业“一带一路”建设综合服务基地

在南沙建立包含政务、法律、会计、税务、金融、保险等现代高端服务业的“一站式”综合服务基地，为中国企业在“一带一路”共建国家投资发展提供各项咨询服务。随着共建“一带一路”持续走深走实，“一带一路”共建国家正逐渐成为中国企业的投资热土。2023 年，我国对“一带一路”共建国家直接投资 407.1 亿美元。截至 2023 年末，我国企业在“一带一路”共建国家已累计建设境外经贸合作区 1.7 万家，直接投资存量超 3300 亿美元。“一带一路”共建国家经济社会发展状况参差不齐，文化法律差异较大，有些国家如新加坡、卢森堡、新西兰等政局稳定，经济发展良好，开放程度高，法制比较完善，在这些国家进行投资相对来说面临的风险和不确定性要小很多，但是绝大部分国家为发展中国家，经济发展相对来说比较落后，对外开放程度不高，对于外商投资的法律保障并不健全，还有些国家政权政体十分不稳定，政府腐败问题也比较严重。因此中国企业到“一带一路”共建国家从事经营活动面临着政治风险、经济风险、金融风险、法律风险、社会风险等各种风险。许多中国企业对这些国家的情况也并不十分了解，因此在投资时并不清楚自己面临的风险，也就不能做出正确的决策。在 2021 年 11 月 19 日召开的第三次“一带一路”建设座谈会上的讲话中，习近平总书记强调要全面强化风险防控，同时强调扎牢风险防控网络①。因此，在南沙建立中国企业“走出去”综合服务基地，特别是建立中国企业“一带一路”建设综合服务基地，专门化地为中国企业到“一带一路”共建国家投资兴业提供系统、专业的咨询服务，直接有利于降低中国企业在“一带一路”共建国家的经营风险。

一是结合当前的交通网络和区块布局，为“一带一路”建设综合服务基地寻求适合生长的空间，保证便捷的交通和足够的容量，使得企业进入“一带一路”建设综合服务基地能够获得广泛的服务，同时这样的服务也要尽可能地覆盖更多的需求群体。

二是建设好面向企业的“一带一路”投资信息数据库，建设好“一带一路”投资信息网站，及时发布相关信息和资讯，为企业了解“一带一路”共建国家的基本情况、投资热点、中国在“一带一路”共建国家投资相关情况等提供高效便捷、低成本的服务。

三是加强与国际知名专业服务机构的合作，比如，麦肯锡、普华永道、德勤等，发挥各自优势，弥补企业在政务、财税、会计、法律等方面的不足，为企业提供咨询、培训、会计、法律等服务，帮助企业做好“一带一路”投资经营规划，提高企业的“一带一路”项目管理水平。

四是紧密对接港澳。发挥港澳与国际接轨、各类专业服务业发达的优势，推动与香港贸易发展局、澳门招商投资促进局等共建共享国际网络资源。

---

① 《习近平在第三次“一带一路”建设座谈会上强调 以高标准可持续惠民生为目标 继续推动共建“一带一路”高质量发展》,《人民日报》2021 年 11 月 20 日。

五是出台更多的优惠政策，吸引高端专业人才及机构入驻“一带一路”建设综合服务基地，放宽服务机构的市场准入条件，消除政策性和体制性的障碍，向人才和机构敞开大门。

（四）创建“一带一路”投融资中心

共建“一带一路”，投融资具有极其重要的意义，投融资支撑是推动共建“一带一路”高质量发展最直接的重要支撑，因此我们建议在南沙“一带一路”建设重要支撑区创建“一带一路”投融资中心。从目前的实际需求出发，这个中心主要做三项工作：一是创建“一带一路”共建国家企业直接融资平台，可以是成立专门供来自“一带一路”共建国家的优质企业在中国上市的“一带一路”版；也可以先建立一个简单的柜台交易系统，以后逐渐完善。目的是获得企业从事“一带一路”投资经营活动所需要的资金。二是建立“一带一路”债券中心，专门研究和组织在国际债券市场上发行“一带一路”建设特别债券，补充“一带一路”建设资金缺口。三是开展“一带一路”债务重组业务，因为共建“一带一路”已经10年，有很多建设项目非常成功，但也有些项目的经济效益不好，部分甚至出现了一些坏账，因此需要找到合理的方式开展债务重组，谨防发生债务危机，确保“一带一路”建设稳健推进。

（五）创建“一带一路”科技创新合作平台

在南沙搭建促进科技交流、科技资源互联互通、科研合作的“一带一路”科技创新合作平台。科技创新合作是共建“一带一路”的重要内容，是提升我国与“一带一路”共建国家合作水平的重点领域。深化科技合作，有利于发挥科技创新优势，推动由过去传统产业“优势产能”合作向科技“新产能”合作转变，同时科技创新能够为“一带一路”重大工程建设突破技术瓶颈、提升工程质量以及创立品牌等提供有力支撑保障。2017 年 5 月 14 日，国家主席习近平在北京出席“一带一路”国际合作高峰论坛时提出了“一带一路”科技创新行动计划[①]。该计划提出以来，我国积极推进科技交流、共建联合实验室、科技园区合作和技术转移中心建设 4 项行动，已经取得了一系列成果：分三批启动了 53 家“一带一路”联合实验室建设；支持 3500 余人次青年科学家来华开展为期半年以上的科研工作，培训超过 1.5 万名国外科技人员，资助专家近 2000 人次；面向东盟、南亚、阿拉伯国家、中亚、中东欧国家、非洲、上合组织、拉美建设了 8 个跨国技术转移平台，并在联合国南南合作框架下建立技术转移南南合作中心，基本形成“一带一路”技术转移网络；我国主导发起的“一带一路”国际科学组织联盟，成员单位已达到 67 家。可以说，在我国的积极推动和各方的共同努力下，“一带一路”科技创新合作已经有了很好的基础，具备了建设“一带一路”科技创新合作平台的条件。建设“一带一路”科技创新合作平台有利于整合现有的“一带一路”科技创新资源，汇聚更多的科技创新力量，推动“一带一路”科技创新合作迈上新台阶。打造重大科技创新平台也是《南沙方案》对南沙提出的要求，“一带一路”科技创新合作平台能够成为南沙打造重大科技创新平台的关键切入点。

第一，要在前期深入调查和筹备的基础上，推动南沙与更多“一带一路”共建国家尤其是科技创新能力较强的国家签订科技创新合作备忘录，积极发挥南沙已有的科技创新优势，包括自身优势和粤港澳大湾区其他地区的优势，落实与相关国家签署的政府间新兴产业和创新领域合作协议。

第二，要建立南沙“一带一路”科技创新合作基地，定期举办“一带一路”科技创新论坛、“一带一路”跨国技术转移大会等科技交流活动，为“一带一

---

① 《携手推进“一带一路”建设 习近平在“一带一路”国际合作高峰论坛开幕式上的演讲》，《人民日报》2017 年 5 月 15 日。

路”科技创新人文交流提供良好的平台。

第三，设立“一带一路”科技创新合作示范项目专项经费，为一批优质的“一带一路”科技创新合作项目提供资金支持。

第四，依托南沙已有的“1+1+3+N”高端创新平台体系，整合粤港澳大湾区的科技创新资源，与科研创新方向相关度较高的“一带一路”共建国家建立联合实验室以及科研院所，明确联合实验室的定位，吸纳一大批优秀的科研人才团队。

第五，围绕粤港澳大湾区和“一带一路”共建国家共同关心的重要技术领域，共建南沙“一带一路”技术转移中心，先进适用技术示范与推广基地，整合共建“一带一路”国家技术转移机构，建设“一带一路”技术转移协作网络。

（六）创建“一带一路”企业基地

在当前新的历史条件下，“一带一路”共建国家需要用发展的眼光看待发展问题，一个重要的战略选择就是需要树立跨越式发展新思维，从当代现实需求出发，充分利用现代绿色化、智能化科技成果，大力发展绿色能源、绿色经济、智能制造等产业。这样就可以超越传统的经济发展路径，直接走上一条新的国家工业化和现代化道路。

作为一个发展中国家，经过不断探索，中国在开发利用风能、太阳能、核能、氢能等新能源方面已经走到了世界前列，在电动汽车制造、可再生能源设备制造、锂电池制造等方面也走在了世界前沿，在大数据、人工智能、5G 等数字技术方面的研发与运用取得了巨大进展，已成为驱动国家经济发展的重要新动能，数字经济在国家经济总量中的占比已接近一半。

因此我们建议在南沙创建“一带一路”企业基地，鼓励“一带一路”共建国家科技研发能力和产业发展能力强的国家入驻企业基地。这些企业的主要任务是开展科技研发并推进相关科技成果的产业化，学习、吸收中国在绿色技术及其产业化、数字产业化和产业数字化等方面的成功经验，为这些技术和相关产业在其国内的应用提供前期研发和试验，以提高技术研发和技术转移能力，并实现产业化发展。目前的研发和产业化发展适宜于可再生能源发展领域、产业数字化转型发展领域、现代农业领域、生物医药领域等。

我们也注意到，有些“一带一路”共建国家在生物医药、软件开发、电子信息、创意产业等领域的发展水平比较高，因此中国企业也可以通过入驻这个企业基地，向“一带一路”共建国家的优势企业学习请教，或是通过联合举办相关研发中心的方式，学习借鉴这些国家优势企业的经验，促进中国企业在这些方面进一步提高自身水平和能力。

（七）创建“一带一路”进出口博览中心

在中国与许多国家共建“一带一路”的过程中，由于中国在这些国家开展了很多基础设施建设项目，因此也带动了一些相关设备的出口，导致中国与这些国家的贸易顺差一般会越来越大。为了促进共建“一带一路”长远的可持续发展，中国必须想办法尽可能地减小与这些国家的贸易顺差，一个重要措施就是在上海举办国际进口博览会。但仅仅依靠这样一个平台还不够，我们需要一个更加专业的平台以聚焦中国与“一带一路”共建国家之间的进出口贸易。毫无疑问，中国应该继续增加对“一带一路”共建国家的进口，更好地促进中国与这些国家之间的贸易平衡，同时提高我国人民的生活品质和生活水平；另外，许多“一带一路”共建国家对于中国的很多工业制成品、电子产品等也有比较大的市场需求，因此我们建议在南沙“一带一路”建设重要支撑区建设“一带一路”进出口博览中心，根据需要定期举办“一带一路”进出口博览会，以促进“一带一路”贸易发展，助力推动共建“一带一路”可持续发展。

（八）创建“一带一路”青年创业合作平台

青年是促进可持续发展的未来，也是促进全球共同发展的未来。这一代青年生长于全球化、信息化高速发展的时代，生命中融入了开放、创新的时代基因，“一带一路”倡议的推进不仅依赖于广大青年的深刻理解和积极参与，更需他们发挥时代赋予的独特视角和知识优势，动员更多社会资源和社会力量。尤为重要的是，通过与不同国家的青年在思想、技术、知识、文化等多个层面进行深入交流，青年们能够在“一带一路”建设中发挥关键作用，扮演更加核心的角色。另外，“一带一路”建设为“一带一路”共建国家的青年带来了无尽的发展机遇和广阔的发展空间。许多“一带一路”共建国家各方面的发展还很不完善，不少领域甚至还是空白状态，亟待发掘，同时，许多“一带一路”共建国家拥有中国没有的优质资源，完全可以转化为商品进入中国市场。一位华人青年凭借对UCWeb、赶集网等中国互联网企业的早期投资经验，把类似的创业想法移植到东南亚市场，创办了一家被称为“印尼版今日头条”的移动互联网公司Mainspring。来自津巴布韦的一位青年一直希望帮父母减少到中国进货的差旅费，2017年，她踏上了中国的土地后发现答案就在眼前，通过学习中国经验，她创立了跨境电商平台SAHARA PLUS。这样的例子还有很多。中国的青年完全可以借用中国的成果和经验，发挥好“一带一路”共建国家青年对本国情况更为了解，在本国享受更多的优待等优势，与“一带一路”共建国家的有志青年合作开辟出新天地，实现美好梦想。国家主席习近平在第一届“一带一路”国际合作高峰论坛开幕式主旨演讲中提到，我们要为互联网时代的各国青年打造创业空间、创业工场，成就未来一代的青春梦想[①]。创建“一带一路”青年创业合作平台有利于推动更多的“一带一路”共建国家青年参与到“一带一路”建设当中，寻求更多的创业机会，探索更广阔的创业空间，帮助青年在更广阔的天地实现自己的人生理想，为“一带一路”的发展贡献更多持久动能。

一是要创建“一带一路”青年创业合作基地，基地需立足于服务“一带一路”共建国家青年创业的基本定位和专属功能，对接“一带一路”共建国家青年群体的实际需求。让基地成为“一带一路”共建国家青年的吸纳器，“一带一路”共建项目的孵化器，“一带一路”共建国家青年创新创业的重要载体。

二是要放宽入驻权限，在前期深入研究的基础上拓宽“一带一路”共建国家青年入驻“一带一路”青年创业合作基地的许可，完善有利于“一带一路”共建国家青年到南沙创业的政策措施，建议符合条件的“一带一路”共建国家青年享受和国民同等的创业补贴、担保贷款和贴息支持等政策。

三是要构建完善的服务体系。打造全链条创业服务体系，为“一带一路”共建国家青年提供政策咨询、创业指导、资源推介等创业服务。利用好互联网技术，打造线上创新创业交流平台，为“一带一路”共建国家青年搭建沟通桥梁。

四是要建立好保障机制。建议建立“一带一路”劳动争议联合调解中心，设立跨境劳动争议研究机构，启动跨境互联网劳动仲裁庭审模式。

（九）创建“一带一路”人文交流平台

建设专业、全面、细化、务实的“一带一路”人文交流平台。国之交在于

① 《携手推进“一带一路”建设 习近平在“一带一路”国际合作高峰论坛开幕式上的演讲》，《人民日报》2017年5月15日。

民相亲，民心相通是“一带一路”建设的重要内容，人文交流则是民心相通的桥梁和纽带，只有通过不断的交流和对话，才能增进共建“一带一路”各国人民对彼此的了解和认识，增进彼此之间的情谊，“一带一路”建设才具备更加坚实的民意基础，才能走得更加长远、更加稳健。为了促进“一带一路”人文交流，中办、国办印发了《国家“十三五”时期文化发展改革规划纲要》,《关于加强“一带一路”软力量建设的指导意见》《关于推进孔子学院改革发展的指导意见》等文件审议通过，国务院专门召开中外人文交流工作座谈会，文化部①对外发布《文化部“一带一路”文化发展行动计划（2016—2020年）》，教育部发布《推进共建“一带一路”教育行动》等，为“一带一路”人文交流提供了政策、资金、机制、人才等多方面规划和支撑。

经过多年的建设，已经形成了一大批成果，我国已与“一带一路”共建国家全部签订政府间文化交流合作协定，为进一步发展打下了坚实基础。《广州市南沙区、广州南沙开发区（自贸区南沙片区）国民经济和社会发展第十四个五年规划和2035年远景目标纲要》已经提出要全面深化与沿线国家和地区的科教人文交流，建议拓宽人文交流的范围，建立全面的“一带一路”人文交流平台，从而通过官方以及非官方的渠道，增加共建“一带一路”各国人民沟通的机会，促进共建“一带一路”各国人民心灵相通、友谊长存。

首先，加强人文交流，教育具有基础性、战略性、全局性意义。我们建议在南沙创建一所综合性、国际性的“一带一路”大学，招收来自“一带一路”共建国家的学生，使这些来自不同国家的学生之间有比较深入交流的机会，尤其是对共建“一带一路”问题展开深入研讨，更好地凝聚共建共识，为推动共建“一带一路”行稳致远提供长久的、专业的人才支撑。

---

① 2018年3月，根据第十三届全国人民代表大会第一次会议审议通过的《国务院机构改革方案》，组建文化和旅游部，不再保留文化部。

其次，建设具备会议、展览、商务等功能的“一带一路”人文交流基地，完善餐饮、住宿、娱乐等配套功能，使其能够服务好各项“一带一路”人文交流活动。

再次，围绕各方的共同需求，探索打造一批形式多样、覆盖广泛的高标准“一带一路”人文交流活动，例如，“一带一路”智库交流论坛、数字“一带一路”论坛、“一带一路”教育论坛、“一带一路”媒体对话会、“丝路故事”主题展览、“海上丝绸之路”戏剧节、“海上丝绸之路”音乐会等，定期举办，形成品牌。

最后，建立交流成果转化机制，推动“一带一路”人文交流成果向务实成果转化，落地生根，为共建“一带一路”各国人民带来更多实实在在的好处。

四、政策建议

（一）放权赋能

《中共中央关于全面深化改革若干重大问题的决定》指出，直接面向基层、量大面广、由地方管理更方便有效的经济社会事项，一律下放地方和基层管理。近年来，各新区在简政放权上都加大了力度。2019 年《关于支持浦东新区改革开放再出发实现新时代高质量发展的若干意见》发布，提出依法赋予浦东新区市级经济管理权限。进一步在经济调节、行政审批、规划制定、综合执法等方面对浦东新区加大放权力度，对法律、法规和规章中规定由市政府及市有关部门行使的经济领域行政管理职权，除确需由市级行政机关统一协调管理的事项外，原则上依法授权或委托浦东新区实施。赋予浦东新区国内人才引进直接落户审批权和留学人员落户审批权。同年，《天津市人民政府关于向滨海新区下放市级权力事项的通知》发布，向滨海新区下放 625 项市级权力事项，涵盖加快开发开放、完善社会治理等诸多领域。为提升新区营商环境，下放了内资企业和外商投资项目核准、限额以下国家鼓励发展的内外资项目进口设备免税确认、境外投资项目备案等大量许可事项；为进一步扩大新区金融租赁、产业基金、股权基金等创新型金融规模，下放了融资租赁、商业保理行政许可等事项；为持续加大生态环境治理力度，下放了对违法进行海洋工程建设、投产、使用的处罚，对造成海洋环境污染事故的处罚等事项。

南沙新区的发展还在起步阶段，在许多方面都需要先行先试，因此需要更多的自主权，将市级权限更多地下放到区级，能够进一步激发和释放南沙新区在粤港澳大湾区发展中的先行先试龙头引擎作用，激发南沙新区的创新活力。要依据南沙的发展现状和发展规划，合理地将一些权限下放。放权应遵循两个原则：权责对等和主体明确。首先要做到依法行政。在行政权力下放过程中，上级政府对下级政府的权力下放必须严格遵循法律规定，确保所有下放的权力及其具体内容均纳入法律体系之中，从而确立权力的合法性并明确其边界，以消除潜在的争议并规范权力的行使。若仅依赖于政府文件进行权力下放而缺乏法律的约束，可能导致权力运作中的“灰色地带”，进而引发政府部门间的利益冲突，影响政府效能。其次，政府在下放事权时，应同步制定相应的实施细则和工作流程指引。鉴于下级政府可能对新承接的事权运作不熟悉，上级政府应提供明确的指导和支持，以确保权力下放后能够高效、有序地运作，从而提升整体的政府治理效能。最后，权力下放还需要配置有效的监督制度，亚当·斯密的《国富论》认为人都是“经济人”，人的一切行为都是为了最大限度满足自己的私利，而权力是最好的谋取私利的工具，因此为了防止权力滥用，需建立有效的监督机制，包括引入第三方监督及公众监督。与此同时，为了保证南沙区政府有条件使用好下放的权力，还需要配置好人力资源和经费资源。

在政府事权下放的框架下，执行主体为各级政府的职能部门，其在事权执行过程中扮演着核心角色。事权的有效执行依赖于这些职能部门的组织结构和人员配置。随着权力的下放，政府需处理的事务增多，执行这些事务的人员规模也应相应扩大，以确保政府运作的高效率和服务质量的提升。同时，事权下放意味着下级政府在公共服务和公共物品供给方面的责任加重，这将导致公共支出的相应增加。鉴于下级政府的财政收入有限，为满足新增的支出需求，往往需要依赖上级政府的财政转移支付。因此，在下放事权的同时，上级政府应提供必要的财政支持，以确保下级政府能够有效履行其职责，保障公共服务的质量和可持续性。

（二）用好税收政策

税收优惠是吸引企业和人才最简单直接的方式，同时也是十分有效的方式。横琴和前海的税收优惠政策可以给南沙提供很好的借鉴。横琴的税收政策优惠力度大、创新程度高、覆盖面扩大、战略性突出、享受方式便捷，重点在三个方面发力：一是促进经济一体化。通过实施针对澳门居民的个人所得税优惠政策，旨在加强与澳门的经济交流，促进两地企业与居民之间的经济互动，进而推动区域经济一体化的进程。二是产业扶持与集聚。通过精确对接四大重点产业，强化企业的实际运营能力，吸引企业在合作区设立办公地点，为澳门经济的多元化发展提供坚实的产业支撑。三是人才引进与激励。通过扩大优惠享受群体，为合作区企业吸引和培养国内外高素质人才，提升企业的人才竞争力和就业吸纳力。在税收优惠政策方面，具体措施包括：对于符合条件的产业企业，实行 15% 的企业所得税优惠税率。对于在合作区工作的境内外高端和紧缺人才，其个人所得税超过 15% 的部分将予以免征。对于在合作区工作的澳门居民，其个人所得税超过澳门法定税负的部分也将免征，澳门税负的计算将根据澳门税法中的相关规定执行。这些政策的实施将有助于提升合作区的竞争力，吸引和保留关键人才，促进产业的集聚和经济的多元化发展。按照“务实、管用、利长远”的原则，紧扣《横琴方案》明确的科技研发和高端制造、中医药等澳门品牌工业、文旅会展商贸、现代金融四大产业，结合合作区开发建设实际，遴选符合合作区战略定位的鼓励类产业，形成了涵括 9 大类 150 项的《横琴粤澳深度合作区企业所得税优惠目录（2021 版）》。前海的税收优惠政策的特点与横琴十分相似。在企业所得税方面，对设在前海深港现代服务业合作区的符合条件的企业减按 15% 的税率征收企业所得税。享受上述优惠政策的企业需符合的条件，是指以《前海深港现代服务业合作区企业所得税优惠目录（2021 版）》（以下简称《优惠目录》）中规定的产业项目为主营业务，且其主营业务收入占收入总额 60% 以上。《优惠目录》包含现代物流业、信息服务业、科技服务业、文化创意产业和商务服务业五大产业，与前海深港现代服务业合作区的战略定位相契合。在个人所得税方面，符合条件的人才可享受 15% 的税收优惠。同时，前海不征印花税、差额征收营业税。目前来看，“双 15”的优惠政策已经覆盖南沙、横琴、前海三大平台，因此在税率上南沙没有什么可以改善的空间，着力点应当是多样化税收方案，创新税收优惠方式，用好税收这一手段，引导生产要素的流动，支持和鼓励《南沙方案》中提到的那些主导产业的发展。同时，南沙与香港、澳门的税制可以对接得更加紧密，真正实现粤港澳大湾区的一体化。

（三）创新人才政策

人才是南沙发展的第一资源，没有人才作为支撑，再完美的规划前景也只能停留在纸上。南沙需要在人才政策方面下足功夫，引进人才、用好人才、留住人才，让南沙与人才相互成就，共同发展。近年来我国各地为了广招贤才都放出了自己的“大招”。雄安新区印发《关于加快聚集支撑疏解创新创业新人才的实施方案》，在人才引进、人才扶持、人才服务等方面都有突破。比如，建立高端人才双聘制，探索人才弹性编制池制度，吸引“候鸟型”人才来新区创新创业；实施“引才飞地”计划，创设海外创新孵化器、离岸创新创业基地，加大国际人才引进力度；在有条件的领域探索实行科研项目经费“包干制”，鼓励科研人员以职务科技成果投资入股；推出“雄才卡”给人才创新创业和工作生活提供优质便捷服务。持卡人可享受多种福利，如保障编制、作为评职称的参考、优先申请入住人才公寓、在新区购买商品房或共有产权房、携家人落户等，还能享受融资支持、文体休闲、医疗健康、子女入学等14个方面的便捷服务。

2023年1月，浦东新区正式发布“1+1+N”人才政策体系。第一个“1”是《关于新时代浦东新区全面推进社会主义现代化建设引领区人才发展的实施意见》（简称浦东人才“25条”）；第二个“1”是《关于新时代浦东新区全面推进社会主义现代化建设引领区人才发展的实施意见》，共提出了24个专项任务；“N”则是作为配套的专项人才政策，首批推出了包括“明珠计划”，院士、博士后、技能人才，教育、卫生、法律服务、金融、航运人才，重点产业（领域）“高精尖缺”海外人才认定标准、人才安居等11项内容。浦东新区的人才新政有三项创新的内容。一是创新人才培养机制。比如，针对目前浦东新区国际教育机构仍主要采用中外合作办学模式的现状，新政明确提出，允许境外理工农医类高水平大学、职业院校在浦东新区独立办学，探索创办新型高水平产业大学和具有独立法人资格的中外合作职业技术大学，并且要建设一批高水平现代产业学院、新型技师学院，将海外应用型人才培养模式和职普融通、产教融合、科教融合的先进经验引入国内，培养更多具有国际视野和跨文化能力的高技能人才，为吸引更多的海外高能级企业落户浦东提供支撑。针对复合型、应用型金融人才特别缺乏的现状，新政提出要探索与金融监管部门、金融要素市场和重点金融机构合作，共同设立“金融市场学院”，建立博士后工作站和“引领区金融人才实训基地”，加快培育金融科技、金融工程、可持续金融等领域的高端领军人才。二是建立高层次人才“直通车制度”，即政府在资格审核、入出境和停居留、就业创业等方面，为外籍高层次人才提供更加开放、更加直接的便利化服务。针对当前外籍人才中国永久居留证推荐办理的覆盖区域还不够广、标准条件还不够灵活等问题，新政提出：只要是在浦东新区区域内的高等院校、科研院所、企业等单位工作的外籍高层次人才，符合一定条件并经用人单位申请和浦东新区人民政府推荐，就可以直接申请在中国永久居留，不再受限于先前张江示范区和上海自贸区的政策实施范围。同时，高层次人才“直通车制度”申报标准还拓展了集成电路、生物医药、人工智能三大领域紧缺的岗位目录。只要是这个目录内的人才，不管学历高低、是否有专家称号，都可以申请办理永居推荐。外籍高层次人才可以凭借在华永久居留身份证在浦东新区设立科技型企业，并与中国公民享受同等待遇。三是建立了全面的人才服务体系。比如，新政提出设立国际人才驿站，为海外高层次创业人才和优秀青年科技人才提供创业首站、职业发展首站服务。具体做法有：在创业初期为人才提供 14 天以内的免费住宿、1~3 个月的免费工位、免费代办注册等服务；搭建人才安居信息服务平台，把各类分散在不同区域、不同运营主体手中的安居房源汇总在一个门户平台上，让人才可以在线比选、申请人才公寓，就像使用“网购平台”一样便利。

由此可见，南沙若要招揽更多的人才，就不能把人才政策局限在宽松落户、发放补贴、给予便利这些方面，除了在落户住房、薪资补贴等“真金白银”上继续发力外，更要注重在体制机制、服务保障、文化氛围等方面做文章。首先，要确保人才能在南沙“安居乐业”，“安居”意味着具备高质量的各类商业和公共服务，能够满足休闲、社交、住房、教育、医疗、养老等需求；“乐业”意味着拥有发展的空间和机会及适合创新创业的环境，英雄需得有用武之地，要满足这一点，南沙必须增强自身的硬实力，提升各大产业的发展速度和水平，尤其是几个主导产业。其次，要强化人才与南沙的情感纽带，增强人才对南沙的认同感与归属感，在细节上做足功夫，体现出更多的人文关怀。这样才能更好地留住人才。

第五章

南沙数字化转型的基础与路径*

一、发展形势和重要意义

（一）推动数字化转型是南沙落实数字中国战略的重要举措

党的二十大报告提出要建设网络强国、数字中国，“加快发展数字经济，促进数字经济和实体经济深度融合，打造具有国际竞争力的数字产业集群。优化基础设施布局、结构、功能和系统集成，构建现代化基础设施体系”。《中华人民共和国国民经济和社会发展第十四个五年规划和2035年远景目标纲要》专设了“加快数字化发展 建设数字中国”篇章，系统性部署了数字中国建设，提出“迎接数字时代，激活数据要素潜能，推进网络强国建设，加快建设数字经济、数字社会、数字政府，以数字化转型整体驱动生产方式、生活方式和治理方式变革”。以数字化转型为抓手，能够全面推动数字技术与城市治理、服务、

* 本章作者为国家信息中心信息化和产业发展部主任、智慧城市发展研究中心主任、未来产业和平台经济研究中心主任，二级研究员单志广。

产业等全方位多层次深度融合，引领和助推城市经济社会高质量发展。党中央、国务院精准把握全球科技和产业演进规律，深刻洞察数字化发展潮流，密集部署有关工作，为推动经济社会数字化转型提供了根本遵循，南沙区顺应新一轮科技革命和产业变革的发展趋势，全面落实党中央、国务院关于建设网络强国、数字中国的重要战略部署，抓住推进粤港澳大湾区建设和珠三角世界级城市群建设的机遇，推动出台了一系列促进数字经济发展的重大规划和政策措施，促进经济社会数字化转型发展。

（二）推动数字化转型是深化粤港澳大湾区建设的关键抓手

互联互通，基建先行。信息基础设施建设是促进区域一体化的重要支撑。2019 年 2 月发布的《粤港澳大湾区发展规划纲要》提出要“不断深化粤港澳互利合作，进一步建立互利共赢的区域合作关系，推动区域经济协同发展，……建设富有活力和国际竞争力的一流湾区和世界级城市群”，并明确了信息等基础设施支撑保障能力进一步增强、城市发展及运营能力进一步提升的发展目标。2022 年《国家发展改革委等部门关于同意粤港澳大湾区启动建设全国一体化算力网络国家枢纽节点的复函》批复同意在粤港澳大湾区启动建设全国一体化算力网络国家枢纽节点，指出“粤港澳大湾区枢纽要充分发挥本区域在市场、技术、人才、资金等方面的优势，发展高密度、高能效、低碳数据中心集群，提升数据供给质量，优化东西部间互联网络和枢纽节点间直连网络，通过云网协同、云边协同等优化数据中心供给结构，扩展算力增长空间，实现大规模算力部署与土地、用能、水、电等资源的协调可持续”。粤港澳大湾区信息基础设施的建设，一方面将有助于实现数据要素的跨境流通，从而推动社会、经济、人才、资金等要素的跨区流动；另一方面将充分发挥粤港澳综合优势，在数据中心、数据流通、数据应用、数字经济、智慧城市等多个层面，不断深化粤港澳互利合作，建立互利共赢的区域合作关系，推动区域经济协同发展。2022 年 6 月，国务院印发《广州南沙深化面向世界的粤港澳全面合作总体方案》，提出“加快建设科技创新产业合作基地、青年创业就业合作平台、高水平对外开放门户、规则衔接机制对接高地和高质量城市发展标杆，将南沙打造成为香港、澳门更好融入国家发展大局的重要载体和有力支撑”，并部署了稳步推进智慧城市建设这一重点任务。

（三）推动数字化转型是南沙顺应技术产业变革的必然选择

5G、人工智能、物联网、大数据、区块链等新一代信息技术及其应用推动了传统产业转型升级与新业态形成，正在成为经济增长的新资源与新动能。数据作为新时代全新的生产要素，其基础性战略地位毋庸置疑，已成为各个企业、国家的重要战略资源之一。数据的爆发增长、海量集聚蕴藏了巨大的价值潜力，对数据资源进行系统整合和高效开发利用，构成了数字经济、数字社会、数字政府的基础能力。人工智能的快速发展推动经济社会的深度变革，尤其是以 ChatGPT 等大语言模型为代表的新一代人工智能发展成为现象级事件，正逐渐成为产业革命与经济社会发展的新型支撑力量，为传统产业带来了机遇和挑战，也使整个社会的治理方式、治理理念发生巨大转变。随着“数据要素 ×”和“人工智能 +”行动的深入推进，数据要素和人工智能将在经济社会各领域深度融合应用，成为支撑经济社会转型升级不可或缺的核心力量。在数字经济快速发展的背景下，在国家战略带动与南沙区经济社会发展需求推动下，南沙数字化转型将拥有无限发展潜力与机遇。

（四）推动数字化转型是南沙区经济社会高质量发展的有效途径

南沙作为广州推行“国际科技创新枢纽”和“IAB 战略”的重要载体，其定位不断攀升。推动数字化转型，加快“人工智能（AI）+城市”融合，大力发展数字技术、数字产业、数字服务和数字管理，推动数字科技和城市治理深度融合，助力南沙打造粤港澳大湾区领先、全国一流的“智慧城市新标杆”，已成为新时期南沙区经济社会发展的重要任务。大数据、物联网、云计算、人工智能、区块链等新一代信息技术的融合创新、广泛应用，有助于加快南沙数字产业化和产业数字化进程，全面推动南沙数字经济发展迈上新台阶。推动城市治理数字化转型，有助于提升科学决策能力，提高对管理服务领域堵点、痛点的预判能力和治理水平，推动政府管理理念和社会治理模式进步。推动生活服务数字化转型，有助于提高全社会基本公共服务的覆盖面和均等化水平。总之，推动数字化转型将有助于南沙区开启数字经济发展新空间、构建现代化产业体系、实现高效治理和便捷服务，是南沙破解城市经济社会发展难题、实现创新高质量发展的必然要求、有效途径和重要抓手。

二、南沙数字化转型的基础

南沙区紧紧围绕经济社会发展大局，大力推进智慧城市和信息化建设，在信息基础设施、数据应用、政务服务、城市治理、民生服务、产业发展等方面的建设取得了初步成效，为南沙区数字化转型奠定了坚实基础。

（一）信息基础设施初具规模

南沙区实现全光纤网络通达，区内128个行政村全部建成光纤接入节点，城市用户和农村用户光纤接入能力均达到100Mbps；全区实现4G网络深度覆盖，其中主城区实现5G信号全覆盖，128个行政村公共服务区域实现无线Wi-Fi网络部署，基本覆盖全区六镇三街。依托下一代互联网国家工程中心粤港澳大湾区创新中心部署运营的国际 IPv6 根服务器，可支撑 5G、工业互联网、大数据、人工智能等新兴领域快速发展。国际数据传输枢纽大湾区南沙节点建成投产。社会治安领域，南沙区已完成主干道、党政机关、重点场所、治安复杂地段、治安重点整治地区和 9 个镇街 164 个社区（村）的治安视频监控部署，共计建设各类视频摄像头 4350 个。南沙城市大脑打通了区内 20 多个重要业务系统，实现政务、互联网数据的汇聚和融合，汇聚区内超过 12.8 亿条政务数据，接入的物联网设备超过 8 万台，实现城市运行实时监控、企业运行综合分析、风险隐患监测及应急指挥调度、物联网设备统一管理、南沙区互联网舆情大数据分析等功能。建成南沙政务云平台，平台共拥有 21 台物理服务器、800 多台虚拟服务器，CPU、内存和一般存储资源分别达到 1362GHz、9TB 和 265TB，承载着全区 42 个职能部门约 106 个业务系统。

（二）数据资源共享稳步推进

建成智慧南沙公共信息资源服务平台。平台打通了区 35 个部门和市局的数据交换共享通道，有效减少数据资源的多头采集和重复建设，实现政务数据的汇集互联和共享应用，为南沙区市场监管与企业信用平台、智慧社区网格化管理系统、政务综合服务平台等数十个区内重要业务系统提供数据支撑服务，日均数据交换量达到 25.2 万余条。持续推进数据资源和服务共享开放。在部门数据共享方面，通过信息共享平台已归集 30 多个部门共 463 类数据，建立区域数据资源共享目录并持续更新。在数据开放方面，接入市数据开放平台，提供了应急、教育、卫生、信用服务等 12 类主题的数据开放。

（三）人工智能生态持续做强

人工智能产业加速集聚。南沙区共培育、集聚了云从科技、科大讯飞、小马智行、蓝胖子机器人、暗物智能等300余家人工智能企业，业务范围覆盖人工智能芯片、基础软件算法、生物特征识别、自然语言处理、新型人机交互、自主决策控制等领域。

行业领军效应初步显现。云从科技先后布局智慧金融、智慧治理、智慧出行及智慧商业四大业务领域，助推各个行业从数字化到智慧化转型升级，每天为全球3亿人次用户带来智慧、便捷和人性化的AI生活体验，也是国家新基建发展的中坚代表；小马智行在南沙区政府支持下实现乘用车队全天候路测，现已发展成为国内估值最高、技术最成熟的无人驾驶企业；方纬智慧大脑已为国内外超过100个城市提供智能交通专业技术服务；暗物智能自主研发了全球第一款具备认知推理能力的人工智能操作系统DMOS，实现深度人机交流与协作，并通过与各行业场景进行强融合，推动行业商业模式的革新；华见智能的“智大中医”机器人已在中国中医科学院、广东省人民医院等多家医疗机构开展应用；吉特智能已与中国邮政、顺丰、小米、东莞海关、中外运等客户合作，建成了10余个商用“货到人”智能仓库。

研发创新载体优势显著。广州国际人工智能产业研究院、云从人工智能视觉图像创新中心、科大讯飞华南人工智能研究院、广州智能软件产业研究院、中国科学院智能无人系统研究院等综合性人工智能产业载体平台落户南沙。城市人工智能应用场景丰富。华南首条L4级无人驾驶公交示范线路在南沙试运行，区内全域开放智能网联测试道路，成为目前国内面积最大的全域开放测试地区之一，建成全国首个城市AI图书馆。

（四）政务服务效能显著提升

创新政务服务新模式。全国首创“微警认证”政务应用，聚焦数据服务群众，可办理涵盖商事登记、建设工程、经营管理等160种“微警认证”服务，

10种服务类型、15种接入方式，众多民生场景，被认定为广东省“数字政府”改革的基础性支撑平台，并获得“智慧公安我先行”全国公安基层技术革新奖优秀奖，形成了多项全省复制推广改革创新经验和案例；深入推进“一口受理6+X证照联办”“零跑动”“全区通办”“即刻办”等政务服务新模式，最大限度减少企业群众办事到场次数和等候时间，全面提升线下办事体验；南沙区信用信息一体化平台落地AEO认证、办税、用电、行政审批等“信易+”应用场景，AEO认证信用创新应用被中华人民共和国海关总署自贸司纳入海关监管创新举措；打造全国首个元宇宙政务平台，深化“全区通办”“跨域通办”和政策兑现市区联办。

深化行政审批改革。“率先探索试点商事登记确认制”入选广州市首批十大“最具获得感”改革案例；推进“信即办”改革，31个部门1653项依申请政务服务事项实现即办，依申请政务服务事项即办率达到78%，行政许可事项即办率超过88%；通过建立政企协调机制，实时指导企业办理相关审批业务，加快项目落地开工建设；开展“减证便民”证明事项清理行动，显著提升政府办事效能，群众办事成本进一步降低；探索建设工程领域“交地即开工”5.0版，项目取得用地后可立即办理施工许可证，全面实现“拿地发证、交地开工”，为新开工项目节省3~6个月时间成本，成功纳入省信用建设服务实体经济发展试点。

（五）城市治理能力逐步完善

建设南沙“数字城市”城市运营中心、明珠湾智慧城市示范园、南沙交通大脑试点项目。网格化治理体系初步形成。南沙区在广州市率先启动镇街管理体制机制创新，形成“小网格、大服务、精管理、一支队伍管到底”的总体方案，1292个网格覆盖全区，组建1000余人的专职网格员队伍，形成“1+9+158+N”网格体系，建设区、镇（街）两级网格化服务管理指挥中心，网格办有效打通垂直治理通道；推进党建入网格，在网格中建立网格党小组，不断推动干部下沉到网格开展驻点直联，组建“网格党员之家”56个，构建区域大党建工作格局。

执法效能不断提升。通过全面梳理工商、质监、食药监、物价、知识产权、水务、国土资源、劳动监察等21个执法领域4507项执法事项，整合多方执法力量，推进执法力量下沉；探索推进“大综合执法”模式，初步形成“一支队伍管执法”模式，基本实现“一个口子面对市场”，进一步优化了南沙区营商环境。

信息化手段不断加强。从传统的“经验巡查”转向无人机高效率技术的“科学巡查”，实现综合执法方式向“智慧化”转型发展；建成三防可视化综合指挥系统，实现对防汛、防旱、防风全方位的管理，显著提高环境突发事件的处理效率；南沙获司法部批准试点海外远程视频公证服务。

（六）民生服务体系初步构建

教育信息化建设逐步健全。南沙区积极搭建教育大数据平台、智慧教育门户和智慧教育云平台，全区100%学校完成“校校通”工程建设，已建成200多个智慧课堂实验班，实现全区5所高中智慧课堂全覆盖，同步配置了精准教学与个性化学习系统、数据仓库管理系统，有效推动南沙智慧教育“一生一案”建设；南沙小学被评为“网络学习空间优秀学校”。

医疗卫生服务体系建设稳步推进。全区所有医院使用统一的“医疗信息化平台”，可有效汇聚、管理、共享数据，提升卫生管理和服务能效。通过整合南沙区的公共卫生、基本医疗、基本药物、疾控等信息，形成覆盖全区区属公立医院、社区卫生服务中心、村卫生站的互联互通机制。

智慧人社便民服务积极推进。搭建了“大湾区国际人才一站式服务窗口”，将南沙区涉及高层次、国际人才服务的政务服务事项和审批办理职能整合至一个平台实行集中办理，实行“前台综合受理、后台分类审批、统一窗口出件”的模式，实现部门间信息共享，减少人才多个窗口多个部门来回跑的现象，提供高层次人才一对一服务咨询指引，为各类国际高层次人才在工作、户籍、教育、就业、科研资助、工商注册、金融、高新技术企业认定、知识产权保护、医疗、通关便利等 20 个方面共计 101 项服务事项提供“一站式”综合服务；全国首创“互联网 + 智慧仲裁”服务应用，便于民众参与仲裁程序，提升庭审效果、提高劳动人事争议处理效能。

文体旅建设逐步完善。建设南沙图书馆新馆、虎门炮台爱国主义教育基地、综合体育馆等项目，不断完善公共服务配套；完成南沙区“智慧旅游”平台一期建设，实现全区旅游大数据的采集、处理和智能化分析。

（七）主导产业规模持续壮大

2023 年，南沙区规模以上先进制造业增加值 557.59 亿元、占规模以上工业增加值的 75.9%。战略性新兴产业增加值 856.21 亿元，占当年全区 GDP 的 36.8%。集成电路产值相比 2022 年增长 22.8%，芯粤能、大族半导体、巨湾技研、融捷锂电池等一批项目试投产，广钢气体科创板上市，中科空天飞行科技产业化基地建成投产，“力箭一号”成功将 37 颗卫星准确送入预定轨道。新增国家级专精特新“小巨人”企业 13 家，各级专精特新企业达 916 家，获评全球猎豹企业 4 家、占全市 1/5，入选 2023 年广州独角兽榜单企业 31 家，新增企业超 2 万家。建设南砂晶圆、芯聚能、联晶智能等半导体项目，实现国内首个宽禁带半导体全产业链布局。广东医谷产业园区、横沥工业园、中化生命科学城等生物医药产业载体加速集聚；广州数据交易所挂牌运行。广州港南沙港区已发展成为华南最大、种类最齐全的综合性枢纽港。南沙区作为全国第一批开展跨境电商业务的地区之一，自 2014 年开始发展跨境电商业务，紧抓广州获批跨境电商综试区的机遇，推动跨境电商业务额从2014年0.2亿元增长到2023年858.8亿元，大力建设跨境电商海港枢纽，形成跨境电商发展的“南沙模式”。金融开放创新深入推进，获批全国首批气候投融资试点，形成以航运金融、科技金融、融资租赁等为特色的创新型金融服务体系，建设国际金融岛，国际金融论坛永久会址永久落户。

（八）科技创新体系不断完善

南沙科学城总体发展规划获省政府批复实施，中国科学院明珠科学园南部组团投入运营，冷泉生态系统可研获批，南方海洋科学与工程广东省实验室（广州）纳入国家实验室体系，天然气水合物勘查开发国家工程研究中心挂牌运作，我国自主设计的首艘超深水大洋钻探船“梦想”号成功试航，全国首座深水科考专用码头正式启用。发起成立广州元宇宙创新联盟，设立元宇宙产业先导示范区。2023年，国家级高新技术企业突破1100家，科技成果转化联盟集聚创新主体和服务机构169家，发明专利授权量超2000件。研发投入强度达5.46%，南沙新区科创母基金获评“融中2022—2023年度中国最佳天使引导基金”，撬动子基金总规模118.98亿元，科技型中小企业信贷风险损失补偿资金池撬动银行授信37.25亿元。发布“国际化人才特区九条”，累计培育博士博士后平台33家、院士工作站5家，国家重大引才项目入选数占全市1/3，国家海外人才离岸创新创业基地（广州南沙）总部空间揭牌运营，开通人才往来港澳签注绿色通道，外国人来华工作许可等审批事项即办率达100%。

（九）营商环境全球排名前列

以群众和企业感受为第一标准，建设广东省营商环境综合改革试点，打造南沙国际化营商环境先行区。营造安商兴商良好环境，建设大湾区（南沙）质量品牌创新基地，争取国家高新技术产业标准化试点，拓展“一件事”改革、“跨域通办”等便民减证举措，建立“无事不扰、有求必应”的服务机制。全面实施商事登记确认制、“证照分离”改革，开展“自贸通办”“跨省通办”“跨域通办”，开办企业实现“1个环节、0.5天办结”。开展重点企业（项目）代办服务，着力为重点企业（项目）提供无偿服务模式；实施“助力企业孵化成长”行动计划，为企业提供高效、便捷、贴心的“五星级”管家式的帮办服务；广州南沙政务服务中心港澳青创分中心为港澳创业青年落户南沙提供政策兑现、税收指引、投融资、企业培训等专家+管家式的服务；开辟“绿色通道”，为港澳青创企业提供企业投资准入、市场准营、孵化器平台备案、政策兑现、税收指引、政企互动等多方面无偿服务，同时提供企业培训、创业指导、组织专家对入驻港澳青创企业提供生产经营疑难问题诊断等服务，为港澳青创企业从落户到运营不同阶段遇到的问题提供指引和服务。权威第三方评估显示，南沙自贸片区在“2023—2024年度中国自由贸易试验区制度创新指数”中排名第三位。

三、南沙数字化转型的需求分析

在基础设施方面，南沙区现有政务网络带宽不足，制约相关单位业务的正常开展。全区5G网络建设以宏站为主，重点产业园区、商圈的5G微站、室分深度覆盖需进一步强化，基于5G应用的产业创新缺乏根本性支撑。政务云建设时间较早，现有计算、存储等能力难以满足后续建设需求，部分政府部门存在以自建机房为主的情况，系统上云需进一步推动，以提升全区信息系统的集约化管理水平。网络安全防护能力和网络运维质量均需进一步提升。多中心建设各司其职，保障各部门高效运转，但缺乏业务协同、数据融合，造成纵向

"数据烟囱"、横向"信息孤岛"的现象。智能灯杆、智能消防栓、智能井盖等城市部件物联感知设施建设力度有待加大。以"城市大脑"为智慧中心，优化升级云网基础设施，积极推动5G规模部署，推进城市物联网、智慧灯杆等基础设施建设，构建统一的应用支撑服务体系，形成便捷部署能力，打造国内领先、国际一流的接入、感知、泛在、智能的新一代信息基础环境先行区。

在数据资源方面，南沙区公共数据资源管理存在规范化程度不高、数据共享利用不足、各部门数据资源建设水平参差不齐、对社会第三方数据要素整合不足等问题，导致数据质量整体不高，限制了对数据资源的深层次分析挖掘利用。为进一步响应上级对公共数据资源管理的要求、破除南沙区公共数据资源管理壁垒、夯实南沙区全方位数字化转型的数据要素支撑，一方面，南沙区应建立健全公共数据资源管理体系，紧密衔接省、市出台政策法规要求，完善数据资源管理机制，落实各部门工作责任，强化公共信息资源服务平台的横向服务与纵向衔接，提升公共数据资源的标准化、规范化水平，保证公共数据资源的动态更新、安全存储、可信流通、有效共享与有序开放，并加强对人工智能、大数据等技术的应用，强化对公共数据资源的分析挖掘，发挥出数据要素价值。另一方面，南沙区要紧抓数据要素市场化发展的重大机遇，培育数据要素市场主体，促进数据运营交易业态集聚发展；支持企业、科研院所等以应用需求为导向，促进对数据资源的价值化、产品化、服务化；用好广州数据交易所等平台载体，支持各市场主体创新数据交易技术与产品服务，为电商、金融、贸易、物流等行业领域的数据交易提供解决方案；依托粤港澳大湾区（南沙）数据合作试验区建设加强数据交易领域跨区域合作，有序推进跨境数据流通，以数据流打通物流、资金流，促进关联业态发展。

在产业发展方面，一是数字产业发展，南沙区的人工智能、智能网联汽车、5G、半导体等数字产业具备较好的基础，但产业链条存在薄弱环节，数字产业集聚度有待提升，亟待进一步做大做强龙头企业，孵化培育一批数字产业新兴企业，促进当地企业梯度化发展，打造具有辨识度的人工智能等数字产业集群，形成“龙头集聚、主体多元、业态完备、技术先进、应用广泛、支撑有力、特色鲜明”的产业生态体系。二是产业数字化转型，工业数字化转型面临转型示范应用少、企业转型成本高、转型意愿低等问题，需优化产业园区载体建设，扶持一批制造业数字化转型重点项目，加强工业互联网在多个行业领域的应用，打造智能制造示范工厂，同时应完善数字化转型公共服务，着力促进企业上云平台；服务业数字化转型公共平台支撑不足，需依托临港经济区建设，面向大宗商品交易、跨境电商、仓储物流等重点领域，开展技术创新和模式创新，以数字技术提升对可信交易的支撑水平。三是数字经济发展环境，南沙区具备较好的科技研发资源和企业服务资源，但对企主动服务与区域品牌建设仍显不足，下一步需围绕打造大湾区对外开放新门户，以数字技术的融合应用着力优化提升科创服务、企业公共服务、招商引资水平，进一步强化与港澳的区域合作，打造优质数字经济营商环境。

在民生服务方面，南沙区虽然在政务服务、教育、医疗、养老、就业等领域均有创新成果，但是各领域信息化水平参差不齐，与业务的融合程度不高。从整体来看，服务内容主要以条块分割、分布式、独立式的服务为主，日常民生服务供给缺乏数字化、智慧化的技术手段支撑，未形成完整的数字化服务体系，信息惠民的成效仍有待进一步提升。随着南沙区数字化转型的持续深入，在民生服务领域，公众的民生诉求日益多样化，服务需求日趋个性化，服务方式愈发便利化，迫切需要依托数字化转型，坚持以人民为中心的发展思想，创新数字化、智慧化服务模式，办好民生实事，有效破解民生服务领域面临的发展不平衡不充分问题，努力让人民群众的获得感成色更足、幸福感更可持续、安全感更有保障。一方面，南沙区需要立足本地居民在政务服务、教育、医疗、养老、文化等民生需求迫切的领域，推动新一代信息技术与民生服务深度融合，打造智慧教育、智慧医疗、智慧养老等一系列智慧化应用，以南沙区数字化转型带动和促进民生领域跨越发展，助力南沙区优化社会资源配置、创新公共服务供给模式、提升均等化普惠化水平。另一方面，南沙区作为未来立足湾区、协同港澳、面向世界的重大战略性平台，要从深化粤港澳全面合作的角度，推动公共服务和社会保障在粤港澳三地的有效衔接，为在南沙工作和生活的港澳居民提供与市民同等的公共服务待遇，减少办理服务事项的冗余手续，提升服务便捷度，提高港澳居民社会保障措施的跨境可携性，建设大湾区优质生活圈示范区。

在城市治理方面，南沙区致力于建立高质量城市发展标杆，但当前南沙区仍面临城市治理智能化、精细化程度不高的问题，城市管理、综合执法、网格管理等社会治理领域信息化工具应用不足，较少应用人工智能、大数据、物联感知等新一代信息技术，不同业务条线、不同层级的事件处理较难联动，城市治理精细化、智能化、品质化水平仍有待提升。当前南沙区正处于新一轮经济社会快速发展与变革的重要时期，迫切需要通过数字化转型，以信息化手段助力城市治理模式、治理手段、治理理念创新。一方面，随着社会发展方式的转变，过去相对粗放的管理方式已难以为继，南沙区亟须发展更精细化的城市治理模式，通过升级改造现有城市治理数字基础设施，整合南沙区城市管理相关部门的数据资源，拓展城市管理、综合执法、应急指挥、生态治理等业务应用和公众服务功能，深化智慧类平台及工具手段的应用，进一步完善感知、分析、服务、指挥、监察“五位一体”的城市管理模式，构建多部门业务协同联动的城市治理体系，实现对全区城市治理情况的全感知、全互联、全分析、全响应、全应用，全面提升城市治理精细化和智能化水平，用“绣花”功夫做好城市精细化治理。另一方面，为加快推动广州南沙深化粤港澳全面合作，南沙区亟须积极对接港澳，积极借鉴港澳在城市治理领域多年积累的经验，加强在城市规划、建设、管理等领域合作，邀请港澳专家以合作或顾问形式参与到南沙区城市治理工作中，为推进城市治理现代化提供决策支持。

四、南沙数字化转型的发展思路

（一）总体思路

以习近平新时代中国特色社会主义思想为指导，全面贯彻党的二十大精神，深入贯彻落实习近平总书记对广东的系列重要讲话和重要指示精神，贯彻落实党中央、国务院决策部署和省、市工作要求，完整、准确、全面贯彻新发展理念，主动服务和融入新发展格局，以推动高质量发展为主题，以满足人民日益增长的美好生活需要为根本目的，以数据要素为驱动，以应用场景为牵引，以数字化推动生产生活和治理方式变革，夯实数字基础设施，促进数据高效流通与赋能，着力开展经济发展、民生服务和城市治理等领域全方位数字化转型，提升数字经济、数字社会、数字政府的国际影响力，为把南沙打造成为立足湾区、协同港澳、面向世界的重大战略性平台注入强大动力。

（二）发展策略

一是从“系统思维”向“数字思维”转变。传统的信息化专注于现有体系、制度和流程的建设与应用，需要的数据是根据预先设定的要求生成的；数字化转型则聚焦于模式创新和长效运营，需要的数据是作为核心生产要素，具有原生态、自然流动的属性。要发挥海量数据、广阔市场空间和丰富应用场景优势，充分释放数据要素价值，激活数据要素潜能，以数据流促进生产、分配、流通、消费各个环节高效贯通，推动数据技术产品、应用范式、商业模式和体制机制协同创新。

二是从“技术应用”向“数字重构”转变。传统的信息化主要是解决“管理”问题，是对既定的生产方式、业务流程、管理架构进行替代应用和优化；而数字化转型则是解决“业务”问题，是利用数字技术对传统业务、管理、商业和服务模式进行重构，运用数字技术优化服务流程再造，构建精准化、个性化、注重多样性效率的服务方式。要按照“数字化转型推进到哪里，技术制度同步驱动到哪里”的原则，在加快前沿技术和应用创新实践的同时，消除数字化转型的制度门槛，完善包容开放的发展环境，建立适应数字化转型的技术体系和制度体系。

三是从“提升效率”向“提升价值”转变。传统的信息化是流程驱动，主要解决的是传统管理的效率不足；数字化转型则是数据驱动，利用数据发现价值、提升认知能力、拓展对产业变革洞见能力。要建设跨层级、跨地域、跨系统、跨部门、跨业务协同联动和高效服务的大平台，以大数据精准分析和数据运用为工具和手段，推动治理模式从静态治理走向动态治理。要充分发挥市场在资源配置中的决定性作用，构建经济社会各主体多元参与、协同联动的数字化转型机制，打造政府、社会、市场之间的技术、业务、数据、空间相互融合的数字化转型生态。

五、南沙数字化转型的路径

（一）建设先进智能的数字基础设施

1. 建设高速精品城市网络

一是加快 5G 基站建设，实现区内行政中心区、人流密集生活区、商贸发展核心区、工业集中发展区等重点区域 5G 信号连续覆盖。结合应用场景在电网、应急管理、港口、化工、专业园区等重点行业和领域建设 5G 专网。二是建设高速率、广普及、全覆盖、智能化的城市光纤网络，全面提升南沙光纤网络宽带能力，实现“千兆到户、万兆到企”。三是加快推进网络、服务器、安全等基础设施 IPv6 升级改造，提升应用基础设施 IPv6 承载能力，新建网络、应用、终端等设施全面支持 IPv6，推动区内企业、机构开展 IPv6 升级。四是推进南沙区政务外网升级和扩容，提高网络业务承载能力。五是推进国际互联网数据专用通道建设，为南沙金融科技、人工智能、大数据等新型高端产业发展提供卓越的国际化通信环境。

2．加强算力基础设施建设

一是提升广州超算中心南沙分中心服务创新的能力，搭建南沙本地计算机集群，加强南沙分中心数据处理、分析能力建设。二是统筹推动绿色数据中心建设，以市场投入为主，支持多元主体参与建设，统筹土地、电力、网络、能耗指标等资源，合理布局建设各类数据中心，优化数据中心存量资源，优先支持 PUE 值小于 1.3 的数据中心。三是升级改造南沙政务云平台，结合现有政务云资源使用统计情况，整合各部门数据中心使用需求，升级扩容现有政务云平台，提供物理分散、逻辑统一、高效集约的政务云服务平台。

3．部署泛在物联感知体系

一是深化物联网络建设，支持 4G 和 5G 移动物联网网络建设，持续加大 NB-IoT 建设覆盖范围，推动 2G/3G 物联网业务迁移转网，引导新增物联网终端向 NB-IoT、4G 和 5G 迁移，加快建成 NB-IoT、4G 和 5G 协同发展的移动物联网综合生态体系。二是按照“多杆合一”“多箱合一”“多井合一”原则，加快推进南沙区通信杆、路牌杆、信号灯杆和视频监控杆等各领域、多类型智慧灯杆建设，打造市民广场、环市大道、蕉门河—凤凰湖、灵山岛等智慧灯杆示范路段。三是统筹推进智慧充电设施建设，推动既有小区建设公共快速充电桩，建设城市道路临时泊位、交通枢纽的公共停车场和公共快速充电桩，重点推动庆盛高铁站等公共停车场加快建设集中式充电站等。四是推进全区物联感知体系的规划与建设，统筹各部门物联感知设备建设需求，深化在基础设施、消防设施、能源、水资源、城市交通、大气监控、危化品管理、安全监控等重点领域的物联感知载体布局。

4．完善共性能力支撑体系

一是升级更新南沙区“城市大脑”，提升数据整合、数据挖掘、辅助决策、综合调度指挥能力，强化与区内已建、在建以及待建的各个基础平台和应用系统的衔接，以及与广州市“穗智管”城市运行管理平台的对接。二是建设人工智能统一服务平台，汇聚整合常用人工智能算法、开发环境及支撑工具，通过统一的开发部署和授权调用，为全区各部门各类智慧应用提供人工智能工具、资源及服务。三是建设视频汇聚共享平台，加大对公安一二类视频资源、政府部门视频资源、行业视频资源、社会面视频资源等的整合力度，加快视频联网共享应用。四是建设物联网管理平台，提供物联网设备接入管理、设备管理、数据管理、服务管理等功能。五是建设统一时空服务平台，基于空间地理信息系统，整合全区各单位各类业务空间数据，以及所有与地理位置相关的空间数据，形成全区各类信息空间分布“一张图”、业务应用“一张图”。

5．强化网络安全体系建设

一是建立统一的安全管理保障机制，加强安全管理制度、安全管理机构、安全管理人员、安全建设管理、安全运维管理五个方面的管理体系建设，统一管理规范和技术标准，完善落实等级保护、密码管理、应急演练等信息安全责任机制，健全网络信息安全监测预警和应急处置机制。二是建立统一安全技术保障支撑体系，落实等级保护工作中的网络定级及评审、备案及审核、等级评测、安全建设整改等要求。加强云、网、端、边、平台、系统和数据等安全建设和统筹管理，加强对重要信息系统设计、建设实施、运行管理全过程的安全论证、审查、评估，加强关键信息基础设施保护，加强可信安全防护基础技术和产品研发应用。三是提供统一网络安全运营服务，提供安全咨询、项目实施、评估检测、审计认证、安全运维、培训教育等专业安全服务支撑。

（二）构筑高效流通的数据资源体系

1. 健全公共数据管理体系

一是完善集约建设、标准统一的公共数据管理机制，推进各级各类公共管理和服务机构合规开展公共数据管理，明确公共数据分类分级规则，定期开展公共机构数据资源普查，编制与动态更新各级各部门公共数据资源目录、数据采集清单和规范。二是规范推进公共数据采集，建设完善人口、法人、地理信息和宏观经济等基础数据库和各主题数据库，保证公共数据的完整性、准确性、一致性和时效性。三是强化智慧南沙公共信息资源服务平台建设，提升对数据质量管理与数据跨部门、跨业务、跨层级共享的支撑能力，促进公共数据的规范化共享利用，保障数据安全。四是推进数据资源有序共享，建立健全公共数据资源共享申请审批机制，分无条件共享、有条件共享、不予共享三类开展公共数据共享，强化对科研机构、公用事业单位、互联网平台企业等掌握社会数据的接入共享，丰富数据资源供给。

2. 有序推进公共数据开放

一是理顺公共数据开放机制，明确公共数据开放原则，组织制定全区、部门公共数据开放目录并按年度动态调整。二是强化对公共数据开放的技术支撑，应用密码技术、身份鉴别技术、数据沙箱技术等，加强贯穿公共数据采集、存储、传输等全生命周期各环节的技术保障，提升公共数据的真实性、一致性、及时性和安全性水平，为经过依法脱密、脱敏处理公共数据的定向开放、授权开放提供保障，逐步扩大公共数据开放范围。三是面向重点领域优先开放公共数据，发展需求导向型数据开放模式，基于企业、公众需求调查开放应用价值高的公共数据，强化对应急、教育、卫生、信用服务、物流、外贸等场景的支撑。四是用好广州市数据开放支撑平台，鼓励社会数据接入与开放，优化一站式、全方位的数据搜索与交互服务。

3．强化公共数据开发运营

一是开展数字政府数据应用，基于公共数据的跨部门整合共享，面向经济监测、监管执法、社会治理、公共服务等领域业务需求，建立公共数据主题分析模型，强化公共数据在统计监测、信用监管、政务服务、市政服务、城乡环境、健康医疗、社会保障等场景的应用，为综合研判、科学决策和指挥调度提供数据支撑。二是鼓励数据要素市场主体开发数据运营产品服务，支持企业、机构等加强对公共数据的开发利用，围绕人工智能、智能制造、国际航运、金融商务、能源等领域，提供公共数据分析模型等数据产品，发展数据集成、数据经济、质量评估、合规认证、安全审计、数据公证、数据保险等数据服务，促进数据资产化，提升公共数据价值。

4．培育壮大数据交易生态

一是强化数据新型基础设施、数据运营机构、数据交易场所三大数据要素市场化枢纽支撑，依托城市大数据中心、市场 IDC 数据中心各项目建设，优化算力服务，形成可信互通的数据交易基础设施体系，发挥广州数据交易有限公司龙头带动作用，促进数据运营交易业态集聚发展，鼓励各市场主体基于广州数据交易所开展合规安全、集约高效的数据流通交易。二是鼓励数据交易模式创新与业态创新，以市场需求为导向，支持市场主体开展数据交易技术和产业应用创新，发展资产登记、数据集成、交易清结算、信息披露、合规认证、数据审计和资产评估等增值服务。三是强化数据交易领域合作，加强政府、企业、高校、研究院所等主体协同，加强与港澳地区数据交易业务合作，为数字大湾区的数据要素流通提供支撑。四是强化本地数据交易服务宣传推广，发挥广州数据交易所落户南沙的区位优势，打造立足本地、辐射湾区的数据交易市场，扩大南沙区域影响力。

5．促进跨境数据可信流通

一是推进跨境数据流通规则制度研究，创新先试政策机制，研究制定适用于国际数据特别管理区范围的数据出境安全评估或认证制度，为数据跨境有序流通提供制度保障。二是强化信息平台载体支撑，支持全球溯源中心溯源产业公共服务平台、科研数据流通审计平台等的研发建设，加强区块链等技术应用，探索符合数字服务贸易、科研数据跨境流通等业务的可行模式。三是推进应用导向的数据跨境流通，基于粤港澳大湾区（南沙）数据合作试验区建设，构建安全可信的数据基础设施，支撑出海企业数据跨境流通、海外数据离岸托管与服务外包等业务开展，强化与跨境贸易、跨境金融、电商物流、信息技术等关联产业协同发展。四是探索跨境数据流动分类监管模式，加强数据跨境流动的跨部门协同合规监督，创新数据安全监管技术措施，试点开展数据跨境传输安全管理。

（三）推动经济发展数字化转型

1．做强做优数字产业集群

一是强化数字产业企业内育外引，发挥科大讯飞、小马智行、云从科技等龙头企业带动作用，加速人工智能、5G、第三代半导体、云计算和大数据、物联网等现代信息技术产业集聚，延伸产业链条。二是优化产业载体，完善南沙国际人工智能价值创新园等园区载体，强化广州国际人工智能产业研究院、广州市智能软件产业研究院等公共服务平台建设，支持龙头企业开放产业平台资源，推进技术、生态、人才、资金、数据等要素资源汇聚，加强产业孵化，发展壮大人工智能产业集群，为广州打造粤港澳大湾区人工智能产业集聚区、国家级人工智能创新发展试验区提供有力支撑。三是开展数字技术跨行业融合应用，围绕智能装备、科技服务、智能网联汽车等领域，支持打造一批大数据、5G、人工智能、物联网、区块链等新一代信息技术融合应用重点项目，强化示范项目经验推广，促进产城融合发展。

2．推广智能制造模式应用

一是推进传统制造业数字化改造升级，依托大岗先进制造业基地区块、万顷沙保税港加工制造业区块等产业园区建设与巨湾技研总部及生产基地、先导高端设备产业园等项目建设，推进 5G、大数据、物联网、人工智能、云计算等新一代信息技术与制造工艺、生产过程的深度融合与集成应用，加快产品换代、制造换法，打造一批智能车间、智能工厂。二是培育建设一批行业工业互联网平台，依托全区龙头企业，引进培育一批具备数字化设计、工业应用程序研发能力的工业互联网示范企业，在汽车、船舶、电器等领域培育建设行业工业互联网平台，对外提供研发设计、供应链管理、产品全生命周期管理等服务，加速推进传统制造业数字化、网络化、智能化转型。三是优化企业数字化转型公共服务，完善企业数字化转型支持政策措施，积极推动大中小微工业企业上云用数赋智。

3．加快服务业数字化转型

一是促进生活服务业数字化转型，促进健康、养老、文化、体育、旅游娱乐等公共服务资源数字化供给和网络化服务，规范电子商务行业发展，基于明珠湾起步区、南沙湾、蕉门河中心区打造智慧商圈，发展直播电商、互联网医疗、特色商业、夜经济等新业态。二是促进临港经济区数字化升级，推进航运物流、临港制造、海洋科技、跨境金融、航运金融等行业数字化转型，高质量建设大湾区航运联合交易中心、南沙临港大宗商品交易中心、期货产业集聚区和商品期货交割中心，强化区块链技术对于可信交易、数据追溯的支撑。三是优化产业服务平台建设，加快建设离岸贸易综合服务平台，完善全球溯源中心溯源产业公共服务平台，强化提供商品识别、防伪溯源、产品赋码、人工智能、公证服务、大数据分析等配套服务，实现对金融、物流、交易信息的可信认证、共享追溯，优化对一般贸易、跨境电商、市场采购出口等贸易业务的服务支撑。

4．强化科技创新载体建设

一是优化南沙科学城、中国科学院明珠科学园等园区建设，强化科创平台、科技孵化器、众创空间等的建设，鼓励政企校联合打造人工智能等领域的技术研发中心，开展自然语言处理、图像处理、语音识别、感知交互、智能搜索等人工智能基础理论和关键技术研发。二是推进重点领域技术研发应用，支持一批具有解决关键核心技术能力的龙头企业牵头组建创新联合体，聚焦人工智能、物联网、网络安全、智能装备、大数据、云计算等数字技术前沿核心领域，鼓励企业积极申报创建各类重点实验室、技术创新中心、产业创新中心、科技项目等。三是促进科技创新成果转化，建设完善各技术转移中心，围绕未来产业发展积极对接全球创新成果，打造华南地区的科技成果转移高地。四是激发企业创新主体活力，采用研发费用加计扣除、股权激励、科技成果转化等各项税收优惠政策，支持企业通过作价入股、盈利分成、项目合作等方式获取科研成果知识产权许可并开展二次创新。

5．数字赋能营商环境优化

一是完善线上线下一体化的对企服务，优化提升南沙企业综合服务平台功能，整合金融、管理、信息化、科技、培训、法律、设计等专业服务资源，提供一站式、主动式企业综合服务，解决资讯推送不及时、企业单向操作不便捷等问题。二是开展智慧招商引资，依托统一招商引资平台发布统一规范、准确全面的招商引资信息，提供覆盖面广、功能强大、信息丰富的招商引资和投资促进服务，优化完善招商引资服务内容与服务流程。三是优化自贸区数字化公共服务，建设人脸无感识别智能政务应用大厅，按需推进南沙政务跨境办理，逐步拓展“国际营商通”业务范围，打造“无证明自贸区”。四是强化航运物流枢纽数字化支撑，基于南沙港四期建设全自动化5G智慧码头，加强智能化装卸搬运、分拣包装、加工配送等智能物流装备研发和推广应用，提升仓储运营管理水平和效率，强化对国际物流、多式联运等业务的支撑。

6．深化数字经济区域合作

一是打造企业“走出去”综合服务平台，对接第三方专业机构资源，提供线上线下一体化的金融、检测、政策、法律、培训等服务，联合多部门强化对外投资的事前服务、事中事后监管，优化“走出去”企业的申请备案、信息报送等环节流程，完善信息化平台功能，提高企业操作便利度。二是深化与港澳数字经济合作，加强在金融、贸易等领域互通，瞄准数字经济前沿产业，提升品牌建设、科技创新、人才交流、资本引入、产业服务等方面的合作。三是搭建交流合作平台，办好大湾区科学论坛、亚洲青年领袖论坛等重要国际会议，积极参加国内外数字经济知名论坛会议，提升南沙区域影响力。

（四）推动公共服务数字化转型

1．提高数字政务服务效能

一是推进数字政府建设模式的优化升级，构建和完善数字政府的标准规范和制度，统筹推进政府信息化建设，提高政务服务水平。二是加强政府行政办公数字化应用建设，推动政府辅助决策智能化，利用大数据、人工智能等技术，提升行政效能和决策能力。三是深入推进政务服务和审批制度改革创新，以应用场景为牵引，制定事项标准、优化业务流程、共享数据资源、明确实施路径，加强部门业务协同，持续推进“多证合一”“证照分离”“照后减证”“交地即开工”，提升事项办理效率。四是提升政务服务效能，以广州市“穗好办”政务服务平台为基础，推动更多民生服务事项随时办、掌上办、就近办。

2．加快构建智慧教育体系

一是加强教育信息化基础设施建设，将教育设施信息化与网络建设同步，推进南沙校园基础网络设施建设，实现全区各级各类学校千兆宽带和5G网络全覆盖，全面升级教学终端设备。二是完善南沙区数字教育资源公共服务体系，汇聚终身教育领域资源，建立健全教育资源共享机制，依托互联网推动优质教育资源在粤港澳三地共享，提升教育资源与人民需求的匹配程度，以信息化手段助力打造多元开放终身教育体系。三是开展智慧教育研究，借助大数据、人工智能、区块链等新技术，推动传统教育模式向数字教育模式转型，探索个性化、智能化教育新方式。四是高标准打造智慧教育示范区和智慧校园实验学校。积极打造智慧校园、智能化校园和STEM教育实验学校，丰富课程教授形式，创新教育教学方式，探索5G等新技术应用，打造一批“5G+高清远程互动教学”“5G+虚拟现实（VR）/增强现实（AR）沉浸式教学”“5G+全息课堂”“5G+远程督导”等试点应用，开展“AI+智能教学”示范工程。五是全面提高师生信息化应用水平和信息素养，加强教育信息化人才队伍建设，构建可持续发展的教育保障体系。

3．加快发展智慧医疗服务

一是加强医疗数据采集汇聚，建设南沙健康医疗大数据中心，健全和完善全区人口、电子病历、居民电子健康档案和基础资源等基础数据库，探索利用区块链技术实现电子病历和电子处方的共享共用及医药产品溯源。二是推进区内公立医院、医疗联合体和基层卫生服务机构逐步接入广东省远程医疗平台、广州健康通，建立健全数据共享机制，促进卫生管理部门业务协同，推动医疗检查检验结果跨院互认和实时上传共享，加强区域卫生信息的互联互通，加速打通“信息壁垒”，消除“信息孤岛”。三是推进数字公共卫生建设，优化医疗资源配置，推动医疗机构与公共卫生机构数据共享、业务协同，构建多点触发的数字预警机制。四是加快发展智慧医疗，规范建设互联网医院，推进远程诊疗、远程手术、互联网健康咨询等的广泛使用，优化“互联网+”家庭医生签约服务，推动高水平医疗机构与基层医疗机构开展在线医疗合作。五是推进医疗大数据共享开发与应用，加强诊疗技术、人工智能等新技术在医疗卫生领域深度融合的试点应用，打造大湾区医疗卫生新高地。

4．构建智慧养老服务模式

一是加强养老数据的采集汇聚，推进养老机构各类信息的建档备案，建立精准化的养老数据库，实现对社区养老机构、服务提供人员和老年人的信息掌握和管理。二是建立养老服务平台，推动养老服务与社区服务相融合，创新“互联网+养老”、居家社区养老等智慧养老服务模式，汇聚线上线下资源，丰富养老服务产品供给，提升养老供需精准对接能力。基于养老平台开发适老化的终端App，设立远程健康监护、远程问诊、慢性病管理、紧急呼叫、家政预约、上门护理、社区团购、生活缴费等功能模块，为老年人提供多元化服务。三是推动智能监护设备、可穿戴健康监测设备等在养老服务中的广泛应用，实现老年人居家健康监测。

5．构建数字人社服务体系

一是健全完善社保业务基础数据库，建立健全数据信息共享机制。二是以社会保障卡为载体建立居民服务“一卡通”，加快社会保障卡发行推广及电子社保卡普及应用工作，拓展社保卡线上线下综合应用范围和深度，完善跨部门、跨层级、跨区域间业务联动与应用协同，深度发展“指尖办理”体验服务。三是深化大数据在人社信用评价、人社服务画像、个性化推动等方面的应用，提升精准服务、政策推演、决策支持和科学监管水平。四是加强粤港澳社会保障服务的对接，推进在本地生活工作的港澳居民享有市民同等待遇。五是推进“互联网 + 就业”，强化就业信息网上公开、就业服务网上办理，利用人工智能、大数据等新技术，加强就业信息的分析研判。

6．打造特色智慧文旅服务

一是推进现有文化场馆和资源的数字化改造，聚焦南沙区重点图书馆、文化馆、科技馆、展览馆、体育馆等场馆，探索建设一批数字场馆，增强沉浸式消费体验感，强化云计算、VR/AR、全息成像、移动穿戴设备等应用的基础支撑。二是建设智慧文体公共服务平台，拓宽文体服务渠道，加快建设在线阅读、有声图书、云音乐厅、线上课堂等，加强与线下场馆对接，为公众提供预约购票、无感通行、智能导览等服务。三是发展智慧旅游，深化大数据、5G、AI、VR/AR 等信息技术在旅游服务中的应用，持续优化南沙区智慧旅游平台，支持天后宫、湿地公园、东涌镇农业生态旅游等热门景区建设智慧景区。四是深化文旅大数据应用，对景区资源、物联设备、游客行为等进行全程管理，为游客溯源、市场预测、舆情洞察、应急防控等提供决策数据支持。

（五）推动城市治理数字化转型

1．提升数字化监管水平

一是完善数字化市场监督管理体系，充分运用互联网、大数据、人工智能、区块链等数字技术，构建新型监管机制，提升监管精准化和智慧化水平。二是推进“互联网 + 监管”应用建设，提升监管事项认领率、检查实施清单填报完成率及完备度、监管行为事项覆盖率和监管行为上报及时率，依托统一的政务云平台，推动市场监督管理各系统互联互通、数据共享、业务协同。三是推进信用信息的归集、分类监管和应用，构建失信惩戒机制，实现以信用为核心的闭环监管，提升智慧监管能力。升级改造南沙自贸片区市场监管和企业信用信息平台，构建严重失信企业联合惩戒机制，将信用信息查询使用嵌入审批和监管工作全流程，以及事前、事中、事后管理各环节。

2．加强智慧安防体系建设

一是优化升级监控设施建设，依托“雪亮工程”建设，加快对公共区域视频监控补点扩面。二是加强社区门禁、监控等设备的部署，实现对全区实有人口、重点人口等各类信息的动态采集、更新和维护，依托南沙区视频汇聚共享平台，利用人脸识别等数字化新技术，持续推进智慧警务应用建设，探索实有人口管理、重点人员管控、娱乐场所安全管理、酒店旅馆管理等领域的公共安全管理创新模式。三是深化应急感知网络和通信网络建设，加快建立完善对自然灾害、安全生产、社会治安、公共卫生、重大疫情等各类应急管理突发事件的风险发现、智能分析和预测预警体系。

3．打造网格化治理体系

一是推进综治网格、警务网格等工作网格“多网合一”，形成横向各部门协同，纵向区、镇街、社区/村居、网格四级贯通的网格管理应用体系。二是依托“穗智管”城市运行管理中枢，集合南沙区人、地、物、事、情、组织等要素信息，实现各类要素信息的动态实时展示，建设城市管理、综合执法、市场监管、交通管理、生态环境保护等各类城市治理应用。三是完善网格员队伍管理流程，建设全区统一的网格员管理与绩效评价体系，提升网格员的专业化水平。

4．深化城市规建管一体化

一是依托广州城市信息模型（CIM）基础平台、数字广州基础应用平台等城市数字底座，加快整合分散在各部门的基础地理空间数据、空间规划成果、规划审批等信息，集成交通、生态、市政、能源、地下空间、公共配套等各专项规划的多图层信息，编制城市规划建设“一张图”。二是进一步推进城市规划、建设、管理各环节跨部门数据的共享互通和平台对接，推进规划、建设、管理部门的信息资源共享共用和业务办理，优化规划审批流程，实现多规台账、蓝图编制、实施监督、评估考核、成果共享、辅助决策等功能，实现规建管全生命周期业务管理。三是依托 CIM 基础平台和城市规划建设“一张图”，统筹图层管理，加强全区工程项目用地预审、建设用地审批、城乡规划许可、土地供应、工地管理、城市综合管理、应急指挥等业务的联动应用。四是强化智慧城管体系建设，完善全区视频监控、智能城市部件、无人机巡查点建设，建设集智能感知、分析研判、群众服务、智慧调度和巡查监督等功能于一体的南沙区智慧城管综合监管平台。

5．优化智慧交通运输体系

一是加强智慧交通物联感知体系建设，加快交通基础设施智能升级，推动全区重点路段以及隧道、桥梁等重要节点的全方位交通感知网络覆盖，实现智慧采集、综合分析、立体发布、自动引导、科学分流的“智慧交通监控”体系。二是加强交通流数据、视频监控图像等信息的汇聚采集，利用大数据、人工智能等技术，强化对车辆、人员、道路、事件的识别与分析。三是建设涵盖路内路外、全区统一的智能停车管理服务平台，持续扩大停车场数据采集范围，推进全区停车信息联网共享，加快应用大数据、5G、物联网等技术，拓展全流程数字化诱导和停车服务。四是打造数字化出行助手，持续整合公交到站、智慧停车、出租车、充电桩、共享单车等交通服务数据，以数据衔接出行需求和服务资源，为公众提供一站式出行服务。五是推动 5G、物联网等技术与交通业务的深度融合，积极探索各类智能网联汽车应用技术，开展全区“5G+ 车联网”技术试点。

6．强化智慧生态治理能力

一是建设生态环境数据资源库，利用已部署的感知设备自动采集生态环境信息，在现有环境监测系统基础上，梳理环境信息资源逻辑关系，构建覆盖全区的智能生态环保监测“一张网”，实现对大气、水、土壤、噪声等重要环境要素监控全覆盖，为相关部门提供统一的环境专业数据服务。二是加快基于大数据的生态环境监管应用，建设智慧环保立体监测平台，研究建立数据分析模型，开展基于大数据、人工智能的专题分析，包括突发事件影响预测、环境质量趋势预测等，强化污染源溯源、环境状态评估、环境事件预测等能力。三是强化生态环境联建联防联治，构建跨区域大气污染、海洋环境等治理协同联动机制。

第六章

南沙人工智能与集成电路产业的发展目标和政策支持*

一、发展目标

《广州南沙新区城市总体规划（2012—2025 年）》第 40 条“提高自主创新能力”规定，要打造华南科技创新中心，为重大产业及项目发展的核心技术环节提供重要的研发科技攻关平台，同时也要大力发展电子、集成电路等工业设计产业。这向南沙新区人工智能和集成电路的产业发展提出了总要求。

2021 年，《广州市南沙区、广州南沙开发区（自贸区南沙片区）国民经济和社会发展第十四个五年规划和 2035 年远景目标纲要》（以下简称《纲要》）也对南沙区人工智能和集成电路产业的发展做了总结和规划。《纲要》指出，“十四五”时期，要推进科技创新与产业发展协同，加快形成北部新能源汽车、航空航天、节能环保、人工智能等先进制造业和战略性新兴产业带，也要串联

---

* 本章作者为中央财经大学研究生院院长、教授白彦锋，中央财经大学博士研究生李泳禧，中央财经大学硕士研究生耿迪。

人工智能与数字经济试验区等关键节点，合力打造广州科技创新轴；大力发展第三代半导体全产业链，加快引进一批先进芯片平台和电子信息研发及制造企业，建成以芯片制造为核心的产业生态圈和集成电路产业聚集区，做大做强信息技术应用创新产业。此外，还要加快突破人工智能、集成电路关键核心技术，建成新一代信息技术和人工智能产业创新策源地，强化人工智能基础研究能力支撑；培育壮大战略性新兴产业，将人工智能打造成新兴支柱产业，推动人工智能加速产业化。《纲要》还提到，要充分发挥人工智能和数字经济强大的赋能使能价值，发展壮大人工智能、半导体与集成电路、下一代通信、工业互联网、区块链等数字产业规模，推进人工智能技术产业化等，加快建设南沙人工智能价值创新园等重点平台，通过人工智能促进产业数字化转型升级。

2022 年，《国务院关于印发广州南沙深化面向世界的粤港澳全面合作总体方案的通知》也提出，要建设科技创新产业合作基地，强化粤港澳科技联合创新，打造重大科技创新平台，培育发展高新技术产业，积极承接香港电子工程、人工智能等领域创新成果转移转化。

二、发展现状

《广州南沙人工智能产业发展蓝皮书》从基础设施、政策法规、平台载体、产业人才、产业主体五大基础，疫情防控、智能制造、精准治理、智慧灯杆、智能驾驶、智慧交通、自动化码头七大应用领域凸显南沙人工智能产业发展成果和路径，并从完善自主研发环境、平衡“引培”机制、强化人才“引育”机制、提高“产学研用”互动等方面为产业的进一步升级建言献策，在为产业未来布局提供风向标方面具有重要意义。据悉，南沙相继出台《广州南沙人工智能产业发展三年行动计划（2018—2020 年）》《广州南沙新区（自贸片区）促进人工智能产业发展扶持办法》等多个人工智能方面的政策文件，从产业培育、人才引进、知识产权、生产监管等领域推动人工智能产业发展。

在人工智能基础设施方面，南沙开展智慧城市综合管理平台等一批信息化项目，建成国家超级计算广州中心南沙分中心，加快智慧城市建设步伐，在新基建方面扩展更多的应用场景。在人工智能平台载体方面，南沙共有产业地块10个，与人工智能相关性较强的智能装备、科技服务、新一代信息技术与智能网联汽车的地块面积占比超90%，其中南沙国际人工智能价值创新园是核心承载体。在人工智能产业人才方面，南沙不仅高规格引入一批“两院”院士，也引入了35岁以下科技创新人才35人，其中包括人工智能杰出贡献奖获得者吴文俊等杰出产业才俊。在人工智能产业主体方面，南沙拥有人工智能类企业300多家，已成为国内人工智能企业密集度较高的地区之一。

通过营造人工智能良性创业生态系统，南沙已具备国内较为领先的研发水平，集聚了一批处于全国第一梯队的产业创新主体。依托建设完备的基础设施和平台载体，人工智能产业发展关键链条已基本成形，成为国内人工智能产业的重要承载区。

中国发展网提到，南沙把握集成电路产业发展趋势，科学推动集成电路产业项目、企业及人才集聚发展，设立规模21亿元的广东省半导体与集成电路风险基金，建设约2平方公里的集成电路产业园，引进培育了芯粤能、芯聚能等一批龙头企业，在国内率先实现宽禁带半导体全产业链布局，初步形成了覆盖宽禁带半导体全产业链完整生态。2022年6月底，2022中国·南沙国际集成电路产业论坛在南沙成功举办，近百名海内外芯片产业企业家及行业专家聚首南沙，呈现出“芯芯”向荣发展态势[①]。作为推动半导体与集成电路产业链高质量

① 《广州南沙的“芯晨大海”，力争到2025年形成总规模达2万亿产业集群》，中国发展网，2022年12月19日。

发展的关键举措，南沙制定了《广州南沙新区（自贸片区）促进半导体与集成电路产业发展扶持办法》（即“强芯九条”），从重大项目落户、补贴企业生产性用电、企业融资、支持企业开展车规级认证、完善集成电路产业链等 9 个方面进行扶持。例如，对新引进的集成电路制造类企业给予总投入 10%、最高 3 亿元落户支持；按照企业建设公共服务平台实际投资额的 30%，给予最高 3000 万元的一次性补贴；按照企业实际流片费用的 50%，给予最高 2000 万元补贴。

2023 年广州市南沙区政府工作报告提出，南沙位列中国工业百强区第 26 位。规模以上工业增加值 732.32 亿元、同比增长 6.9%，先进制造业增加值占规模以上工业增加值的 77.2%、同比增长 11.2%。新增省级以上专精特新企业 235 家。培育发展战略性新兴产业和未来产业，集聚人工智能和生命健康企业 800 多家；南砂晶圆、芯聚能、联晶智能等半导体项目投产，芯粤能项目进入设备调试阶段，实现国内首个宽禁带半导体全产业链布局……然而，目前发展也存在着一些问题。例如，存在着经济高质量发展的基础还不牢固、产业链供应链不稳定因素依然存在、龙头企业和领军人才不够多、产业结构抗风险能力不强、新动能支撑尚不明显、自贸区制度创新对全市全省全国的托举作用还不够突出、与港澳规则衔接仍需加强、营商环境对标国际一流还有差距等诸多问题。

三、政策现状

《财政部 税务总局关于广州南沙企业所得税优惠政策的通知》规定了企业所得税的优惠政策，具体内容包括：对设在南沙先行启动区符合条件的鼓励类产业企业，减按 15% 的税率征收企业所得税；在南沙设立的高新技术重点行业企业，自 2022 年 1 月 1 日起，当年具备高新技术企业或科技型中小企业资格的，其具备资格年度之前8个年度发生的尚未弥补完的亏损，准予结转以后年度弥补，最长结转年限延长至13年。人工智能和集成电路这一高新技术重点行业也按照该通知的要求享受企业所得税优惠政策。

针对人工智能和集成电路这两个具体产业，广州南沙也颁布了相关的具体政策。2019年颁布的《广州南沙新区（自贸片区）促进人工智能产业发展扶持办法》针对人工智能企业的开办奖励、科研建设补助、研发投入补助、租金及办公房产购置补贴、人才奖励等做了具体规定。2022年颁布的《广州南沙新区（自贸片区）促进半导体与集成电路产业发展扶持办法》针对集成电路产业，在项目引入、公共服务平台建设、贷款贴息等多个方面做出了具体的支持规定。

（一）人工智能

《广州南沙新区（自贸片区）促进人工智能产业发展扶持办法》对人工智能企业的补助、融资及奖励政策做出了一系列具体的规定。

1．科研建设和研发投入补助

人工智能企业在南沙区建设运营的一些为本区人工智能产业发展、企业智能化升级改造提供研发、设计、生产、技术交流服务的建设实际总投入，在认定后可获得实际总投入的30%作为补贴，补贴额上限为1000万元。研发投入补助是对有自主研发经费投入和研发活动的人工智能企业，在审核后按照上一年研发经费支出额的10%予以补贴，后置补助上限为1亿元。

2．租金及办公房产购置补贴

针对已认定的人工智能企业在南沙区租用场地或购置自用办公房产开展办公运营给予的补贴，租金补贴原则上每月每平方米不超过50元（包含物业管理等费用），年补贴额上限为300万元，补贴期限为3年。对于在南沙区购置房产的企业，按照每平方米不超过1000元的标准给予一次性补贴，补贴额上限为

1000万元。

3. 融资政策

《广州南沙新区（自贸片区）促进人工智能产业发展扶持办法》也对人工智能企业的融资给予了支持，政府鼓励并协调产业基金投资区内人工智能企业。由天使投资、风险投资、创业投资等基金投资入股的新注册或迁入南沙新区的人工智能企业，经审核后可按照基金实际投资的3%给予基金管理公司奖励，单个项目的奖励最高不超过200万元，并按基金投入资金的7%给予该人工智能企业落户支持，支持额上限为1000万元。对于取得商业银行机构贷款的人工智能企业，按照当笔贷款基准利率的50%给予利息补助，期限不超过3年，每家企业的累计金额不超过300万元。

4. 开办奖励与经济贡献奖励

实缴注册资本500万元及以上、在南沙区新落户的人工智能企业，落户后3年内可以申请一次性开办奖励，奖励标准按照上一年度在南沙区的经济贡献划分，经济贡献超过1亿元（含）、8000万元（含）、4000万元（含）、2000万元（含）、1000万元（含）的，分别给予2000万元、1500万元、1000万元、600万元、300万元的一次性奖励。对于一些具有重要带动作用或功能的企业和项目，可根据具体情况研究确定给予奖励。经济贡献奖是对经过认定的人工智能企业，自落户起4年内，给予对南沙区经济贡献的95%作为奖励。

为了培育专精特新中小企业，《广州南沙新区（自贸片区）促进专精特新中小企业高质量发展若干措施》提出，对从广州市以外迁入南沙新区的专精特新"小巨人"企业，在享受市相关政策的基础上，每家企业给予一次性扶持200万元，对于引入专精特新"小巨人"企业、专精特新中小企业落户南沙新区的产业园区还会给予配套奖励，聚集10家以上两类企业的园区会被授予"专精特新园区"牌匾，并优先推荐申报创新创业示范基地。企业被认定

（复核）为专精特新重点“小巨人”企业、专精特新“小巨人”企业、专精特新中小企业，可分别获得最高300万元、200万元、50万元的一次性扶持。专精特新“小巨人”企业、专精特新中小企业、创新型中小企业还可以享受成长突破奖励，即当其年度工业总产值或营业收入首次突破一系列标准，还会获得一系列一次性奖励，且该一次性奖励的30%用于补贴企业高管骨干人才，发挥人才的核心作用，以此促进企业的稳步发展。此外，对上述三类企业，南沙区还在研发创新、产业用地、人才服务等方面予以政策支持，推动企业做大做强。

5．技术配套奖励

对于有关政府部门认证的重点实验室、技术中心、科技创新中心等创新平台，根据其认定级别按国家级、省级、市级分别给予300万元、200万元、50万元的一次性资金奖励。获得国家、省、市级科技、工信、发展改革等部门人工智能产业项目扶持基金的，按照100%、70%、50%的比例进行配套，配套金额分别不超过500万元、300万元、200万元。部分重点国家级平台项目可以不受此金额限制，根据具体情况研究确定，但是项目获得上级和本区财政资助总额不超过项目承担单位自筹的资金总额。

6．应用推广奖励

为了鼓励以应用需求为导向，加快南沙区“人工智能＋应用场景”的应用示范，对企业开放使用区内的数字资源，重点支持落户南沙区的参与南沙区示范性项目建设的人工智能企业，区财政每年安排不低于1亿元支持开展人工智能示范性项目建设，项目方案经专家评审后择优立项。

（二）集成电路

《广州南沙新区（自贸片区）促进半导体与集成电路产业发展扶持办法》主

要是与补助政策相关的规定，具体包括支持项目引入、支持建设公共服务平台、支持生产性用电补贴、支持企业开展车规级认证和支持产业链联动发展等。

1．项目引入补助

对有效期内新引进的制造、封装测试、设备、材料等半导体及集成电路制造业产业项目总投资超过 1 亿元的，给予实际投入（仅指设备、技术授权及软件投入）10%、最高 3 亿元的补贴。对南沙区集成电路企业在本办法有效期内新建或扩建项目享受新引进项目同等待遇；对有效期内新设立的集成电路设计（含 EDA 工具和 IP 研发）企业，自落户之日起两年且在本办法有效期内，年营业收入首次达到 1000 万元（含）且技术团队到位 5 人（含 5 人，以签订劳动合同为认定标准）以上的，给予其该年主营业务收入的 10%、最高 300 万元的补贴；年营业收入首次达到 3000 万元（含）且技术团队到位 10 人（含）以上的，给予其该年主营业务收入的 10%、最高 1000 万元的补贴。

2．公共服务平台建设及技术应用补助

对南沙区内提供 EDA 工具和 IP、设计解决方案、测试验证等服务的集成电路公共服务平台，按照其在本办法有效期内实际建设投资额的 30% 给予最高 3000 万元的一次性补贴；对于使用多项目晶圆流片进行研发的企业，按模拟类产品当年实际发生费用的 80%、数字类产品当年实际发生费用的 60%，每年给予每家企业年度总额最高 300 万元的补贴。对于首次完成全掩膜（Full Mask）工程产品流片的企业，给予流片费用（包括 IP 授权费、掩膜版费、测试化验费、加工费等）50% 的补贴，其中对工艺制程在 45nm 以上的（含），年度补贴总额最高 600 万元；对工艺制程在 45nm 以下的，年度补贴总额最高 2000 万元；对于当年购买或租用 EDA 工具软件或 IP（含 Foundry IP 模块）费用超过 100 万元并实际使用的企业，每年按照购买或租用费用的 30% 给予补贴，年度补贴总额最高 100 万元。

3．生产性用电补贴

政策规定，对主营业务为集成电路制造、封装测试、设备、材料等领域的制造业企业或项目，保证其用电，并按照“先交后补”的方式，给予企业当年年度用电费用 50% 的补贴，同一企业年度补贴最高 500 万元，累计补贴年限不超过 3 年（自产线建设完成验收之日起计算）。

4．企业车规级认证补贴

支持企业开展车规级认证规定有效期内产线或产品通过特定的可靠度标准及特定的电子车规级认证的，给予每家企业实际认证费用 50%，上限 100 万元的一次性补贴。

5．产业链联动补贴

支持产业链联动包括了对区内企业采购区内非关联集成电路企业产品或服务的，按其当年年度实际采购金额的 5% 给予补贴，同一企业年度补贴总额最高 300 万元，累计补贴年限不超过 3 年。

6．融资政策

《广州南沙新区（自贸片区）促进半导体与集成电路产业发展扶持办法》规定了支持企业融资的政策，对集成电路的金融支持政策也是以补贴和奖励为主，政策规定，对于获得中国证券投资基金业协会备案的投资基金融资的集成电路企业，区内政府出资产业基金可按照不超过其当期获得融资额的 30%、给予最高不超过 5000 万元的跟进投资。支持集成电路企业利用广州南沙新区（自贸片区）信贷风险补偿资金池，提升企业获得信贷水平，拓展融资渠道。支持集成电路企业利用资本市场融资，对后备上市企业在本办法有效期内上市挂牌的，最高给予 1000 万元奖励；对企业在本办法有效期内利用资本市场再融资、发行债券或证券化产品的，最高给予 600 万元奖励。此外，南沙还对进入国家产业布局或承担国家重大专项的企业实行了贷款贴息政策，对企业当年度在区内银行新增贷款按照贷款市场报价利率（LPR）计算利息的50%给予贷款贴息。每家企业每年最高补贴500万元，累计补贴年限不超过3年。

四、比较研究及问题发现

（一）人工智能

经过对苏州工业园区（《苏州工业园区加快人工智能产业发展的若干意见》）和杭州人工智能小镇（《杭州市建设国家新一代人工智能创新发展试验区若干政策》）这两个国内先进人工智能园区和地区的优惠政策的梳理，结合广州南沙新区针对人工智能已经出台的优惠政策，对相关优惠方向和优惠措施进行对比分析。

1. 项目引入政策

苏州方面，规定的落户补助政策为：引进行业内具有明显竞争优势和示范带动效应并且资本支出不低于1亿元或估值10亿元以上的人工智能及相关领域项目，经认定后，在按约定完成投资进度的前提下，可以享受最高到位资本10%的补助，这笔补助分3年交付，单户本项累积补助金额最高5000万元。

杭州方面，没有明文规定的项目引入政策。

南沙方面，是以实缴注册资本进行一次性开办奖励资格的确定，并按照上一年度企业对本区的经济贡献划分奖励。实缴注册资本500万元及以上的落户企业即可申请一次性开办奖励，对上一年度在南沙区经济贡献超过1亿元（含）的企业给予2000万元的一次性奖励，2000万元即为奖励的最高标准。对其他具有重要带动作用或功能的企业和项目，需要根据具体情况研究确定给予奖励。

综上所述，从项目引入的对象来看，南沙以实际注册资本和经济贡献进行奖励的划分，而苏州则是关注引入企业的竞争能力和带动效应，以资本支出和公司估值进行奖励的划分，更加注重招大引强；从补助和奖励的力度来看，苏州以实际到位资本为基础计算补助，最高金额5000万元，南沙则以经济贡献金额逐级划分奖励，最高金额2000万元；从力度上看，苏州对引入企业的支持力度也高于南沙。

2．研发支持政策

苏州方面，政策不仅对人工智能技术突破方面给予支持，还关注整个产业创新生态系统的建设，苏州旨在加快人工智能核心技术的突破，培育骨干团队和创新团队，形成创新活跃、开放合作、协同发展的产业生态。政策规定，鼓励园区人工智能及相关领域企业参与国际、国家和行业标准的制定，并分别给予100万元、50万元和20万元的补贴，对入选公开择优的应用示范点项目，给予不超过50%的补贴，每年的最高金额为500万元。政策还对在园区建设运营人工智能及相关领域的工程实验室、数据中心、超算中心、展示培训中心等为园区人工智能产业发展、企业智能化升级改造提供研发、设计、生产、云资源租赁、技术交流等服务的建设费用给予10%~30%的补贴，上限为1000万元，对使用该服务的园区企业按使用费的30%进行补贴，每年最高100万元。此外，还鼓励龙头企业发挥优势设立众创空间，并给予不超过200万元的建设补贴，运营已满3年并符合孵化或融资规定的众创空间可以享受房租减免政策。政策还对人工智能及相关领域会展、论坛的主办方进行补贴，每场最高200万元。针对人工智能及相关领域企业的兼并重组，苏州政策也是予以鼓励，对兼并重组时发生的法律、财务等中介费用根据交易额给予一定的资助，并按照交易额的数量给予奖励。

杭州方面，首先是在人工智能基础理论研究和关键核心技术研发上，对关键核心技术研究投入的20%予以补助，最高金额为500万元，对一些规定的核心技术攻关项目，给予不超过2000万元的补助，并给予配套支持。在人工智能公共服务和共性研发平台建设上，杭州也给予补助，例如在杭企业、高校、科研机构建设开源开放、协同共享的人工智能科技创新服务平台，对实际投入500万元以上、服务产业取得良好成效的，按其软硬件投入的30%给予补助，最高不超过500万元。支持建设人工智能共性技术研发平台，按平台建设主体新购置研发设备总价的50%进行补助，单个平台补助最高不超过3000万元。

南沙方面，对人工智能企业的建设实际总投入和研发经费支出进行补助，对认定后的实际建设总投入按30%予以补贴，补贴总额不超过1000万元，对审核后的上一年研发经费支出给予10%的补贴，不超过1亿元的补助。此外，南沙还对认定的实验室等创新平台进行一次性奖励，并进行配套金额奖励。《广州南沙新区（自贸片区）促进科技创新产业发展扶持办法（2022年修订）》（公开征求意见稿）为推动符合产业发展研究方向且具有重大科技创新支撑作用的科研平台落地，规定给予每个平台最高2亿元的资金支持，对其他创新平台和实验室的建设，也均给予500万元、200万元等一次性资金奖励。除此之外，还对高校项目的研发和科技成果产业化等环节给予一次性资金补贴。

综上所述，南沙对企业的建设投入、研发经费支出和实际建设总投入均进行补助，对实验室等创新平台也进行奖励，然而与苏州和杭州相比仍然显得有所欠缺，苏州和杭州不仅对研发和投入进行补贴，还对一些择优的重点项目、平台建设、服务建设费用、学术交流论坛及企业兼并重组等进行奖励和补贴，相比于南沙更加全面，更加注重人工智能企业可持续创新能力的培养。

3．应用政策

苏州方面，在智能制造技术应用上做出了详细的规定，首先是鼓励园区企业开展人工智能及智能制造的升级改造，对于符合条件的企业最高给予设备或软件投入10%的奖励，上限为1000万元，对开展智能化自动化改造等的企业也均会给予一定的奖励和补助。其次是对获评园区示范项目的也会给予奖励，对开展智能制造集成服务的投入额给予补贴。这一系列的政策补贴关注了人工智能产业创新的各个方面和各个过程，对产业创新生态体系的建设具有重要意义。

杭州方面，对产品应用也具有相对完善的支持政策。政策规定，推进人工智能新技术、新产品、新模式在杭州率先运用，征集人工智能行业示范应用场景项目，给予入围项目资金支持，资助额度不超过项目总投资的 20%，最高资助额度不超过 1000 万元。此外，还对符合条件的人工智能产品实行政府首购制度。同时，杭州也深化数据资源的开发和运用，支持人工智能的生态体系建设，对人工智能企业主导制定完成国际标准、国家标准的，分别给予最多 100 万元、30 万元资助。支持人工智能企业围绕产业链核心技术和关键环节构建高价值专利组合，对列入市级高价值专利组合培育项目并验收合格的，给予政策支持。

南沙方面，为支持产品的应用，鼓励需求导向，区财政每年安排人工智能示范性项目建设金额，支持南沙区示范性项目建设。

综上所述，南沙针对应用建设只有相对宽泛的政策要求，苏州和杭州则是针对产品后续的应用给予了一系列的支持措施，例如，项目资助和奖励、政府首购制度等，比南沙更详细、更全面，也更先进。

4．融资政策

苏州方面，成立园区人工智能产业基金，强化企业发展的基础支持，推动多元化资本市场发展，创新金融产品发展实体经济，完善融资环境，支持人工智能企业多渠道融资。具体规定为，按照“政府引导，市场主导”的原则，向园区人工智能及相关领域项目提供支持；鼓励园区众创空间设立人工智能及相关领域的天使基金、种子基金；鼓励社会资本对园区人工智能及相关领域的投资、孵化和培育，支持园区人工智能产业发展。

杭州方面，提出发挥战略性新兴产业投资基金、创业投资引导基金、天使投资引导基金的引导和杠杆作用，加大对人工智能领域创业企业的支持。设立人工智能创业（天使）投资基金，支持人工智能企业发展。深入推进“凤凰行动”计划，支持企业通过境内外上市、并购重组、发行债券等方式扩大直接融资。鼓励商业银行加大对人工智能企业的金融支持力度。根据《杭州市人民政府办公厅关于加强众创空间建设进一步推进大众创业万众创新的实施意见》，2018—2020年，每年分别给予国家、省、市级标准化众创空间不超过30万元、25万元、20万元的资助，专项用于房租、宽带等空间运行费用；市级专业化示范众创空间运营补助在市级标准化众创空间基础上进行补足，每年不超过50万元，专项用于提升其科研设备、检测设施、小试中试平台等研发能力建设；市级国际化示范众创空间运营补助在市级标准化众创空间基础上进行补足，每年不超过50万元，专项用于鼓励其积极与国外技术服务机构、创业孵化机构、创投资本开展合作，构筑国际化视野的高端创新创业资源服务平台。专业化示范众创空间与国际化示范众创空间不重复享受资助。凡符合《杭州市天使投资引导基金管理办法》要求的国家、省、市级众创空间，市天使投资引导基金将积极出资与其合作设立天使基金，用于投资该众创空间内的企业（项目），市天使投资引导基金参股比例最高不超过30%，具体按照《杭州市天使投资引导基金管理办法》执行。选择符合条件的银行业金融机构，鼓励其为众创空间内企业创新活动提供股权和债权相结合的融资服务，与创业投资、股权投资机构试点投贷联动。

南沙方面，对于经审核同意的由天使投资、风险投资、创业投资等基金投资入股的人工智能企业在南沙新注册或新迁入的，按照基金实际投资南沙人工智能企业资金的3%给予基金管理公司奖励，单个项目奖励最高不超过200万元，并按基金投入资金的7%给予该人工智能企业落户支持，最高不超过1000万元。对取得商业银行机构贷款的人工智能企业，按其当笔贷款基准利率的

50% 给予贴息补助，补贴期不超过 3 年，每家企业累计贴息金额最高不超过 300 万元。

综上所述，苏州以推动多样化融资为主，南沙以对融资的补贴为主，杭州则是关注了融资的各个环节和各个方面，实施投贷联动，不仅推动直接融资规模的扩大，推动多样化融资，也对众创空间进行资助和贴补。

5．人才政策

苏州方面，企业设立日后 3 年内，对于企业雇用的符合条件的高级员工，根据其地方经济社会发展贡献可享受个人贡献奖励。每家企业每年不超过 100 万元。

杭州方面，注重支持引进培养人工智能优秀人才，制定人才计划，对相关单位给予稳定的研发经费资助。同时，着力引育人工智能人才团队，对于入选省市领军型创新创业团队的，给予最高 500 万元的项目资助。此外，杭州还支持实训基地的建设，对高端人才给予一定的支持。

南沙方面，对于人工智能领域的人才政策主要包括以下几个方面：对经认定的人工智能企业年度应纳税工资薪金 30 万元以上（科研机构年度应纳税工资薪金 20 万元以上）的高级管理、技术人才，按照其个人经济贡献的 40% 比例给予特殊人才奖励。对符合条件的企业高级管理、技术人才，除享受特殊人才奖励外，还可在企业经营贡献奖中获得高管人才奖励。两项奖励总额最高为其个人经济贡献的 100%。对于经认定的人工智能企业的高级管理、技术人才，在南沙区人工智能企业中非薪金收入包括“利息、股息、红利所得”等投资性或“股权转让所得”收益、收入，按照其个人地方经济贡献的 80% 给予奖励。对经认定的人工智能企业引进的高级管理、核心技术人才，在南沙年度应纳税工资薪金达到 60 万元（含）的，可优先申请入户广州。对经认定的人工智能企业引进的高级管理、核心技术人才，可优先推荐享受南沙区人才政策。

综上所述，苏州、杭州、南沙均对引进培养人工智能领域优秀人才给予政策支持，相较而言，南沙的人工智能领域人才政策较为具体，构建了多维度、多层次的人才政策体系。

（二）集成电路

经过对苏州工业园区（《关于苏州工业园区鼓励软件和集成电路设计企业发展的实施细则》《关于推进软件产业和集成电路产业跨越发展的若干政策》）和国家集成电路设计深圳产业化基地（《关于加快发展深圳市集成电路制造业的若干规定》《关于加快集成电路产业发展的若干措施》《南山区促进集成电路产业高质量发展专项扶持措施》）这两个国内先进集成电路园区的优惠政策进行梳理，结合广州南沙区针对集成电路产业已经出台的优惠政策，对相关优惠方向和优惠措施进行对比分析。

1．融资政策

苏州方面，早在2002年，苏州就提出了园区创业投资公司、中小企业创业担保公司要加大对软件企业和集成电路设计企业的投融资及担保力度。对以上两类企业的投资，不低于经认定的入园软件企业数的10%，并积极参与企业改制上市。同时，也允许海外留学生、工作人员以个人身份或与外商兴办中外合资、合作的软件企业。软件企业注册资本在50万元以下的，企业的无形资产作价部分可不做资产评估。软件企业最低注册资本可为3万元。2015年，苏州提出要充分发挥融资性担保机构和融资担保补助资金的作用，积极为软件和集成电路企业提供各种形式的贷款担保服务。同时，建立贷款风险补偿机制，支持风险投资机构和信用担保机构加大对软件和集成电路企业的融资担保力度。对依法设立并正常运营一年以上的风险投资机构和信用担保机构，按照其当年对苏州市软件和集成电路企业贷款担保发生额的1%予以补偿。同时，通过现有的创业投资引导基金等资金和政策渠道，引导社会资本设立创业投资基金，支持中小软件和集成电路企业创业。鼓励软件和集成电路企业上市融资，对进入上市程序的企业，给予总额不超过 50 万元的奖励。

深圳方面，2019 年，深圳规定，对集成电路企业采用融资租赁方式开展技术改造的，按照融资租赁利息的 5 个百分点给予贴息，贴息年限最长不超过 3 年，单个项目资助最高不超过 1500 万元，且不超过企业融资成本。同时，深圳也鼓励企业上市募资，对一些以直接融资方式募集资金的企业，给予不同金额的资助和支持。2022 年，深圳再次提到对符合条件的企业按实际投资额的 10% 进行资助，以及对成立 5 年以内、近 3 年累计获得投资机构 1 亿元以上投资额的辖区内高成长集成电路企业给予一次性 100 万元资助。此外，深圳还对一些符合条件的平台申请贷款贴息的额度提高 20%；对在南山科技金融在线平台完成评级及备案，并获得流动资金贷款且按时还款的辖区内集成电路企业，在平台贷款贴息额度内，按照企业实际支付利息的 70% 给予补贴。每家企业每年最高资助 100 万元。对于企业的并购，符合条件的项目也会根据并购金额的 5‰ 给予最高 1000 万元的奖励。

南沙方面，对于获得中国证券投资基金业协会备案的投资基金融资的集成电路企业，区内政府出资产业基金可按照不超过其当期获得融资额的 30%、给予最高不超过 5000 万元的跟进投资。支持集成电路企业利用广州南沙新区（自贸片区）信贷风险补偿资金池，提升企业获得信贷水平，拓展融资渠道。支持集成电路企业利用资本市场融资，对后备上市企业在本办法有效期内上市挂牌的，最高给予 1000 万元奖励；对企业在本办法有效期内利用资本市场再融资、发行债券或证券化产品的，最高给予 600 万元奖励。此外，对于进入国家产业布局或承担国家重大专项的企业，对企业当年度在区内银行新增贷款按照贷款市场报价利率计算利息的 50% 给予贷款贴息。每家企业每年最高补贴 500 万元，累计补贴年限不超过 3 年。

综上所述，与苏州和深圳这些先进的集成电路工业园区政策相比，南沙方面针对集成电路产业的融资支持力度相对较强，但是支持的范围与苏州和深圳相比较小。

2. 人才政策

苏州方面，2002 年就规定，凡在园区软件企业工作的高级软件研发人员和专业管理人员，月收入超过 5000 元的，个人所得税累计缴纳满 5 年时，其缴纳的个人所得税园区本级地方留成部分在其购房时财政给予一次性返还补贴。对软件企业急需的专业技术人才和管理人才，本人及家庭成员迁入户籍不受限制，其子女可在园区入学入托。2015 年，苏州提出，在苏州开展软件和集成电路专业教育国内外著名高校、培训机构，若通过政府考核，获得“苏州市软件和集成电路人才培训基地”命名，可获一次性 10 万 ~50 万元的政府资金支持。

深圳方面，2001 年对人才的住房、个人所得税抵扣和城市增容费等方面进行了规定。2019 年，深圳提出要建立集成电路领军人才库，并加大对各类集成电路人才的支持力度，对符合深圳市人才标准的科研项目带头人、技术骨干和管理人才等领军人才，在住房保障、医疗保障、子女就学、补贴奖励、创新创业等方面给予优先支持。2022 年，同样也提到了对集成电路设计企业上一年度从市外引进集成电路专业人才，按照签订 3 年以上（含 3 年）劳动合同人才的数量及质量，分档次给予资助，每家企业每年最高资助 100 万元。

南沙方面，《广州南沙新区（自贸片区）促进专精特新中小企业高质量发展若干措施》规定，专精特新“小巨人”企业、专精特新中小企业、创新型中小企业，年度工业总产值或营业收入实现成长突破会被给予一次性奖励，这些奖励的 30% 需要用于补贴企业高管骨干人才，激励保障高管骨干人才发挥核心作用，该政策还提出，对上述类型企业的人才实行入户支持和子女入学支持。《广州南沙新区（自贸片区）促进独角兽企业发展扶持办法》对掌握世界前沿技术，符合南沙重点产业发展方向的独角兽企业高层次人才给予资金奖励，同时为企业人才引进提供市人才绿卡及人才公寓支持。《广州南沙新区支持科技创新的十条措施》第一条就规定了对人才的安居补贴，即对高层次科创人才给予最高1000万元安居补贴。第八条和第九条还提出了人才补贴及绿卡待遇，对人才的经济收入和迁入户籍给予支持。

综上所述，苏州和深圳的人才政策历经了多年的发展，在人才住房、子女就业及一次性资金支持等各个方面进行了规定，然而人才政策在南沙的集成电路政策中却没有具体体现，但是在其他的政策，如促进独角兽企业的发展及促进科学技术发展这类普适的政策中体现较多。

3．研发支持与平台建设

苏州方面，在2002年，苏州就针对研发拥有自主知识产权的重点软件项目、集成电路设计产品，软件技术成果转化和产业化，高级软件研发人才的培养，软件和集成电路设计企业通过国际资质认证所需费用提供了财政补助。2015年，苏州提出了鼓励企业积极研发新产品，对新认定的软件和集成电路设计产品给予一次性奖励2万元。鼓励创设软件和集成电路设计企业，对通过认定的软件和集成电路设计企业给予一次性奖励5万元，对入选江苏省规划布局内重点软件企业的给予奖励10万元，对入选国家规划布局内重点软件企业和国家规划布局内集成电路设计企业的给予奖励50万元。鼓励软件和集成电路企业进行兼并重组，对软件和集成电路企业进行兼并重组过程中的行政规费减免50%。鼓励国内外知名传统行业企业、软件和集成电路企业在苏州市设立独立法人的软件和集成电路企业。鼓励软件和集成电路设计企业做大做强，对营业收入首次超过5000万元、1亿元、5亿元、10亿元的软件和集成电路设计企业，分别一次性奖励100万元、200万元、300万元、500万元，但不超过该年度企业上缴税收地方留成部分。这些政策均有利于企业的核心技术突破，推动企业做大做强。在平台建设方面，苏州提出强化产业发展公共服务平台建设，重点支持和建设覆盖全市的软件和集成电路公共服务平台，提升对产业服务的深度和广度，鼓励软件和集成电路企业建立产学研用结合的产业技术创新战略联盟，促进产业链协同发展。

深圳方面，2022 年，深圳对于 EDA 工具和 IP 购买支持、EDA 研发支持、流片服务支持、公共平台建设支持等作出了一系列具体规定。为了支持平台建设，对围绕集成电路产业发展领域的技术研发和成果转化共性服务需求，提供设计服务、测试验证等公共服务的创新平台，经区科技主管部门评审通过后，每年最高资助 2000 万元，连续资助时间不超过 3 年。

南沙方面，为支持建设公共服务平台，对区内提供 EDA 工具和 IP、设计解决方案、测试验证等服务的集成电路公共服务平台，按照其在本办法有效期内实际建设投资额的 30% 给予最高 3000 万元的一次性补贴。同样，南沙也对企业流片及企业 EDA 工具和 IP 的使用做出了具体的补贴规定。

综上所述，在集成电路方面，南沙虽然对公共服务平台的建设和研究开发做出了许多具体规定，但是与苏州和深圳相比，支持范围仍然存在一些欠缺。例如，苏州不仅进行研发补助，还对企业的兼并重组进行补贴，推动企业做大做强。此外，苏州还关注产业链和成果转化，这些措施将有利于企业的可持续创新发展。

4. 推动技术应用

苏州方面，在 2015 年，提出要积极开展苏州市优秀软件和集成电路设计产品评选，对获得“苏州市优秀软件和集成电路设计产品”称号的企业给予一次性奖励 3 万元，并纳入政府采购目录，对获得“江苏省优秀软件产品奖”（金慧奖）称号的企业，另行奖励 5 万元。

深圳方面，2019 年，为了鼓励产品的推广应用，深圳规定，对于深圳企业销售自主研发设计的芯片，且单款芯片产品销售金额累计超过500万元的，按当年销售金额的最高10%给予奖励，单款芯片产品年度奖励总额不超过500万元。支持深圳企业销售自主研发生产的集成电路关键核心设备和材料，按照销售金额的最高30%，一次性给予不超过1000万元的奖励。2022年，深圳对南山区整机企业首购首用本辖区集成电路设计企业自主开发的芯片，按照上一年度采购金额的20%给予奖励，每家企业每年最高奖励50万元。

南沙方面，对区内企业采购区内非关联集成电路企业产品或服务的，按其当年年度实际采购金额的5%给予补贴，同一企业年度补贴总额最高300万元，累计补贴年限不超过3年。

综上所述，在推动技术应用方面，南沙与深圳和苏州相比差距相对较大。例如，苏州对一些先进技术产品进行了一次性奖励，并纳入了政府采购名单，深圳为鼓励产品推广应用对销售金额给予奖励并且对本辖区企业自主开发的芯片的采购进行奖励，而南沙却只有对采购金额的补贴，力度和范围均有较大差别。

五、政策建议

（一）加强平台和载体建设，推动企业做大做强

在人工智能和集成电路行业，与其他工业园区相比，南沙针对平台建设的政策仍然比较薄弱，可以借鉴杭州的人工智能平台建设政策，例如，人工智能基础研究平台建设以及公共服务和共性研发平台建设，通过对高校和研究所支持，对一些研究中心和实验室的配套支持，对一些科技创新服务平台的直接支持，加强平台建设，提高企业研发能力。同时，南沙也要加强龙头企业的引进，借鉴深圳和苏州措施，例如，关注引入企业的竞争能力和带动效应，以资本支

出和公司估值进行奖励的划分。在引入一定数量企业后，对企业的兼并重组费用进行补助，助推区内企业内部消化重组，减少因进入行业整合期导致的企业与技术外流。加强载体建设，推动企业做大做强。

（二）完善人才政策，增强人才的可持续吸引力

针对人工智能产业，南沙的人才政策比较全面，不仅关注到了经济奖励，还有人才落户等具体规定。目前南沙区也有一系列科创人才的普适措施，例如，《广州南沙新区创建国际化人才特区实施方案》就对人才支持进行了全面的规定。集成电路相关的人才政策可以在推进普适政策落实的基础上进一步加大人才引进力度，提高产业对人才的吸引力。此外，深圳较为完善的人才政策也值得南沙借鉴，比如，在人才的住房保障、医疗保障、子女就学、补贴奖励、创新创业等方面给予优先支持。此外，人才政策还需要与前文的平台建设、载体建设政策双管齐下，形成政策合力，实现南沙人才与平台建设相辅相成的局面，增强南沙区人才的可持续吸引力。

（三）推动多元化融资，完善融资链条

从以上对比分析来看，相对来说，南沙融资支持的手段比较单一，范围也较小。南沙的人工智能和集成电路行业可以借鉴苏州的经验，如完善企业融资环境，鼓励社会资本、产业基金对人工智能及相关领域的融资、孵化和培育，同时借鉴杭州的融资经验，如设立投资资金、动员商业银行、支持企业上市、支持产业载体建设、推动投贷联动，对融资的各个方面给予支持。在融资力度方面，可以参考深圳的经验，增强一次性资助和提高贷款贴息支持力度等政策，以此来促进人工智能和集成电路产业的融资。2022 年发布的《广州南沙新区科技创新母基金管理暂行办法》对母基金、子基金的规模、管理职责、考核结果、

投资管理等方面做出了具体规定，下一步南沙区应当加快政策的落实，并借鉴苏州和杭州的经验，推进多元化融资，扩大融资范围，完善融资链条。

（四）完善产业创新生态体系建设，提高可持续创新能力

在上文的对比中，无论是人工智能产业方面与苏州和杭州对比，还是集成电路产业方面与苏州和深圳对比，南沙在产业创新生态体系建设方面的政策都是有所欠缺的。南沙针对一些科技研发给予补贴，也应当学习苏州、杭州和深圳对这些产品的推广应用支持政策，例如，苏州的智能制造技术应用补贴政策、杭州和深圳的政府首购政策。此外，苏州的优化产业创新生态系统的财政支持政策也是值得借鉴的，例如，鼓励企业参与标准的制定，设立众创空间，提高人工智能孵化项目数量以及补贴一些学术会展论坛活动，南沙可以借鉴此类政策完善产业创新生态系统建设政策，提高产业的可持续创新能力。

第七章

政策创新助力南沙高端装备产业高质量发展*

一、发展目标

国务院印发《广州南沙深化面向世界的粤港澳全面合作总体方案》（简称《南沙方案》），加快推动广州南沙深化粤港澳全面合作，打造成为立足湾区、协同港澳、面向世界的重大战略性平台，在粤港澳大湾区建设中更好发挥引领带动作用，标注了南沙开发开放新的历史方位和奋斗坐标，赋予南沙新的重大使命和强劲动力。《南沙方案》明确，到2025年，南沙粤港澳联合科技创新体制机制更加完善，产业合作不断深化，区域创新和产业转化体系初步构建；南沙区域创新和产业转化体系更趋成熟，国际科技成果转移转化能力明显提升等。同时，《南沙方案》从五个方面部署了主要任务，建设科技创新产业合作基地位居首位，并指出了达成这一首要任务的四大举措，即强化粤港澳科技联合创新、

* 本章作者为中央财经大学研究生院院长、教授白彦锋，中央财经大学博士研究生李泳禧，中央财经大学硕士研究生张媛媛。

打造重大科技创新平台、培育发展高新技术产业、推动国际化高端人才集聚。

《南沙方案》中明确指出，要发展智能制造，加快建设一批智能制造平台，打造“智能制造＋智能服务”产业链；加快建设智能网联汽车产业园，推进智能纯电动汽车研发和产业化，加强智能网联汽车测试示范，打造智能网联汽车产业链和智慧交通产业集群；加快建设南沙（粤港澳）数据服务试验区，建设国际光缆登陆站；建设好国家科技兴海产业示范基地，推动可燃冰、海洋生物资源综合开发技术研发和应用，推动海洋能发电装备、先进储能技术等能源技术产业化等。

《2023 年广州市南沙区政府工作报告》（以下简称《报告》）也指出，坚持产业立区，建设高质量发展主阵地和新引擎。立足实体经济为本、制造业当家，提升产业基础高级化和产业链现代化水平，全面激发经济发展新动能，推动经济实现质的有效提升和量的合理增长。《报告》明确，持续壮大先进制造业。健全重点产业“链长制”，全年力争规模以上工业总产值达 4400 亿元。提升制造业集群竞争力，加强汽车零部件就近配套，加快巨湾技研总部及生产基地、先导高端设备产业园等项目建设，做优做强节能汽车、新能源汽车、智能网联汽车和汽车后市场服务四大板块，推进融捷锂电池、北京精雕、捷安显示屏等重点制造业企业投产。深入开展村镇工业集聚区改造提升工作，创新村集体留用地开发利用模式，加快推进南沙汽车零部件产业园、万顷沙智能网联汽车产业园、大岗穗港智造基地等一批优质产业载体建设。新增规模以上工业企业 100 家，力争省级以上专精特新企业达 300 家，持续夯实先进制造业高质量发展根基。加速发展战略性新兴产业，以中科空天飞行科技产业化基地、吉利航天集团总部等项目为龙头，打造全产业链空天产业园；积极推动新型储能等产业发展，前瞻性布局光电子、元宇宙、纳米科技等未来产业新赛道。

《广州市南沙区先进制造业发展“十四五”规划》明确指出，要将南沙建设成为顺应未来趋势、把握创新机遇、匹配高端定位、体现南沙特色的“国际一流的智能制造基地、全国领先的海洋产业高地、粤港澳大湾区制造服务融合标杆”。争取到2025年，基本建成体现高质量发展要求的先进制造业体系，战略性支柱产业实力提升，战略性新兴产业蓬勃发展，数字经济优势突出，未来领域成效初显，竞争力强、安全可控产业链群基本形成，建设制造业高质量发展示范区走在全市前列；争取到2035年，全面建成体现高质量发展要求的先进制造业体系，产业基础高级化、产业链现代化水平显著提高，形成若干具有国际竞争力的先进制造业集群和企业，技术创新、两业融合、两化融合走在全国前列。构建集群化发展的高水平产业新体系：构建“2+5+2”先进制造业体系，巩固提升智能网联与新能源汽车和现代高端装备两大战略性支柱产业，培育壮大人工智能、半导体与集成电路、生物医药与健康（含高端医疗器械）、新材料新能源与节能环保五大战略性新兴产业，超前谋划海洋经济、空天经济两个未来领域；打造“1+2+4”具有影响力的先进制造业集群，即1个3000亿级（智能网联与新能源汽车）、2个500亿级（现代高端装备、新一代电子信息）、4个300亿级［生物医药与健康（含高端医疗器械）、新材料新能源与节能环保、都市消费］的产业集群体系，集聚更多高端要素资源，不断提升产业链现代化水平。

二、发展现状

（一）整体概况

经济总量保持稳步增长。南沙2023年全年实现地区生产总值2323.54亿元，同比增长4.3%；规模以上工业产值3862.52亿元，同比增长2.9%；世界

500 强企业累计投资项目 270 个。产业发展持续提质增效。2023 年南沙位列中国工业百强区第 21 位。工业增加值 866.35 亿元，同比增长 2.3%；规模以上先进制造业增加值 557.59 亿元，占规模以上工业增加值的 75.9%。新增国家级专精特新“小巨人”企业 13 家、增长 6.5 倍，各级专精特新企业达 916 家、增长 20%。到 2025 年，南沙芯片和集成电路产业、战略性新兴产业和未来产业、先进制造业、海洋经济等领域的总规模预计将达 2 万亿元。

科技创新体系不断完善。2023 年，南沙研发投入强度达 5.46%，全年技术合同认定成交总额 406.39 亿元，较 2022 年同比增长 10.0%。全年新增自贸区制度创新成果 140 项、累计 997 项，其中被国家和省、市复制推广 411 项。国家级高新技术企业突破 1100 家，科技成果转化联盟集聚创新主体和服务机构 169 家，发明专利授权量超 2000 件、较 2022 年同比增长 42.1%。集聚 4 家省级高水平创新研究院和 14 家省级新型研发机构，累计建成创新平台 399 个、科技企业孵化器 13 家。

打造国际高端人才聚集地。高标准推进南沙国际化人才特区建设，在全国首创“1+3”营商环境评价体系，设立移民事务服务中心，获批人才出入境和停居留便利化等 6 项措施，探索建立南沙与港澳人才协同发展常态化合作机制，累计吸引高层次和骨干人才近 2 万人。

（二）细分领域

在数控机床方面。2020 年 8 月，面向行业创新发展重大需求的共性平台、致力于推动产业链上下游企业协同研发及产业化转化的企业实体，南沙区第一个省级制造业创新中心——广东省高档数控机床及关键功能部件创新中心正式落户南沙，对南沙区、粤港澳大湾区制造业，特别是高端装备制造产业高质量发展具有重要意义，是落实创新驱动发展战略、推动制造业高质量发展的重要抓手和关键工程，将为产业技术创新注入强劲发展动能①。

在汽车产业发展方面。2018 年 7 月，南沙创投引导基金拟设投资子基金投资新能源汽车产业②。2021 年底，广州南沙经济技术开发区（汽车）入选广东省首批特色产业园名单③。2023 年 2 月，南沙开发区投促局和广汽丰田签署《广汽丰田南沙氢跑项目合作协议》，全国首个氢燃料电池轿车全场景规模化示范运营项目落地南沙④；2023 年 4 月，中国新能源汽车技贸评议基地和国家港口能源物流产业计量测试中心在南沙挂牌⑤。未来南沙将推动形成第三代半导体与新能源汽车协同创新的产业生态，打造一个千亿级新能源智能网联汽车城。南沙目前已形成了以广汽丰田为龙头的千亿级汽车产业集群，正规划建设 10 平方公里的万顷沙智能网联汽车产业园，投资建设广汽丰田新能源动力研发生产线、广汽蔚来研发基地以及芯聚能第三代半导体、联晶智能 LED 车灯模组等重点项目⑥，致力打造“整车—新能源汽车研发制造—汽车零部件基地—智能网联汽车”完整产业生态链。南沙制定汽车产业“十四五”发展专项规划，到 2025 年，汽车总产能突破 125 万辆，汽车制造业产值力争达到 3000 亿元，基本形成世界级节能与新能源智能汽车创新集群⑦。

---

①《广东省高档数控机床及关键功能部件创新中心正式落户南沙》，广州市南沙区人民政府网，2020 年 8 月 28 日。

②《南沙创投引导基金拟设投资子基金 投资新能源汽车产业》，广州市南沙区人民政府网，2018 年 7 月 30 日。

③《广州南沙经济技术开发区（汽车）入选广东省首批特色产业园名单》，广州市南沙区工业和信息化局网，2021 年 12 月 29 日。

④《全国首个氢燃料电池轿车全场景规模化示范运营项目落地南沙》，广州南沙开发区管委会办公室、广州市南沙区人民政府办公室网，2023 年 2 月 21 日。

⑤《中国新能源汽车技贸评议基地和国家港口能源物流产业计量测试中心在南沙挂牌》，广州市南沙区人民政府网，2023 年 4 月 12 日。

⑥《南沙打造千亿级新能源智能网联汽车城》，广州市南沙区人民政府网，2019 年 5 月 13 日。

⑦《广州南沙经济技术开发区（汽车）入选广东省首批特色产业园名单》，广州市南沙区工业和信息化局网，2021 年 12 月 29 日。

在航空航天方面。2022年3月，预计年产30发运载火箭，中科空天飞行科技产业化基地全面封顶，南沙正在以中科宇航项目为龙头，以高超声速风洞等科技基础设施为支撑，全力打造空天产业园区，协同南沙科学城拓展在“深空”领域的布局，建设粤港澳大湾区国际科技创新中心主要承载区[①]。2023年4月初，总部位于南沙的中科宇航宣布海上垂直回收演示验证飞行试验取得圆满成功，将为太空旅游的技术发展、市场拓展开启无限可能。与此同时，在国内首个全产业链商业航天产业化基地——中科空天飞行科技产业化基地，火箭正在量产，将带动上下游产业链实现千亿级规模，力争打造为中国航天“第三极”、中国商业航天“第一极”[②]。

在船舶制造方面。2017年底，全球首艘拥有自主学习能力“大脑”的智能船舶在南沙建造完成，技术性能全面达到世界先进水平，入选全国十大“智造”科技进展，是全球首艘通过船级社认证的智能船舶，标志着中国智能船舶、智能航运时代来临[③]。2021年7月，南沙区企业广船国际研发的“中程运输（MR型）成品油船”蝉联国家制造业单项冠军产品。截至2021年4月底，广船国际有限公司手持订单17艘，全球市场占比达15.17%，排名全球第二、国内第一。作为全球主要的MR型成品油船制造商，广船国际有限公司已向全球交付了170多艘MR型成品油船，数量位居全球前三、国内第一[④]。工业和信息化部发布了2022年度绿色制造名单，南沙区共有5家企业成功上榜，其中广船国际有限公司是华南地区首家入选国家级“绿色工厂”的船舶制造企业，包括此前获

① 《南沙中科空天飞行科技产业化基地全面封顶》，广州市南沙区人民政府网，2022年3月25日。

② 《南沙：面向世界 奔赴“芯晨大海”》，广州市人民政府网，2023年4月18日。

③ 《【智造】又添神器！全球首艘拥有自主学习能力的智能船舶南沙造》，广州南沙发布公众号，2017年12月6日。

④ 《南沙区企业广船国际有限公司MR油船蝉联国家制造业单项冠军》，广州市南沙区工业和信息化局网，2021年7月5日。

评的工业和信息化部“绿色产品设计示范企业”和中国船舶工业行业协会首家“绿色修船示范企业”，广船国际有限公司已集齐绿色发展领域三大名片，向着打造“中国最美船厂”的目标又迈进了坚实一步。

三、政策现状

高端装备产业，指装备制造业的高端领域，具有高技术含量、高附加值，产业链地位高、产业协同度高的特点。促进高端装备产业发展对南沙加快推动科技创新、促进科技成果转化等具有重要意义，是实现《南沙方案》不可或缺的重要组成部分。根据《广州南沙企业所得税优惠产业目录（2022 版）》，南沙重点发展的高端装备产业主要涉及：数控机床、智能制造、各类电子、汽车产业、卫星通信、航空航天、海洋工程、核电装备、高技术高附加值船舶等领域。

在广州市及南沙区已出台的政策文件中，高端装备产业适用或部分适用的政策如表 7–1 所示。

表 7–1 广州市及南沙区高端装备产业主要适用政策汇总

聚焦领域	政策名称	发布机关	发布日期	备注
制造业	《广州南沙经济技术开发区行政审批局落实广州市规划和自然资源局关于支持南沙制造业发展若干措施实施细则》	广州南沙经济技术开发区行政审批局	2023 年 1 月 10 日	无
制造业	《广州市推进制造业数字化转型若干政策措施》	广州市人民政府	2021 年 12 月 9 日	无
制造业	《广州南沙新区（自贸片区）促进先进制造业与建筑业发展扶持办法实施细则（2020 修订稿）》	广州南沙经济技术开发区工业和信息化局	2020 年 12 月 8 日	政策失效日期为 2022 年 12 月 31 日，现为政策过渡期

续表

聚焦领域	政策名称	发布机关	发布日期	备注
制造业	《广州市人民政府关于落实广东省降低制造业企业成本若干政策措施的实施意见》	广州市人民政府	2019年5月16日	对《广州市人民政府关于落实广东省降低制造业企业成本若干政策措施的实施意见》进行了修订
汽车产业	《广州市南沙区关于支持汽车产业发展的若干措施（征求意见稿）》	广州市南沙区工业和信息化局	2022年7月5日	征求意见稿
汽车产业	《南沙区汽车产业发展“十四五”专项规划》	广州市南沙区工业和信息化局	2022年6月8日	无
汽车产业	《关于支持智能网联汽车产业进一步发展的若干意见（试行）》（征求意见稿）	广州南沙经济技术开发区商务局	2020年8月4日	征求意见稿
汽车产业	《广州市促进汽车生产消费若干措施》	广州市工业和信息化局	2020年4月3日	有效期至2020年12月31日，应对疫情的短期举措
航空航天	《广州南沙新区（自贸片区）促进商业航天产业发展的扶持办法（征求意见稿）》	广州市南沙区投促局	2022年8月30日	征求意见稿
海洋经济	《广州市南沙区海洋经济发展“十四五”规划》	广州南沙开发区管委会、广州市南沙区人民政府	2022年2月12日	无
工业经济	《广州南沙新区（自贸片区）关于推动工业经济高质量发展扶持办法》（公开征求意见稿）	广州市南沙区工业和信息化局	2022年5月10日	公开征求意见稿
总部经济	《广州南沙新区（自贸片区）进一步促进总部经济发展扶持办法（征求意见稿）》 《广州南沙新区（自贸片区）进一步促进总部经济发展扶持办法实施细则（征求意见稿）》	广州南沙经济技术开发区发展和改革局	2022年9月26日	征求意见稿（2017年版文件状态失效）
独角兽企业	《广州南沙新区（自贸片区）促进独角兽企业发展扶持办法》	广州南沙开发区管委会、广州市南沙区人民政府	2022年4月20日	对应的实施细则文件官网为征求意见稿

续表

聚焦领域	政策名称	发布机关	发布日期	备注
专精特新	《广州南沙新区（自贸片区）促进专精特新中小企业高质量发展若干措施》	广州南沙开发区管委会、广州市南沙区人民政府	2022 年 12 月 19 日	无
外商投资	《广州南沙开发区促进外商投资企业发展扶持办法》	广州南沙开发区管委会	2022 年 8 月 24 日	无
科技创新	《广州南沙新区科技创新母基金管理暂行办法》	广州南沙经济技术开发区科学技术局	2022 年 12 月 2 日	无
科技创新	《关于发布 2023 年南沙区重点领域科技计划项目申报指南的通知（征求意见稿）》	广州市南沙区科学技术局	2022 年 11 月 22 日	征求意见稿
科技创新	《广州市南沙区科技计划项目管理办法（征求意见稿）》 《广州市南沙区科技计划项目财政经费管理办法（征求意见稿）》	广州市南沙区科学技术局	2022 年 10 月 8 日	征求意见稿
科技创新	《广州南沙新区（自贸片区）促进科技创新产业发展扶持办法（2022 年版）》（公开征求意见稿）	广州南沙经济技术开发区科学技术局	2022 年 9 月 2 日	公开征求意见稿
科技创新	《广州南沙新区支持科技创新的十条措施》	广州南沙开发区管委会、广州市南沙区人民政府	2022 年 8 月 29 日	无
科技创新	《广州南沙新区（自贸片区）知识产权扶持办法（征求意见稿）》	广州市南沙区市场监督管理局	2022 年 8 月 19 日	征求意见稿
人才政策	《广州南沙国际化人才特区集聚人才若干措施（征求意见稿）》	广州南沙开发区人才发展局	2022 年 8 月 30 日	征求意见稿
人才政策	《广州南沙新区创建国际化人才特区实施方案》	广东省推进粤港澳大湾区建设领导小组	2021 年 2 月 2 日	无
人才政策	《关于落实“三区一中心”战略部署 优化提升广州南沙新区（自贸片区）“1+1+10”产业政策体系文件的通知》	广州南沙开发区管委会、广州市南沙区人民政府	2020 年 2 月 20 日	无

续表

聚焦领域	政策名称	发布机关	发布日期	备注
人才政策	《广州南沙新区（自贸片区）集聚人才创新发展的若干措施》	南沙区委组织部	2017 年 1 月 1 日	有效期 5 年，文件状态失效，现为政策过渡期
四链融合	《广州南沙关于推动创新链产业链资金链人才链深度融合的若干措施》	广州南沙开发区管委会、广州市南沙区人民政府	2022 年 6 月 5 日	无

资料来源：课题组根据相关政策文件整理。

（一）财政政策

广州市财政预算编制的指导思想中明确提出“举全市之力推动南沙开发开放和粤港澳大湾区建设，全面深化改革开放”。既有高含金量共性核心政策，全生命周期支持，如新型研发机构补助最高 1 亿元，企业落户奖励最高 3000 万元，企业入驻重点集聚区给予最高 3 年免租扶持等；也有特色专项政策，进行精准助力，如“探天九条”对商业航天企业研发最高补贴 1 亿元，“科创十条”对高层次科创人才、企业研发、科创平台等提供资金奖励。具体政策如下。

1. 落户与引进

总部型企业：对新落户及认定的总部型企业，最高按企业上一年度在本区经济贡献总额的 20%，给予企业最高 3000 万元落户奖励。

符合条件的非总部型先进制造业、非总部型建筑业企业：给予最高 1200 万元落户奖励。

制造业创新中心：支持落户南沙区的制造业创新中心加快建设，对列入省工信厅筹建计划两年内获得正式批复组建的制造业创新中心，给予一次性落户奖励 200 万元；对评为国家级制造业创新中心，给予一次性落户奖励 300 万元，其中已获得省级制造业创新中心落户奖励 200 万元的，给予一次性差额奖励 100 万元。

独角兽企业：对南沙区新引进或新认定的独角兽企业，在其落户认定、上市和能级提升等成长节点给予累计最高 5000 万元奖励。鼓励区内企业及第三方机构引荐独角兽企业落户南沙，每成功协助引进一家独角兽企业总部落户，给予引荐机构最高 500 万元引荐奖励。支持搭建独角兽企业交流平台，支持独角兽企业、高端智库、知名投资机构举办企业高峰论坛、行业会议，发布区域、全国或国际独角兽企业研究报告及榜单，按照活动场地租赁支出的 100% 给予支持。

专精特新企业：对从广州市以外迁入本区的专精特新“小巨人”企业，在享受市有关政策的基础上，每家给予 200 万元一次性扶持；对从广州市以外引入专精特新“小巨人”企业、专精特新中小企业落户本区的提质增效试点产业园区运营主体，获得广州市园区培育奖励的运营主体，按市奖励金额的 50% 给予配套奖励；对聚集 10 家以上专精特新“小巨人”企业或专精特新中小企业的产业园区优先推荐授予“专精特新园区”牌匾，并优先推荐申报省级以上小型微型企业创业创新示范基地。

航天产业：对于风险投资机构引进商业航天企业总部落户南沙的，按该机构实际投资额的 10% 给予奖励，单个企业最高奖励不超过 1000 万元。

2. 持续发展

（1）经营贡献

工业企业：对产值已超过 1000 亿元、100 亿元、50 亿元、30 亿元，且同比增速达到 15% 以上的企业，分别给予 1000 万元、100 万元、50 万元、30 万元奖励。对产值首次超过 100 亿元、50 亿元、30 亿元的工业企业，分别给予 100 万元、50 万元、30 万元奖励。奖励分两年平均支付，若第二年产值低于达标当年产值，则取消剩余部分奖励。政策有效期内达到多个奖励档次的，以补差额的方式按最高档给予奖励。

总部型企业：对新引进或新认定的总部型企业，按企业类型、经济贡献增长情况，最高给予企业区级经济贡献 100% 的奖励。总部型企业上市后，企业高级管理人才和员工股票期权行权、限制性股票解禁、取得激励股权和处置前述激励股权，最高按照个人上一年度地方经济贡献的 100% 给予奖励。

非总部型制造业企业：按企业年度新增经济贡献的 10% 予以奖励。

非总部型建筑业企业：以年度总产值为基数，给予 0.05% 的奖励；对年度省内产值达到 2 亿元以上的，以年度省内产值为基数，另给予 0.1% 的奖励；对年度省内产值增长的部分，以此为基数，另给予 0.1% 的奖励。奖励总金额以 1000 万元为上限，且不超过其对南沙区经济贡献的 80%。

独角兽企业：对新落户或新认定的独角兽企业，最高按企业对本区上一年度经济贡献的 100% 给予奖励。企业高级管理人才和骨干人才，最高按其个人对本区经济贡献的 100% 给予奖励。企业上市后，企业高管和员工股票期权行权、限制性股票解禁、取得激励股权和处置前述激励股权，最高按其个人对本区上一年度经济贡献的 100% 给予奖励。

专精特新企业：专精特新“小巨人”企业、专精特新中小企业、创新型中小企业，年度工业总产值或营业收入首次突破 5 亿元、10 亿元、20 亿元，分别给予 50 万元、100 万元、200 万元的一次性奖励，且该奖励的 30% 用于补贴企业高管骨干人才，激励保障高管骨干人才发挥核心作用，促进企业稳步发展。

汽车产业：企业落户后至 2025 年，最高按照企业区级经济贡献的 100% 予以经营贡献奖。对产值首次超过 1000 亿元、500 亿元、100 亿元、50 亿元、30 亿元、10 亿元的企业，分别给予 2000 万元、1000 万元、200 万元、100 万元、

60 万元、20 万元的成长壮大奖励，奖励分两年平均支付，若第二年产值低于达标当年产值，则取消剩余部分奖励。措施有效期内达到多个奖励档次的，以补差额的方式按最高档给予奖励。

（2）增资扩产与技术改造

工业投资项目：对经备案或核准的新建、扩建、改建以及购置生产设备等非购地支出 500 万元（含）以上工业投资项目，落实工业投资纳统工作，按照实际固定资产投资总额（不含税）5% 的标准给予奖励，单个项目奖励最高不超过 500 万元。

技术改造：以项目完工前一年企业对本区地方经济贡献为基数，连续 3 年按照项目完工下一年企业对本区地方经济贡献增量部分的 80% 予以奖补，资金封顶额不超过企业技术改造固定资产投资总额。

总部型企业：新增固定资产投资（含关键性技术更新改造）1 亿元以上的，按照实际投资额的 5% 给予最高 5000 万元的一次性投资奖励；支持总部企业“走出去”，参与粤港澳大湾区建设和共建“一带一路”，对在三个以上境外国家或地区采取直接投资、并购等方式设立分支机构，经国家、省主管部门核准或备案且单个项目实际汇出投资额 500 万美元以上的企业，给予 300 万元的一次性奖励；对总部型企业并购控股上市挂牌企业、“新三板”挂牌企业并引进本区的，给予最高 500 万元奖励。

非总部型企业：申请固定资产投资 5 亿元以上新落户的先进制造业项目补助，按照项目实际固定资产投资额的 2% 予以补助，单个项目最高不超过 2 亿元；申请现有企业通过增资扩产、技术改造等方式实现企业转型升级的 500 万元以上的固定资产投资项目补助，对于应用智能装备、机器人、工业大数据、增材制造占固定资产投资比例在 50% 以上的智能制造、“两化”融合的项目，按不高于项目实际固定资产投资的 4% 给予补助，单个项目最高不超过 800 万元，其他项目按不高于项目实际固定资产投资的3%给予补助，单个项目最高不超过600万元；申请企业自带优质项目进行整体转型升级改造的500万元以上固定资产投资项目补助，按项目实际固定资产投资额的1%给予原企业奖励，最高不超过5000万元；按项目实际固定资产投资额的2%给予新项目投资方奖励，最高不超过1亿元。

（3）资金配套

获得国家工信部门扶持资金的，按资助金额的100%予以奖励，最高不超过500万元；获得省工信部门扶持资金的，按资助金额的70%予以奖励，最高不超过300万元；获得市工信部门扶持资金的，按资助金额的50%予以奖励，最高不超过100万元。

汽车产业：对汽车及核心零部件企业获得国家、省、市发展改革（或科技、工信）部门扶持的项目，采用后补助方式进行配套奖励，国家级的给予100%最高500万元的配套资金奖励；省级的给予70%最高300万元的配套资金奖励；市级的给予50%最高200万元的配套资金奖励。同一项目获得多级扶持的，以最高配套资金予以奖励。对符合工业和信息化部L3自动驾驶及以上级别、并获得广州市科技（或工信）部门扶持的车型，按照市扶持资金的50%予以配套，单个企业每年最高不超过1500万元。

（4）办公用房用地

总部型企业：对入驻区内重点集聚区的总部型企业给予最高3年的办公用房免租扶持；在区内购置自用办公房产的，按每平方米2000元给予最高1000万元的一次性购置补贴。在区内租赁自用办公用房、工业厂房、仓储用房的，最高按每月每平方米50元给予租金补贴，补贴期限最长3年，每年补贴最高300万元。

非总部型企业：购置办公用房，按每平方米800元的标准给予一次性补贴，补贴金额不超过 800 万元；租用办公用房，按每月每平方米 40 元的标准予以场地补贴。若每月每平方米合同实际租金小于 40 元，按每月每平方米合同实际租金予以补贴。补贴期限为 36 个月，且每年（12 个月）最高补贴金额不超过 250 万元；企业同时购置和租用办公用房的，按奖励标准合并计算办公用房补贴，补贴金额不超过 800 万元。

规模以上工业企业：租赁生产用房（生产车间、办公室、实验室）用于自身生产经营的，国家级、省级制造业创新中心，或新落户没有自有厂房的规模以上工业企业，按照每月每平方米最高 15 元的标准给予生产用房租金补贴，补贴年限最多 3 年，补贴金额每年最高 100 万元。实际租金单价或当地物价部门公布厂房租金指导单价低于每月每平方米 15 元的，补贴标准为实际租金单价与当地物价部门公布厂房租金指导单价中较低者。实际租金单价或当地物价部门公布厂房租金指导单价高于每月每平方米 15 元的，补贴标准为每月每平方米 15 元。

独角兽企业：在区内租赁办公用房、工业厂房、仓库和其他用地用于主营业务或相关科研用途的，按场地租金市场评估价格的 100% 予以扶持，扶持期限最长 3 年，每年扶持金额最高 500 万元；企业购置自用办公房产的，按每平方米最高 2000 元的标准给予一次性扶持，扶持金额最高 1000 万元，扶持资金不超过企业实际支出。支持企业通过新型产业用地（M0）政策、商业项目合作、城市更新等方式建设企业总部载体。

汽车产业：安排不少于 4000 亩用地指标用于汽车产业发展，优先将汽车产业项目列入重点建设项目，优先安排用地。汽车产业项目纳入年度土地利用计划，其中列入重点建设项目的专项保障建设用地指标，未列入重点建设项目的优先统筹保障建设用地指标，加快办理用地报批手续。推动汽车零部件产业园内村镇工业集聚区整治提升，鼓励村镇工业集聚区建设“量身定制”

工业用房。

航天产业：保障技术领先且用地集约的商业航天重大项目，土地出让底价可按不低于相对应的工业用地最低价标准的70%执行，并开通项目用地审批“绿色通道”，支持龙头企业打造航天特色产业园区，协同上下游关联企业“抱团落户”；对通过租赁载体方式落户的商业航天企业，予以每月每平方米最高50元的场地租金补贴，每年最高补贴金额不超过300万元，补贴不超过实际租金支出，补贴期限3年。

（5）降低成本费用

制造业：针对降低制造业企业土地、社会保险、用电、运输四方面成本制定了16个政策点，包括落实工业用地优惠地价、降低一般工商业电价、降低随电量征收的部分政府性基金及附加、开展清理规范电网和转供电环节收费工作。

专精特新企业：推荐专精特新“小巨人”企业列入用电“优保”企业名单，推荐专精特新中小企业列入用电“A类”企业名单，优先缓解此类企业用电问题，鼓励企业赶工促产，提质增效，支持企业做大做强。

3. 能级提升

总部型企业：对首次上榜世界500强、世界1000强、中国企业500强、中国民营企业500强、中国制造业企业500强、中国服务业500强、中国零售100强的总部型企业，分别给予2000万元、1000万元、1000万元、500万元、100万元、100万元、50万元一次性奖励。

符合条件的非总部型企业：给予500万元奖励资金，奖励资金分两年按每年50%的比例发放。

工业企业：对规模以下工业企业在政策有效期内升级为规模以上工业企业的，给予一次性小升规奖励5万元，若企业获得小升规奖励后掉规再升规，不再给予奖励。

专精特新企业：对经认定（复核）的专精特新重点“小巨人”企业，每家给予最高 300 万元一次性扶持；对经认定（复核）的专精特新“小巨人”企业，每家给予最高 200 万元一次性扶持；对经认定（复核）的专精特新中小企业，每家给予 50 万元一次性扶持。

4. 联动发展

制造业：对区内工业企业购买区内制造业企业生产的产品较上年度增量达到 1000 万元（不含税）以上，按照买方企业当年度购买产品增量金额（不含税）3% 的标准给予奖励，每年奖励最高不超过 300 万元。电、水、蒸汽、燃气、燃油等公开生产资源产品不纳入奖励范围。

汽车产业：支持现有整车企业核心零部件供应商到南沙建仓设厂，稳定汽车零部件供应。对租用区内仓储用房、工业厂房的，连续 3 年、按每月每平方米最高 15 元的标准予以场地补贴，每年不超过 300 万元补贴。对投资建设厂房的，按固定资产投资总额的 5% 给予最高 1 亿元补贴。现有汽车制造业企业增资扩产的，参照本条执行。支持智能网联与新能源汽车整车及核心零部件企业落户，按固定资产投资总额的 5% 给予最高 1 亿元补贴。

航天产业：鼓励火箭、卫星产业协同发展，对区内商业航天企业采购区内非关联的商业航天企业产品或服务的，按其上一年度实际采购金额的 10% 给予补贴，每年单个企业最高补贴金额不超过 800 万元。

5. 创新发展

南沙区出台了《广州南沙新区科技创新母基金管理暂行办法》《广州南沙新区支持科技创新的十条措施》等一系列促进科技创新的专项政策，在制定促进重点行业企业发展时也对创新驱动进行了强调或政策倾斜，具体如下。

（1）研发投入

独角兽企业：在南沙区入驻实际研发团队并产生自主研发经费投入的，按照其提交申请的上一年度在南沙研发经费投入的20%，给予最长3年累计最高1亿元的研发投入补助。支持独角兽企业围绕南沙区重点产业领域，与国内外知名高校、科研院所、大型科技企业合作共建重大研发机构等高水平创新平台。

航天产业：聚焦火箭、卫星产业创新领域，对解决国家战略需求，专注航天关键产品研发、产业化的商业航天企业，按其上一年度在南沙实际产生的研发费用的20%予以补贴，累计每家企业补贴金额最高不超过1亿元，补贴期限3年。

（2）转型支持

专精特新企业：为激励制造业中的规模以上专精特新“小巨人”企业、专精特新中小企业、创新型中小企业积极开展数字化转型，支持申报南沙区人工智能云服务补贴资金。

（3）创新产品

专精特新企业：专精特新“小巨人”企业、专精特新中小企业、创新型中小企业研发生产的产品列入国家、省、市相应部门出台的首台（套）重大技术装备推广应用或首批次新材料、首版次软件指导目录，并实现销售的，分别给予50万元、20万元、10万元一次性扶持。每家企业每年最高扶持100万元。

（4）应用场景

独角兽企业：南沙区每年安排不低于10亿元围绕智能制造、数字经济、金融科技、医疗卫生、城市治理、商业创新等重点领域建设应用场景。优先对区内独角兽企业开放使用数据资源，优先推广区内独角兽企业产品及服务，重点支持区内独角兽企业参与南沙区示范性项目建设，促进创新产品的规模化推广应用。

汽车产业：加快氢能应用场景示范。探索氢能在交通领域全场景示范推广应用，推动建设氢能燃料电池汽车示范专线，带动全产业链技术进步与产业规模化、商业化发展。对于区内购买氢燃料电池汽车的企业给予补贴，最高按每台实际购买价格的 10% 予以补贴，单台氢燃料电池汽车补贴最高不超过 20 万元，每家企业最高不超过 2000 万元。对加氢站获得国家、省、市扶持的，对国家级的给予 100% 最高 500 万元的配套资金奖励，对省级的给予 70% 最高 300 万元的配套资金奖励，对市级的给予 50% 最高 100 万元的配套资金奖励。获得多级扶持的，以最高配套资金予以奖励。每个加氢站获得的各级财政补贴超过 500 万元或超过加氢站固定资产的 50%，则超过部分不予补贴。加快推进智能网联汽车应用示范。加快建设自动驾驶及智慧示范区，开展针对城市道路和普通公路典型场景和不同类型车辆的自动驾驶和智能网联示范。对已取得广州市智能网联汽车道路测试通知书的企业，按照其申请通知书所产生的封闭测试技术服务和检测技术服务费用给予不超过 30% 的补助。每台测试车辆最高补助不超过 20 万元，同一企业每一年度累计补助最高不超过 500 万元。鼓励本区自动驾驶企业在区内开展自动驾驶智能化车辆广泛出行服务，有序开展出租车、公交、短途接驳、物流配送、垃圾清扫车等示范应用场景。对于载人示范车辆，上一年度车均安全行驶里程达到 3 万公里，按每车 5 万元给予补贴；对于非载人示范车辆，上一年度车均安全行驶天数达到 200 天，按每车 2 万元给予补贴，同一企业每一年度补助最高不超过 500 万元。

6. 人才政策

除人才专项政策外，重点行业企业政策文件中也对人才方面进行了强调或加大支持力度，具体如下。

独角兽企业：对掌握世界前沿技术、符合南沙重点产业发展方向的独角兽企业高层次人才“团队 + 项目”，最高给予 1 亿元扶持。对新引进或新认定的独角兽企业，直接给予 2 个南沙高层次人才名额（准独角兽企业给予 1 个），由企业自主推荐认定，给予每人 300 万元奖励（下同）；对成功上市的独角兽企业，再给予2个南沙高层次人才认定名额。南沙区每年提供不少于300张广州市人才绿卡和600套人才公寓用于支持企业人才引进。

专精特新企业：对专精特新“小巨人”企业、专精特新中小企业，依法优先安排南沙区总量控制类入户指标，按南沙区义务教育相关政策统筹安排企业高管和高层次人才子女入读义务教育阶段学校。

汽车产业：对汽车产业项目的年度应纳税工资薪金20万元以上的骨干人才，按照其个人经济贡献的40%比例给予骨干人才奖。对符合条件的企业高级管理人才，除享受骨干人才奖外，还可在企业经营贡献奖中获得高管人才奖，两项奖励总额最高为其个人经济贡献的100%。对汽车产业项目纳统工业产值10亿元以上且同比增速达到30%以上（含）的企业，企业团队可在企业成长壮大奖中获得30%的奖励。对汽车产业项目的骨干人才、高级管理人才的子女入园入学，适当放宽南沙区基础教育相关政策，优先安排总量控制类入户指标。规划建设产业政策性住房，为符合南沙区人才住房政策的汽车产业项目企业员工提供住房保障，提供人才公寓、保障性租赁住房和共有产权住房等房源。

航天产业：适用现有人才专项政策，相关部门表态，后续将结合南沙区商业航天产业发展情况，专门针对商业航天领域人才出台人才政策[①]。

7. 绿色发展

国家绿色制造示范奖励：获评为国家绿色制造示范名单的绿色工厂、绿色园区、绿色供应链管理企业，给予一次性奖励50万元；纳入国家绿色制造示范名单的绿色设计产品，每项产品给予一次性奖励5万元，每家企业最高25万元。

---

① 《关于〈广州南沙新区（自贸片区）促进商业航天产业发展的扶持办法（征求意见稿）〉公开征求公众意见的情况说明》，广州市南沙区人民政府网，2022年10月28日。

清洁生产企业奖励：首次获评为清洁生产优秀企业的，给予奖励 15 万元；获评为清洁生产企业的，给予奖励 10 万元；通过简易流程清洁生产审核的，给予奖励 2.5 万元。通过市级审核又通过省级审核的企业，不重复奖励。

（二）税收政策

切实降低制造业企业税收负担。2019 年 6 月，《广州市人民政府关于落实广东省降低制造业企业成本若干政策措施的实施意见》发布，为降低企业税收负担，制定政策包括：①在国家、省规定的税额幅度内，降低城镇土地使用税适用税额标准，税额标准下调至 3~15 元 / 米 ^{2}，工业用地税额标准为非工业用地税额标准的 50% 左右。现行政策中，南沙区全区范围被划定为五级土地，适用最低城镇土地使用税[①]。②执行全省车辆车船税适用税率降到法定税率最低水平的政策。③降低符合核定征收条件企业的购销合同印花税核定征收标准。④支持符合条件的省内跨地区经营制造业企业的总机构和分支机构实行汇总缴纳增值税，分支机构就地入库。⑤将契税纳税期限统一调整到办理房屋、土地权属变更前。⑥居民企业核定征收企业所得税应税所得率按国家规定的最低应税所得率确定。

三项税收优惠政策迅速落地。2022 年 8 月《财政部 税务总局关于广州南沙个人所得税优惠政策的通知》印发，2022 年 9 月《财政部 税务总局关于广州南沙企业所得税优惠政策的通知》印发。个税方面，适用粤港澳大湾区个人所得税优惠政策，对境外高端人才和紧缺人才，其个人所得税实际税负超过 15% 的部分，给予差额补贴；对在广州南沙工作的港澳居民超过港澳税负的部分予以免征。企税方面，对先行启动区（南沙湾、庆盛枢纽、南沙枢纽三个区块）的

---

① 《广州市人民政府关于印发广州市城镇土地使用税适用税额调整方案（2022 年修改）的通知》，广州市人民政府网，2022 年 12 月 29 日。

鼓励类企业实施减按15%税率征收企业所得税，高新技术重点行业企业进一步延长亏损结转年限。

（三）金融政策

各类金融服务措施陆续出台，助力企业成长发展，提供便利服务。例如，在越秀、黄埔、南沙深入开展省信用建设服务实体经济发展试点，形成“诚信商圈”、政策“信易兑”“信即办”极速审批等一批典型经验举措。广州“信易贷”平台荣获全国示范平台称号，获国家、省支持开展信用信息共享应用促进中小微企业融资试点，累计促成放款约1500亿元[①]。聚焦制造业领域与重点产业企业，更有针对性的金融支持如下。

制造业领域：《广州市人民政府关于落实广东省降低制造业企业成本若干政策措施的实施意见》，八大举措助力企业降低融资成本。①鼓励制造业企业充分用好国家政策性银行优惠政策。积极开拓境外资金渠道支持制造业发展。鼓励大型骨干企业设立财务公司，为上下游企业提供低成本融资服务。②对科技型企业，已完成股份制改造的，给予20万元补贴；与券商签订推荐挂牌新三板协议的，给予50万元补贴；对科技型中小企业在广东股权交易中心挂牌给予资助。③对于广州市企业利用资本市场融资发展，按照广州市金融发展专项资金有关政策给予奖励补贴。④鼓励银行、商业保理公司、财务公司等机构为制造业核心企业产业链上下游中小微企业提供应收账款融资，对帮助中小微企业特别是小微企业应收账款融资的相关企业择优进行支持。⑤提供便利高效的股权出质登记服务，鼓励企业利用股权出质方式拓宽融资渠道。⑥进一步健全中小微企业融资政策性担保和再担保机构。推动有条件的区建设区级政策性担保公

① 《【一图读懂】广州市下足“绣花功夫”推动现代化国际化 营商环境出新出彩》，广州市人民政府网，2022年8月12日。

司，市财政每年安排资金，对新设立和新增资的区级政策性融资担保机构，按不超过区财政新增出资额 40% 的比例配资，形成科学有效的风险分担机制。⑦支持中小微企业利用融资租赁业务进行设备升级换代，提高产业层次和科研水平。⑧依托“数字政府”改革，加大涉企政务信息公开力度，便利征信机构和金融机构获取企业信用信息。

独角兽企业：对在南沙区内注册运营的创业投资基金，按其实际投资独角兽企业金额的 5% 给予基金管理公司奖励，单个基金每个投资项目年奖励金额最高 300 万元。同时，鼓励引导基金参与独角兽企业项目投资，对引导基金参股的子基金选定的南沙区重点扶持或鼓励的独角兽企业项目，引导基金可以“跟进投资”形式参与共同投资。企业通过并购掌握关键技术、具有良好品牌效应、影响力强的高成长企业和高端项目，给予最高 2000 万元的并购支持。对取得区内商业银行机构一年期以上融资贷款的独角兽企业，按贷款市场报价利率的 50% 给予贴息，每笔贷款贴息时间最长 3 年。对独角兽企业发行“双创债”“绿色债”等新型债券融资的，按照发行票面利率的 30% 给予扶持。对独角兽企业投保科技保险保费支出的最高 60% 给予扶持。

汽车产业：筹资建设并获得市政府投资基金投资的汽车产业项目，鼓励南沙相关产业基金及其子基金进行跟投。支持区内股权投资企业投资汽车产业项目，根据其实际累计投资额给予最高 1000 万元奖励；对合格境外有限合伙人（QFLP）企业实际利用外资部分投资额，额外给予最高 500 万元奖励。支持汽车产业项目利用中小企业信贷风险补偿资金池，降低融资成本。支持汽车产业项目利用资本市场融资，对后备上市企业上市挂牌的，最高给予 1000 万元奖励；对企业利用资本市场再融资、发行债券或证券化产品的，最高给予 600 万元奖励。

航天产业：支持社会投资机构在南沙区设立商业航天专项基金。

（四）其他政策

重点行业“白名单”。为进一步优化市场营商环境，更好地促进关系到经济高质量发展的重点行业健康发展，为重点行业发展注入新动能，推动经济又好又快发展，广州市市场监管局制定出台重点行业企业“白名单”管理办法，将符合认定标准的重点行业优质企业纳入“白名单”，依法依规实施包容监管，实现监管既“无事不扰”又“无处不在”，同时提供有关支持措施，促进企业健康有序发展。在广州市市场监管局正式印发的第一批重点行业“白名单”企业名单，南沙区共有 479 家重点行业企业因信用状况良好、信用风险较低顺利入选，占全市首批“白名单”企业总数的 20.33%。南沙区在“白名单”覆盖重点行业类别、企业入围数量上位居广州全市各区首位。南沙区试点“白名单”管理的行业类别，从全市统一的软件和信息技术服务、智能与新能源汽车、互联网平台企业等 3 个类别，额外增加了现代高端装备、新材料、生物医药及医疗器械、资本市场服务、融资租赁和商务服务等 24 个类别。入选的“白名单”企业可享受一系列扶持政策[①]。

四、比较研究及问题发现

（一）苏州、西安与南沙三区对比

赛迪顾问公布的 2022 年先进制造业百强园区中，江苏省先进制造业园区发展水平独占鳌头，占 24 席，占比接近 1/4，数量甚至超过第二、第三名的广东省和浙江省之和，充分表明江苏省先进制造业园区发展整体实力优势突出[②]。而

① 《南沙区市场监管局大力推行“白名单”制度助力重点行业企业高质量发展》，广州市南沙区市场监督管理局官网，2023 年 4 月 27 日。

② 赛迪顾问股份有限公司智能装备产业研究中心：《先进制造业百强园区（2022）》，2022 年。

陕西省西安市航空集群在工业和信息化部对全国遴选的先进制造业集群决赛中获得优胜，成绩斐然，也展现了极强的先进制造业实力和竞争力[①]。以下将对苏州工业园区、西安高新技术产业开发区（以下简称西安高新区）与南沙区进行比较分析。

各具特色的产业体系：苏州工业园区已形成“2+3+1”特色产业体系，即两大主导产业（新一代信息技术、高端装备制造）+ 三大新兴产业（生物医药、纳米技术应用、人工智能）+ 现代服务业[②]。西安高新区培育形成“55611”现代产业体系，即以光电子信息、汽车、智能制造、生物医药、新材料新能源为代表的五大优势主导产业，以人工智能、大数据与云计算、增材制造、卫星应用、5G 为代表的五大战略性新兴产业，以现代金融、现代物流、研发设计、检验检测认证服务、软件和信息技术服务、会议会展为代表的六大生产性服务业，外加文旅商贸产业和都市现代农业[③]。南沙正着力构建“2+5+2”先进制造业体系，即巩固提升智能网联与新能源汽车和现代高端装备两大战略性支柱产业，培育壮大人工智能、半导体与集成电路、生物医药与健康（含高端医疗器械）、新材料新能源、节能环保五大战略性新兴产业，超前谋划海洋经济、空天经济两个未来领域[④]。三区结合自身发展实际情况，制定了各具特色的产业体系建设目标，但均体现出对先进制造业、高端装备制造产业的重视，前瞻性规划布局战略性新兴产业。三区促进制造业发展的具体政策对比依据如表 7-2 所示。

① 赛迪顾问股份有限公司智能装备产业研究中心：《2022 先进制造业百强市》，2022 年。

② 见苏州工业园区管理委员会官网产业介绍。

③ 《西安高新区：围绕“55611”锻造“实力高新”》，中国日报网，2022 年 4 月 1 日。

④ 《关于印发广州市南沙区先进制造业发展“十四五”规划的通知》，广州市南沙区人民政府网，2022 年 1 月 21 日。

表 7-2　苏州、西安与南沙三区政策对比依据

园区	政策
苏州工业园区	《苏州工业园区关于推进制造业高质量发展的若干措施》； 《苏州工业园区关于促进制造业高质量发展的若干意见》； 《关于筹建苏州工业园区高端装备制造业质量创新联合体的通知》； 《关于推进制造业智能化改造和数字化转型的若干措施》； 《苏州工业园区科技创新能力提升实施细则（2020）》
西安高新区	《西安市科学技术局关于征集 2023 年度秦创原建设两链融合重大专项项目的通知》； 《2022 年西安市重点产业链招商若干政策》； 《西安市加快建设先进制造业强市支持政策实施细则》； 《西安市人民政府关于印发推进国际产能和装备制造合作工作方案的通知》； 《西安市创新投资基金设立方案》； 《西安高新区关于支持硬科技创新的若干政策措施》； 《西安高新区关于支持硬科技创新的若干政策措施实施细则（修订）》； 《支持知名企业、高校院所设立研发基地的若干政策》； 《西安国家自主创新示范区关于支持重大创新和成果产业化政策实施细则（修订版）》
南沙区	《广州南沙经济技术开发区行政审批局落实广州市规划和自然资源局关于支持南沙制造业发展若干措施实施细则》； 《广州市推进制造业数字化转型若干政策措施》； 《广州南沙新区（自贸片区）促进先进制造业与建筑业发展扶持办法实施细则（2020 年修订稿）》； 《广州市人民政府关于落实广东省降低制造业企业成本若干政策措施的实施意见》； 《广州南沙新区科技创新母基金管理暂行办法》； 《关于发布 2023 年南沙区重点领域科技计划项目申报指南的通知（征求意见稿）》； 《广州市南沙区科技计划项目管理办法（征求意见稿）》； 《广州市南沙区科技计划项目财政经费管理办法（征求意见稿）》； 《广州南沙新区（自贸片区）促进科技创新产业发展扶持办法（2022 年版）（公开征求意见稿）》； 《广州南沙新区支持科技创新的十条措施》； 《广州南沙新区（自贸片区）知识产权扶持办法（征求意见稿）》

资料来源：课题组根据相关政策文件整理汇总。

1. 落户与引进

苏州：在园区启动之初，为提高发展速度，对企业落户、引进投资等政策优惠力度往往较大。三区之中，苏州工业园区发展历史较久，且发展最为成熟，现行政策中较少针对企业落户进行奖励。但苏州工业园区高度重视产业链的完

善，鼓励产业集聚发展，支持项目招引和兼并重组。支持产业链招商，鼓励“链主”企业基于供应链、产业链完整性引进新项目落户，形成龙头企业引领的优势产业集聚。根据新项目综合效益给予“链主”企业奖励，每引进一个项目最高奖励 100 万元。鼓励“尖峰企业”并购优质企业（关联交易除外），对于符合条件的项目，并购企业对目标企业实际出资额折合人民币 3000 万元以上的，按不超过实际出资额的 10%、最高 1000 万元给予补贴。特别重大的项目，“一事一议”予以支持。

西安：西安高新区建设发展也较早，现行政策更多针对重点产业链进行招商引资激励。例如，颁布《2022 年西安市重点产业链招商若干政策》，从投资、运营、采购、金融、研发、集群、技改、中介、合力、人才十大方面提供具体支持。在引进方面：对从外地引进（或本地企业实施）的工业新建项目，三个月内完成本地注册，年内完成固定资产投资不低于 1000 万元，并且达到签约总投资额 40% 以上的，按照完成投资额的 5% 给予补助，最高不超过 500 万元。此外，对西安市委、市政府确定“一事一议”的重大招商制造业项目，市级给予一定支持。

南沙：相对于苏州工业园区、西安高新区，南沙作为后起之秀，尚在发展之初，在各政策文件中，对企业落户政策支持条款更多，奖励力度更大，符合南沙发展阶段特征，为南沙引进优质企业提供了强力支持[①]。

2. 持续发展

（1）经营贡献

苏州：鼓励企业做大做强。对年度营收 30 亿元以上且同比增长 2% 以上、营收 10 亿元以上且同比增长 5% 以上、营收 5 亿元以上且同比增长 8% 以上、营收 1 亿元以上且同比增长 10% 以上的“尖峰企业”，按其对地方经济贡献较

① 南沙区相关政策具体内容参见本章“三、政策现状”对应部分，下同。

前两个年度最高值增量部分，给予不超过50%的奖励；对符合条件的“链主”企业，按其对地方经济贡献较前两个年度最高值增量部分，给予不超过80%的奖励。对同一家企业年度最高奖励1000万元。

西安：支持企业规模进档，对上年度产值首次突破100亿元、300亿元、500亿元、1000亿元的制造业企业，分别给予100万元、300万元、500万元、1000万元奖励。围绕新兴产业重点领域，对上年度主营业务收入在3000万元以上、增速在30%以上的企业，按上年度主营业务收入的1%给予奖励。其中，主营业务收入在3000万元（含）至1亿元、上年度增速在30%（含）至60%的，最高奖励不超过50万元；上年度增速在60%（含）以上的，最高奖励不超过100万元。主营业务收入在1亿元（含）至2亿元、上年度增速在30%（含）至60%的，最高奖励不超过150万元；上年度增速在60%（含）以上的，最高奖励不超过200万元。主营业务收入在2亿元（含）以上、上年度增速在30%（含）至60%的，最高奖励不超过250万元；上年度增速在60%（含）以上的，最高奖励不超过300万元。

南沙：针对达到一定产值（30亿元及以上）的工业企业、经济贡献达到一定标准的优质企业（独角兽企业、专精特新企业等）或重点行业企业（如汽车产业），进行经营贡献奖励。相对于苏州工业园区、西安高新区，南沙区新创企业或新入驻企业更多，可将政策适用范围进一步扩大，借鉴苏州工业园区强调对经济增量部分的激励，借鉴西安高新区对新兴产业重点领域，政策适用标准可适当降低，让政策激励更具普惠吸引力。

（2）增资扩产与技术改造

苏州：支持有效投入。鼓励企业向总部争取产能、向集团争取订单、丰富产线产品，对经认定的设备投入2000万元以上的“尖峰企业”改扩建项目（不涉及招商政策）、200万元以上的制造业企业技术改造项目，按不超过项目投入的 10% 给予奖励。鼓励采用智能制造、绿色制造等方式实施技术改造，按不超过项目投入的 5% 追加奖励。对同一家企业最高奖励 1000 万元。

西安：建立技术改造项目库，对在库项目实行动态管理，对固定资产投资额在 1000 万元以上的技术改造项目按年度给予奖补。对已完工项目经验收合格后，按实际完成固定资产投资额的 2% 给予奖励，最高不超过 2000 万元；对已完成计划固定资产投资额 50% 以上的跨年度项目，按实际完成固定资产投资额的 1% 给予奖励，最高不超过 1000 万元，项目完工并经验收合格后，在下一年度核算、兑付剩余奖励资金。从外地引进或本地企业实施的固定资产投资在 5000 万元以上的制造业新建项目，自项目正式开工之日起 3 年内完成全部投资的，按实际完成固定资产投资额的 5% 给予补助，最高不超过 500 万元。重点产业链年内固定资产投资额不低于 1000 万元的技术改造项目，按实际完成固定资产投资额的 5% 给予奖励，最高不超过 2000 万元。对于重大项目和重点工程，经相关市级部门、区县、西咸新区、开发区上报市政府研究通过后，实行市政府“一事一议、一企一策”的扶持政策，相关资金由市财政专项列支，不纳入市工业发展专项资金预算和支出进度管理范围。

南沙：相较于苏州工业园区和西安高新区，南沙对增资扩产、技术改造的政策适用门槛更低、适用范围更广，符合南沙现阶段大力引进优质项目、迫切推动企业高质量发展的需求。此外，南沙可借鉴苏州工业园区，加大对智能制造、绿色制造的激励；借鉴西安高新区，突出对重点产业链、重点工程的支持力度，更多以重点领域、重点项目为政策适用条件依据。

（3）资金配套

苏州：未提及。

西安：强化国家资金配套。经省、市、区（县、西咸新区、开发区）逐级审核上报，企业（机构）获得的国家促进制造业高质量发展的相关专项资金，由市财政按比例给予配套奖励。其中，对获得国家制造业创新中心、国家级先进制造业集群相关资金支持的，按 1∶1 的比例给予配套奖励，最高不超过 2000 万元；对获得国家智能制造、工业强基、绿色制造等相关资金支持的，按 1∶0.5 的比例给予配套奖励，最高不超过 1000 万元。

南沙：对国家、省、市支持项目，均有一定的资金配套奖励，对国家级的给予 100% 最高 500 万元的配套资金奖励。但相较于西安高新区，对国家级项目支持力度较弱，支持上限较低。对于国家级资助项目，南沙可适当提高资金支持力度，体现对其的高度重视。

（4）用房用地

苏州：未提及。

西安：对新招引工业企业，三个月内完成本地注册，租赁开发区、县域工业集中区和小微企业创业创新基地标准厂房，并且年内完成设备投资不低于 1000 万元的，自正式租赁合同约定的租赁时间起，给予一年租金补贴，减免的租金由市、区县（西咸新区、各开发区）财政按 1∶1 的比例分担。支持园区建设标准厂房，对投资新建三层及以上标准厂房的投资主体，按 100 元 / 米 ^{2} 给予补助，最高不超过 300 万元；经有关部门审批，将原有标准厂房加层改造的，按 100 元 / 米 ^{2}（不含原有部分）给予补助，最高不超过 300 万元；对新建重装设备标准厂房的，按 50 元 / 米 ^{2} 给予补助，最高不超过 150 万元。降低企业用地成本，对总投资在 10 亿元以上的制造业新建项目，根据产业发展需要，相关区县、开发区及西咸新区相关新城，可按照不低于企业拿地成本的标准，采取专项资金扶持和代建专用基础设施等补助政策，缓解项目落地资金压力，推动项目加快建设。同时，各区县、西咸新区、各开发区可按照西安市工业用地出让最低标准和土地实际取得成本综合确定工业用地挂牌起始价（底价）。支持零部件配套企业。先进制造业产业集群龙头企业的零部件配套企业租用标准厂房的，自正式租赁合同约定的租赁时间起，前3年免租金、后两年租金减半，减免的租金由财政资金分年度给予补助，补助资金由市、区县（西咸新区、各开发区）财政按1∶1的比例分担。

南沙：相较于苏州工业园区、西安高新区，南沙在企业用房用地方面，政策支持力度较大。一方面，可能是南沙区域发展起步较晚，未使用或可使用空间更多；另一方面，《南沙方案》涉及广州市南沙区全域，总面积约803平方公里，政策覆盖地域范围本身即较广，为南沙吸引企业投资建厂提供了良好的空间环境。

3. 能级提升

苏州：鼓励争先创优。获得国家、江苏省、苏州市、园区级荣誉称号的，分别给予最高100万元、50万元、20万元、10万元的奖励，同一企业获评相同类型不同级别荣誉称号的给予差额部分奖励；“高原产业”重点企业获得属于园区鼓励方向的各类国际、国内认证的，每项认证最高奖励5万元。支持开展“高原产业”有关领域的专题培训、技术推广、产业对接，承办重要会展、活动，对于经认定的活动，给予主办方不超过实际开销30%的补贴，每场最高20万元。

西安：在中国企业联合会、中国企业家协会发布的中国企业500强、中国制造业企业500强排行榜中，对首次入选中国企业500强的制造业企业，给予300万元奖励；对首次入选中国制造业企业500强的，给予200万元奖励。支持企业争创制造业单项冠军。对工业和信息化部认定的“制造业单项冠军示范企业”“制造业单项冠军培育企业”“制造业单项冠军产品”，分别给予200万元、100万元、100万元奖励。支持试点示范企业。对上年度首次获得国家级相关称号的企业，分别给予相应的一次性奖励。其中，对认定为国家级智能制造试点示范企业、国家级服务型制造企业（项目、平台）、国家级企业技术中心的，分别给予100万元奖励；对认定为国家级工业互联网试点示范项目、国家级专精特新“小巨人”企业的，分别给予30万元奖励。支持企业上市融资。对上年度完成首次上市或挂牌要求的制造业企业，分别给予相应的一次性奖励。其中，在主板首次公开发行股票的，取得相应证券交易市场上市手续公函后，给予500万元奖励；在中小板、创业板、科创板首次公开发行股票的，取得相应证券交易市场上市手续公函后，给予400万元奖励；在境外主要证券市场首次公开发行股票的，取得外汇监管部门证明文件或银行相应外资进账单后，给予300万元奖励；在全国股转系统挂牌的，取得全国中小企业股份转让系统有限公司同意其挂牌的公函后，给予100万元奖励。

南沙：对入选百强榜、小升规、认定专精特新的企业进行一次性奖励。但相较于苏州工业园区和西安高新区，南沙的奖励标准过于局限，适用范围较窄，仅对国家或社会广泛认可的个别类别进行奖励，也未体现出奖励的层次性（如国家级、省级、市级等）。可借鉴其他两区做法，鼓励企业积极争取自身领域高认可度的荣誉称号，积极争先创优，甚至打造园区专属品牌。

4. 联动发展

苏州：苏州工业园区高度重视产业链的完善，鼓励产业集聚发展，支持项目招引和兼并重组。支持产业链招商，鼓励“链主”企业基于供应链、产业链完整性引进新项目落户，形成龙头企业引领的优势产业集聚。根据新项目综合效益给予“链主”企业奖励，每引进一个项目最高奖励100万元。鼓励“尖峰企业”并购优质企业（关联交易除外），对于符合条件的项目，并购企业对目标企业实际出资额折合人民币3000万元以上的，按不超过实际出资额的10%、最高1000万元给予补贴。特别重大的，“一事一议”予以支持[①]。

---

① 同本节“1. 落户与引进”苏州部分。

西安：一是采购支持。支持新招引的重点产业链建设项目企业与本地制造业企业加强合作，设备采购额不低于1000万元的新招引企业，按不超过实际采购额的30%进行补贴，每户企业最高不超过2000万元。制造业企业使用或供应制造业产品年度总额在1000万元以上的，按较上年度的增量部分的2%给予补助，最高不超过200万元；重大工程项目使用制造业产品年度总额在500万元以上的，按较上年度的增量部分的2%给予补助，最高不超过200万元。二是集群支持。每引进一个固定资产投资不低于1000万元的产业链配套企业，按实际投资额的2%，给予引进单位或机构最高不超过100万元奖励；对先进制造业产业集群龙头企业的零部件配套企业租用标准厂房提供“三免两减半”的租金补贴。三是中介支持。对介绍引进符合我市支柱产业的工业项目，三个月内完成本地注册，并获得项目方认可的招商中介机构（商协会、校友会等专业机构及本地产业链龙头企业），给予10万元经费奖励。

南沙：主要对采购区内制造业企业产品达到一定标准的进行奖励，另外对汽车产业和航天产业集群有一定针对性奖励。但相较于另外两区，尤其是西安高新区，政策较单一，且支持力度不足。南沙需进一步加强对产业集群发展的重视，将集群发展的概念贯彻到政策各项具体举措中，借鉴其他两区做法，探索制定更丰富、更具针对性的产业集群发展支持政策。

5. 创新发展

各省市区发展都高度重视创新驱动，除促进科技创新专项政策外，在三区制造业政策对比时，亦可见对创新发展的再强调和政策倾斜。具体如下。

（1）研发投入

苏州：鼓励“尖峰企业”加大研发投入，加强核心技术攻关，对获评国家级制造业创新中心、产业创新中心、技术创新中心的，按不超过其建设总投入的30%、最高给予3000万元奖励；对获评省级制造业创新中心、产业创新中心、技术创新中心的，按不超过其建设总投入的20%、最高给予500万元奖励；对获评苏州市自主品牌大企业与领军企业先进技术研究院的，按不超过其年度研发投入的20%、每年最高2000万元给予奖励，奖励年限最长5年。

西安：对年度研发经费投入在500万元以上、研发投入强度（企业研发经费内部支出占同期营业收入比例）在3%（含）以上的制造业企业（上一年度已纳入规模以上企业），按研发经费投入的一定比例给予补助，最高补助1000万元。针对重点产业链，支持知名企业设立研发基地，与市高校、科研院所、创新中心开展产业链核心技术攻关及成果转化，在西安市设立研发中心、开放式创新平台并达到一定规模，且纳入秦创原创新平台的，给予最高不超过3000万元奖励。

南沙：对独角兽企业、商业航天企业，按其上一年度在南沙实际产生的研发费用的20%给予补助，补贴期限3年、累计每家企业补贴金额最高不超过1亿元。当前政策虽对独角兽企业及航天领域企业有所倾斜，但缺乏高端装备制造产业其他细分领域的科创扶持政策。虽然当前南沙已经出台一系列有力措施精准助推科技创新，如“科创十条”，但在出台重点产业领域发展政策，包括高端装备制造产业及其涉及的各细分领域，仍应对创新发展予以强调重视，甚至争取更高的政策支持力度，体现对重点发展领域的政策倾斜。

（2）重点项目、关键技术

苏州：围绕园区新兴产业发展，以加快前瞻性技术、核心关键技术突破，打通产业链上下游为目标，按照项目经理制和“项目＋课题”的形式，组织实施一批提升产业核心竞争力的重点项目。鼓励高端制造，支持“尖峰企业”实现重大技术装备或核心部件首台（套）突破。对经园区及以上部门认定为首台（套）重大装备项目的，按不超过产品单台（套）销售价格的10%~20%予以补助；对经认定为国际首台（套）重大装备项目的，按不超过产品单台（套）销售价格的 10% 追加奖励。对同一家企业最高奖励 1000 万元。

西安：聚焦航空航天、增材制造等重点产业链发展的短板弱项，支持开展重点产业链关键核心技术攻关项目，以及支持重点产业链应用场景示范，征集秦创原建设两链融合重大专项项目，提供前期资助，颁布了具体申报指南。

南沙：针对专精特新企业研发生产的产品列入国家、省、市相应部门出台的首台（套）重大技术装备推广应用或首批次新材料、首版次软件指导目录，并实现销售，分别给予 50 万元、20 万元、10 万元一次性扶持。相较于其他两区，对重点领域重点项目、关键技术攻关的强调明显不足，应在政策制定时予以更多重视。

6. 人才支持

苏州：未提及。

西安：大力吸引集聚硕博研究生，发放企业引进硕博人才奖励，企业每引进一名博士和急需紧缺专业的硕士，分别奖励 1 万元、5000 元，每家企业每年最高奖励 10 万元。经企业认定的各类高层次人才，按规定享受子女就学、住房安居、医疗保障、金融服务等优质服务。新引进中小微企业在 2022 年内招用毕业年度高校毕业生，签订一年以上（含一年）劳动合同并缴纳城镇企业职工养老保险的，按每人 2000 元标准给予一次性就业补贴。加强企业人才培养，每年组织 2 批制造业企业家赴先进制造业发达地区培训学习；每年组织 2 批制造业企业家赴先进制造业发达国家培训学习，每批次参加国内外培训的企业家分别不少于 30 人、20 人。

南沙：在独角兽企业、专精特新企业、汽车产业及航天产业相关政策中对人才支持给予了强调。各区人才政策更有侧重和政策亮点，南沙可结合自身发展实际，对人才引进提供更具吸引力的针对性政策。此外，可借鉴西安经验，政府专门组织人才前往先进制造业发达地区、国家进行培训学习，引进人才也培养人才。

7. 金融支持

苏州：设立“先进制造贷”专项风险补偿资金池，对符合条件的“高原产业”重点企业项目给予风险补偿及贴息支持。经认定，对纳入专项风险补偿资金池的项目、通过供应链金融方式取得融资的项目，均可按不超过同期贷款市场报价利率的 50% 给予贷款利息补贴，补贴比例不超过项目贷款额的 2%，单个项目利息补贴金额最高 200 万元，补贴年限最长 3 年。鼓励“链主”企业通过供应链金融方式支持产业链上下游企业融资，单个“链主”企业年度奖励最高 20 万元。设立“先进制造贷”“智能制造贷”，并出台了《苏州市、园区两级“智能制造贷”操作指引》。设立工业企业智能化改造贴息奖励资金。对在苏州综合金融服务等平台获得智能化改造提升项目贷款的企业，市级财政按照项目贷款额的 1% 给予贴息奖励，单个企业每年最高奖励额度不超过 200 万元；各县级市（区）按照不低于项目贷款额的 1% 给予贴息奖励。突出典型项目示范。对获评省级智能制造示范车间的企业给予最高 50 万元奖励。开展市级智能工厂和智能车间培育和评选工作，对获评的市级智能制造示范工厂给予最高 100 万元的奖励，对获评的市级示范智能车间给予最高 20 万元的奖励。

西安：发挥市级政府投资基金作用，引导社会资本加大对重点企业投融资支持力度。对新招引企业，三个月内完成本地注册，给予不超过流动资金贷款合同约定市场报价利率 50% 的贷款贴息，最高不超过 100 万元。

南沙：设有创投基金、出台了一些贷款贴息政策，支持利用资本市场融资等，但相较于其他两区，政策实施细则不够明确，金融信贷支持机制不够完善，缺少针对性金融信贷支持产品。在完善配套金融支持方面，南沙尚有较大改进空间。

8. 特色政策

苏州：鼓励“链主”企业建设制造业公共服务平台，对经评审认定的平台，给予最高 1000 万元奖励。特别重大的，按“一事一议”予以支持。平台运营期间通过年度考核的，按不超过其年度设备投入的 50%、最高 200 万元给予奖励。

西安：支持企业“退城入园”。对于搬迁至符合产业规划的开发区或工业园区继续从事制造业生产的企业，以其原厂址周边商业用地同期评估价格扣除政府计提后的资金规模为基数，按不低于 50% 的比例协商确定土地补偿标准计算补偿费用（包括土地收储、财政补助、搬迁补助、安置职工等）。由收储其土地的市、区（县、西咸新区、各开发区）政府（管委会）支付企业应补偿费用的 50%，用于启动搬迁工作。企业搬迁项目在约定期限内完工的，经验收合格后，再支付企业应补偿费用的 50%，用于企业转型升级和扩大规模。

南沙：三大税收优惠政策助力南沙经济发展加速度。《南沙方案》公布百日，所涉及的港澳居民个税优惠政策、高新技术重点行业企业进一步延长亏损结转年限、先行启动区鼓励类产业企业减按 15% 征收企业所得税三项税收优惠政策在国家层面全部正式落地。相较于其他两区，国家层面的税收优惠政策是其亮点，将为南沙经济腾飞插上双翼。

（二）西安与南沙汽车产业政策对比

西安市与广州市南沙区均将汽车产业作为支柱性产业重点发展，致力于打造千亿级汽车产业集群，出台了一系列针对性产业发展政策。西安市对汽车产业的支持主要体现在项目引进、固定资产投资、技术改造、用房用地、减除杂费、品牌提升、人才政策、金融信贷、政府采购九大方面。南沙主要从加快汽车产业稳链补链强链、提升汽车产业自主创新能力、开放智能网联与新能源汽车应用场景及加强要素保障四大方面，制定了十条具体助力措施。现对两地区间汽车产业政策进行具体对比分析，依据如表 7-3 所示[①]。

① 西安市出台的汽车产业政策均为市级及以上，非仅适用于西安高新技术产业开发区，此处对比的是西安市与广州市南沙区的汽车产业政策。

表 7-3　西安与南沙汽车产业政策对比

地区	政策
西安市	《西安市人民政府办公厅关于加快推动新能源汽车产业高质量发展的实施意见》《西安市人民政府关于印发〈西安市汽车产业发展规划（2018—2025 年）〉〈西安市汽车产业链发展推进方案（2018—2025 年）〉和〈关于推动汽车产业加快发展的若干政策意见〉的通知》《陕西省人民政府关于印发推动汽车产业加快发展支持措施的通知》《关于支持西安经开区千亿级汽车产业集群发展若干意见》
广州市南沙区	《广州市南沙区关于支持汽车产业发展的若干措施（征求意见稿）》《南沙区汽车产业发展"十四五"专项规划》《关于支持智能网联汽车产业进一步发展的若干意见（试行）》《广州市促进汽车生产消费若干措施》

资料来源：课题组根据相关政策文件整理汇总。

1. 引进投资

西安：出台重点企业重点产业项目引进优惠政策，对于整车和关键零部件项目引进采取"一企一策、一事一议、一对一服务"的工作模式，优化项目工作。对在西安市新注册投资设立的外资和国内汽车零部件企业、国际品牌汽车赛事基地等，最高一次性奖励 600 万元人民币。对固定资产（厂房、设备）一次性实际投资在 3000 万元（含）至 5 亿元（含）的，给予不超过其固定资产投资额 3%、最高 1000 万元补助；对实际投资在 5 亿元至 10 亿元（含）的，给予不超过其固定资产投资额 2%、最高 2000 万元补助。

南沙：支持现有整车企业核心零部件供应商到南沙建仓设厂，稳定汽车零部件供应。对租用区内仓储用房、工业厂房的，连续 3 年、按每月每平方米最高 15 元的标准予以场地补贴，每年不超过 300 万元补贴；对投资建设厂房的，按固定资产投资总额的 5% 给予最高 1 亿元补贴；现有汽车制造业企业增资扩产的，同上。支持智能网联与新能源汽车整车及核心零部件企业落户，按固定资产投资总额的 5% 给予最高 1 亿元补贴。

两地都体现出对完善汽车产业链的重视，尤其对引进整车及核心零部件企业或项目给予更多政策支持。西安侧重于对投资项目的支持，南沙则侧重于对企业落户的激励。这也体现了南沙与西安汽车产业所属发展阶段的差异，西安市汽车产业发展较南沙区更早更完善，更多关注新项目而非企业的引进。

2. 要素支持

（1）载体供给

西安：强化用地保障，做好产业规划与土地利用规划的衔接工作，将汽车产业园纳入新一轮土地规划和城镇建设用地范围；积极争取陕西省给予西安市汽车产业重大建设项目用地指标政策倾斜，每年从市本级用地指标中安排一定的比例用于发展汽车重点整车及零部件项目、重点服务业项目、重点产业载体项目，确保优质项目用地需要。新建汽车及零部件项目，其出让起始价可按照工业用地出让最低价标准和土地实际取得成本综合确定。鼓励符合西安市汽车产业发展规划的有关区县、开发区和相关企业建设标准化、定制化厂房，引进西安市急需就地配套生产的汽车关键零部件企业。对开发业主建设的标准厂房项目按楼层予以补助；支持有关区县、开发区为汽车零部件企业代建厂房等厂区基础设施，提供员工公寓等，助力企业轻资产“拎包入住”，后续在五年内分期回购；对实际设备投资在2000万元以上、租赁厂房的汽车关键零部件企业，实现合同年度经济效益的，按租赁厂房的性质给予免收租金或予以补助的支持政策。

南沙：安排不少于4000亩用地指标用于汽车产业发展，优先将汽车产业项目列入重点建设项目，优先安排用地。汽车产业项目纳入年度土地利用计划，其中，列入重点建设项目的，专项保障建设用地指标；未列入重点建设项目的，优先统筹保障建设用地指标，加快办理用地报批手续。推动汽车零部件产业园内村镇工业集聚区整治提升，鼓励村镇工业集聚区建设“量身定制”工业用房。

汽车产业对空间要求较高，两地均对汽车产业载体供给予以高度重视，给予了较大用房用地补贴力度。相较于西安，南沙用地指标在政策中的体现更明确。但西安为企业代建基础设施、实现企业轻资产“拎包入住”、标准厂房租金“三免两减半”等措施也值得南沙借鉴学习。

（2）金融支持

西安：设立30亿元汽车产业发展专项资金，用于支持汽车产业招商引资工作、重大项目建设、传统技术改造、重大技术攻关、产业平台搭建、配套体系建设及重点产品推广等。创新政府引导产业发展的方式，发挥财政资金引导作用，整合社会资本，组建总规模500亿元的产业基金，支持汽车产业发展。抓住国家调整经济结构的机遇，积极争取技术进步和技术改造专项资金，每年筛选一批典型的结构调整专项，在技术改造项目和科技创新项目补助资金安排上给予倾斜，促进产业调整升级。加强银企合作，整合汽车全产业链融资需求，与金融机构建立合作机制，扩大对汽车零部件企业信贷规模，降低整体贷款利率。鼓励汽车企业发展多层次资本市场。鼓励银行采用增加授信额度、银团联合贷款等方式，加大对汽车及零部件企业的信贷资金投入。鼓励金融机构开展产业链贷款，积极探索无形资产质押融资等信贷业务，积极发展集合债券等融资方式。鼓励金融机构与汽车生产企业合作建立汽车金融公司和融资租赁公司，为终端用户提供个性化融资服务，促进汽车消费。

南沙：筹资建设并获得市政府投资基金投资的汽车产业项目，鼓励南沙相关产业基金及其子基金进行跟投。支持区内股权投资企业投资汽车产业项目，根据其实际累计投资额给予最高1000万元奖励；对QFLP企业实际利用外资部分投资额，额外给予最高500万元奖励。支持汽车产业项目利用中小企业信贷风险补偿资金池，降低融资成本。支持汽车产业项目利用资本市场融资，对后备上市企业上市挂牌的，最高给予1000万元奖励；对企业利用资本市场再融资、发行债券或证券化产品的，最高给予600万元奖励。

相较于西安，南沙对汽车产业的基金支持不够明确，可借鉴西安经验设立汽车产业发展专项基金，更有针对性地为汽车产业发展助力。此外，可鼓励创新开发更多汽车产业类金融产品，为汽车产业企业融资提供更多产品选择。

（3）人才集聚

西安：加大汽车高端人才引进力度，对汽车企业高管、高端技术人才，优先纳入陕西省相关人才计划，享受省、市人才引进的优惠政策。加强汽车人才培养，优先将重点汽车企业生产管理人员、技术骨干纳入“三秦之光”基层人才培养计划，给予一定的经费支持。

南沙：为支持汽车产业人才集聚，设有骨干人才奖、高管人才奖、企业团队奖等，并对汽车产业项目的骨干人才、高管人才提供子女教育、住房保障等政策倾斜。

相较于西安，南沙在汽车产业政策中，对汽车产业项目的人才政策支持方向、倾斜力度更加明确，更有利于吸引汽车产业高端人才。

3. 升级创新

西安：主要对技术改造项目提供投资补助。对汽车及零部件技改项目，在建设有效期内，新增固定资产一次性实际投资在2000万~2亿元（含）的，补助最高不超过200万元；固定资产投入在2亿~5亿元（含）的，补助最高不超过300万元；固定资产投入达到5亿元以上的，补助最高不超过500万元。

南沙：致力于提升汽车产业自主创新能力。鼓励汽车及核心零部件创新发展。对汽车及核心零部件企业获得国家、省、市发展改革（或科技、工信）部门扶持的项目，采用后补助方式进行配套奖励，对国家级的给予100%、最高500万元的配套资金奖励；对省级的给予70%、最高300万元的配套资金奖励；对市级的给予50%、最高200万元的配套资金奖励。同一项目获得多级扶持的，以最高配套资金予以奖励。支持自动驾驶发展。对符合工业和信息化部L3自动驾驶及以上级别、并获得广州市科技（或工信）部门扶持的车型，按照市扶持资金的50%予以配套，单个企业每年最高不超过1500万元。

4. 做大做强

西安：侧重于支持企业品牌提升。对汽车及零部件汽车企业参加国际、国内组织的知名展会，按照展位费、特装费的50%给予补贴，单户企业最高不超过10万元；企业、行业协会（商会）和其他社会机构等组织西安市汽车产品展销、供需对接、产业合作、设计大赛等活动的，给予最高100万元补助；对在中央一级媒体做产品广告的企业，按照其广告费的5%给予补贴，每户企业每年补贴金额最高不超过300万元。

南沙：侧重于激励企业增加经济贡献。落户后至2025年，最高按照企业区级经济贡献的100%予以经营贡献奖励。对产值首次超过1000亿元、500亿元、100亿元、50亿元、30亿元、10亿元的企业，分别给予2000万元、1000万元、200万元、100万元、60万元、20万元的成长壮大奖励，奖励分两年平均支付，若第二年产值低于达标当年产值，则取消剩余部分奖励。

5. 推动应用

西安：强化政府采购支持，对于机关、事业单位和团体组织等财政性资金采购列入政府采购目录的产品和服务需求，在法律许可范围内或同等条件下，应优先采购本地汽车产品和服务。鼓励市内公交车、环卫车、景区观光车、机场通勤、城市快递等领域在同等条件下优先使用本地汽车，引导市内出租车优先使用本地新能源汽车。进一步提高政府部门和公共机构新能源汽车的使用率，加快公共领域纯电动化进程。进一步优化新能源汽车的使用环境，扩大新能源汽车的使用范围，从政策层面保障新能源汽车不受限行、限号的制约，促进新能源汽车销售。加强与全省及周边地区沟通合作，支持汽车企业定期或不定期地开展产品促销活动，扩大西安市新能源汽车产品在陕西省其他地区的销售使用。支持汽车整车企业在零部件价格、质量相同的条件下，优先选择本地零部件配套企业，不断增强西安市零部件的整体配套能力。

南沙：开放智能网联与新能源汽车应用场景。加快氢能应用场景示范。对于区内购买氢燃料电池汽车的企业给予补贴，最高按每台实际购买价格的10%予以补贴，单台氢燃料电池汽车补贴最高不超过20万元，每家企业最高不超过2000万元。对加氢站获得国家、省、市扶持的，对国家级的给予100%、最高500万元的配套资金奖励；对省级的给予70%、最高300万元的配套资金奖励；对市级的给予50%、最高100万元的配套资金奖励。获得多级扶持的，以最高配套资金予以奖励。每个加氢站获得的各级财政补贴超过500万元或超过加氢站固定资产50%，则超过部分不予补贴。加快推进智能网联汽车应用示范。对已取得广州市智能网联汽车道路测试通知书的企业，按照其申请通知书所产生的封闭测试技术服务和检测技术服务费用给予不超过30%的补助，每台测试车辆最高补助不超过20万元，同一企业每一年度累计补助最高不超过500万元；鼓励本区自动驾驶企业在区内开展自动驾驶智能化车辆广泛出行服务，有序开展出租车、公交、短途接驳、物流配送、垃圾清扫车等示范应用场景，对于载人示范车辆，上一年度车均安全行驶里程达到3万公里，按每车5万元给予补贴；对于非载人示范车辆，上一年度车均安全行驶天数达到200天，按每车2万元给予补贴，同一企业每一年度累计补助最高不超过500万元。

西安通过强化政府采购，鼓励优先采购本地区汽车产品及服务，优先选择本地零部件配套企业，大力促进本地车企及上下游企业发展。南沙则通过开放智能网联与新能源汽车应用场景，带动全产业链技术进步与产业规模化、商业化发展。相较于西安，南沙的举措更体现出现代政企关系——政府更多做好服务，其他更多交给市场。但西安对本地汽车产业的大力支持也值得南沙借鉴，尤其在当前汽车产业面临整体内外需求增长乏力、存量竞争日益激烈的局面下，帮助企业“稳需求”促发展。

6. 其他

西安：减除杂费。进一步梳理涉企收费目录清单，凡没有法律法规依据的涉企收费项目一律取消，加大对干扰企业正常生产经营活动违法行为的打击力度。

南沙：未在汽车产业政策中专门提及，但此前颁布的《广州市人民政府关于落实广东省降低制造业企业成本若干政策措施的实施意见（修订版）》从多角度为企业减税降费，切实降低企业成本。

（三）横琴、前海、南沙支持高端装备制造业发展的政策差异

同为《粤港澳大湾区发展规划纲要》中明确的重大战略合作平台，珠海横琴、深圳前海、广州南沙在战略定位、政策支持、产业方向等方面，既有相似之处，又有差异之处。以下，将对三地建设方案在高端装备产业发展上的差异定位及三地在高端装备产业发展上相关政策的异同进行对比分析。

1. 高战略定位，强政策支持，各有侧重

《横琴方案》全面贯彻落实习近平总书记关于粤澳合作开发横琴的重要指示精神，侧重于丰富“一国两制”伟大实践，核心在于制度创新，统筹“新平台、新空间、新示范、新高地”建设，侧重于面向澳门开发，加强粤澳交流。《前海方案》聚焦“扩区”和“改革开放”两个重点，即打造大湾区全面深化改革创新试验平台，建设高水平对外开放门户枢纽，政策支持的核心在于服务业开放。《南沙方案》则突出“粤港澳全面合作”和“面向世界”两个关键，强调与港澳协同，共同扩大对外开放：将南沙打造成为香港、澳门更好融入国家发展大局的重要载体和有力支撑，全面协同是核心。

国家对粤港澳大湾区建设高度重视，对三大方案均给予了强有力政策支持，

为三地产业发展提供了优越的环境基础。南沙致力于推动粤港澳全面深化合作，对高端装备产业集聚、联动发展具有较强吸引力和促进作用，而面向世界的开放包容姿态也有利于吸引国际高端人才和企业落户南沙。

2. 产业方向、空间布局差异较大，南沙高端装备产业发展具有后发优势

横琴布局发展急需的科技基础设施，实施大科学计划和大科学工程，构建技术创新与转化中心，打造大湾区科技创新重要支点，发展集成电路等微电子供应链和新材料新能源产业集群。前海聚焦港澳优势领域，创新科技合作体制，推动科技成果向技术标准转化；完善全链条配套支持，推动基础研究成果转化；引进创投及研发机构，加快建设现代海洋服务业集聚区。南沙大力建设科技创新产业合作基地，承接香港科技创新成果转移转化、推动海洋科技力量集聚、高水平建设南沙科学城、打造智能制造产业链、建设专业化机器人创新中心、建设国际光缆登陆站和数据服务试验区。

横琴在高端装备产业布局的细分领域上，与南沙有所交叉，但差异更大，南沙重点发展的航空航天、海洋工程、新能源汽车、高技术高附加值船舶等均非横琴产业发展重点领域，同业竞争较少，横琴较先发展布局的制造业可为南沙发展高端装备产业提供协同合作。前海发展的重心在开放服务业，与南沙产业发展方向差异更大，竞争关系不强。此外，《南沙方案》涉及广州市南沙区全域，总面积约 803 平方公里，远高于《横琴方案》的 106 平方公里和《前海方案》的 120.56 平方公里，并且《南沙方案》发布相对较晚，在空间布局上，南沙具有更大施展空间，为高端装备产业发展提供了良好的空间基础。南沙可在更好的顶层规划设计下，进行更优布局，为入驻企业提供更优空间服务，对往往需要较大空间的高端装备产业而言，具有更强的吸引力。

3. 南沙税收优惠政策落地迅速，有特色也有不足

《南沙方案》出台百日，三项税收优惠政策迅速落地，包括对港澳居民个税优惠政策、先行启动区鼓励类企业实施减按15%税率征收企业所得税，高新技术重点行业企业进一步延长亏损结转年限，其中，高新技术重点行业企业进一步延长亏损结转年限唯南沙所独有。但对比横琴合作区，除了15%的税率优惠外，还对区内设立的旅游业、现代服务业、高新技术产业三大行业新增境外直接投资取得的所得予以免征企业所得税，以及资本性支出予以一次性税前扣除或加速折旧和摊销。此外，横琴合作区的个税政策适用范围较广，包括了境内和境外人才，前海和南沙仅限于对境外人才个人所得税税负差额给予补贴，同等条件下，横琴合作区对吸引境内人才更有优势。可见，对比横琴合作区，南沙税收优惠政策仍有一定提升空间，同属大湾区，积极争取向更大优惠政策看齐，以提升南沙对高端人才、优质企业的吸引力，为高端装备产业发展补齐政策短板。

五、政策建议

基于以上分析，为促进广州市南沙区高端装备产业的有序发展，进一步提高区域经济的贡献率，提出以下政策建议。

（一）加快政策制定更新迭代速度，加快完善高端装备产业及相关领域政策体系

政策空白补位。南沙区现行政策缺乏针对高端装备制造产业及其所涉及的细分领域的专项措施，对鼓励高端装备制造产业重点发展缺少具体政策依据。广州市南沙区工业和信息化局于2022年7月5日颁布《广州市南沙区关于支持汽车产业发展的若干措施（征询意见稿）》，对南沙区汽车产业发展具有极大激励作用。但文件为征求意见稿，正式文件尚未颁布，对促进相关企业发展，政

策依然处于空白待补位状态。此外，对高端装备制造产业所涉及的其他细分领域，如数控机床、海洋工程、船舶制造等，更是缺乏具体政策。高端装备制造产业发展亟待相关领域政策体系的完善。

政策更新过渡。2022 年 6 月，国家出台《南沙方案》，南沙发展迎来了新的历史起点，社会各界对南沙新政策出台充满期待。适逢南沙多项政策到期失效，多项政策处于政策过渡期，亟待更新。应当加快政策更新迭代速度，缩短政策更迭“空档期”，消除企业、人才对南沙现行适用政策的疑惑，让企业、人才放心来。同时，也要注意做好政策平稳过渡，尤其在企业人才引进、认定等方面，为企业、人才做好服务，注意维护和提升企业、人才对政府的“好感度”。

（二）着力培育现代高端装备产业集群，构建高端装备产业创新生态圈

高端装备产业应该与其他相关产业形成紧密的产业链和产业集群，加强产业协同发展，提高整个产业的竞争力和发展水平。南沙现有政策体系对完善产业链、企业间联动发展的激励力度不足，政府应当把重点产业集群发展、融合发展的理念更加深刻地贯彻到具体措施中去，一以贯之。落实南沙先进制造业“十四五”规划要求，推动企业与链群融合，培育发展新主体。发挥大企业支撑引领作用。围绕建链、补链、强链、延链，培育壮大一批生态主导型“链主”企业和细分领域领军企业，串联全区产业链健康发展。在产品集成度、生产协作度较高的领域，支持重点企业面向产业链关键环节和核心技术实施兼并重组，加快产业链关键资源整合，形成一批根植南沙、处于价值链顶部、具有全产业链号召力和一定影响力的龙头企业。充分发挥“链主”企业、细分领域领军企业的关联带动和辐射效应，瞄准产业链上下游关键环节，引进和培育更多优势配套企业，嫁接和拓展关联产业链群。推动大中小企业融通发展。鼓励采取研

发众包、“互联网＋平台”、大企业内部创业、构建企业生态圈等模式，促进大中小企业间的业务协作、资源共享和系统集成。充分发挥大企业的主导作用、小企业的专业化优势和发展活力，促进产业链上下游关联协同、大中小企业融通互动，推进产业集聚化、链条化、高端化、智慧化发展，形成良好的产业互动合作机制，打造竞争力强、自主可控的现代化产业链网络[①]。

（三）提供多元化融资渠道，全方位提升金融服务水平

高端装备产业的研发和生产需要耗费大量资金，多元化融资渠道对促进企业发展具有重要意义。南沙当前对支持高端装备产业发展缺乏完善的金融配套政策体系，需帮助企业拓宽融资渠道，为企业提供更具竞争力和更多样化的融资选择，全方位提升金融服务水平，为企业发展减少后顾之忧。具体而言：引导金融机构加大对高端装备企业的信贷支持力度，推动金融机构与高端装备企业之间的合作；建立高端装备产业项目投融资服务机构，为高端装备产业的项目融资提供专业的一站式服务，引进风险投资基金、私募基金等长期、稳定的资金支持；促进银行和企业的合作，建立银企合作基地，引导银行加强与企业的合作，为企业提供不同形式的金融服务，如贷款、保证金和信用担保等。此外，可以建立风险投资机制，为高端装备产业的企业提供融资支持。利用政府引导基金、天使投资等进行引导，吸引社会资本投入高端装备产业。同时，可以建立交流平台，实施风险分担和收益共享机制，进一步降低企业的融资风险。

（四）适当放宽政策受惠范围，突出对重点发展领域的政策倾斜

《南沙方案》出台后，为迅速落实国家对南沙的战略部署要求，加速南沙

① 《关于印发广州市南沙区先进制造业发展“十四五”规划的通知》，广州市南沙区人民政府网，2022 年 1 月 21 日。

招商引资与经济发展，广州市南沙区政府及相关部门各项政策或征求意见稿陆续出台。但已颁布实施或征求意见稿中拟实施条款，普遍而言对政策适用条件要求较高，切实能享受到政策优惠的企业非常有限。此外，在现行政策体系中，对重点发展领域、重点产业链的强调力度不足，政策上未能很好地体现对重点领域的支持倾斜及对重点产业集群发展的重视。南沙作为后起之秀，拟加速赶超，在启动之初，不妨将政策适用条件适当放宽，纳入更多潜力企业、人才，更大程度发挥政策的激励效应。同时，增加在政策中对重点发展领域的强调，突出其战略地位高度，以支持要素优先向重点产业领域集聚。

总之，广州南沙区要提高对高端装备产业发展的重视，积极打造高端装备产业的生态圈，优化财税、金融等扶持政策，提高营商环境，以不断提高企业自身实力和市场竞争力，促进广州南沙区高端装备产业的快速发展。

第八章

南沙生命健康产业的基础优势和优化方向*

一、发展目标

随着人口老龄化程度的加深，我国政府对生物医药产业发展更加重视，生物医药产业作为关键词频频出现在多个重要文件和活动中。2010 年《国务院关于加快培育和发展战略性新兴产业的决定》中明确指出，生物产业是七大战略性新兴产业之一。广东省政府对于粤港澳大湾区生物医药产业的规划做出明确指示，未来在粤港澳大湾区中，广州将打造大湾区生物医药合作区以及研发中心[①]。《南沙方案》中提到，南沙新区（以下简称南沙）的发展目标是立足湾区、协同港澳、面向世界，并且要大力发展高新技术产业。根据《广州南沙企业所得税优惠产业目录（2022 版）》，生物医药产业在高新技术重点行业中占有 7

---

* 本章作者为中央财经大学研究生院院长、教授白彦锋，中央财经大学博士研究生李泳禧，伦敦政治经济学院硕士研究生杨迅羽。

① 王兴棠：《2020 年度粤港澳大湾区生物医药产业发展报告》，载于《粤港澳大湾区协同发展报告（2021）》，社会科学文献出版社，2021。

个税收优惠条目，将成为南沙主要发展的产业之一。

《南沙方案》对南沙在粤港澳大湾区的功能定位做出明确指示，设立了短期目标和中期目标。

在高新技术产业方面，南沙要打造重大科技创新平台。高水平建设南沙科学城，布局前沿交叉研究平台，建设世界一流研究型大学和研究机构，增强原始创新能力。加快中国科学院明珠科学园建设，整合中国科学院在广州研究所、全国重点实验室等科技创新资源，打造具有竞争力的中试和应用推广基地。健全科技成果交易平台，完善科技成果公开交易体系。

在此基础上，广州市人民政府在《广州市加快生物医药产业发展若干规定（修订）》和《广州南沙新区（自贸片区）促进生物技术产业发展扶持办法》中对生物医药产业提出了许多目标，首先是提升创新研发能力、完善临床研究服务体系、推进创新成果产业化、强化产业支撑保障，提升产业政策协同水平和综合竞争力，在原有基础上进一步集中资源促进生物医药产业高端化、规模化、集约化发展，集聚全球创新资源和高端要素，推进本区生物技术产业发展，最终要打造全国新药创新策源地、全球新药临床试验集聚地、全球生物医药产业新高地。

二、发展现状

（一）产业格局及南沙概况

生物医药产业作为新时期粤港澳大湾区践行创新驱动发展战略的重要产业，在各地政府出台的多项政策鼓励下，规模不断壮大，体系逐步完善，已形成全国领先的生物医药产业集群。《2019 年中国粤港澳大湾区生物医药行业研究报告》指出，粤港澳大湾区生物医药产业规模在未来一段时间依然会保持 10% 以上的年增长率，成为大湾区经济增长的新支柱。粤港澳大湾区的生物医药产业集群现阶段是以广州和深圳为主的双核驱动。广州形成了以广州科学城、中新广州知识城以及广州国际生物岛为“两城一岛”的生物医药产业基地和国家自主创新示范区①。目前南沙已形成生物谷、健康谷、医谷等生物科技产业发展集聚区，产业发展空间巨大。

当前南沙生物谷、健康谷处于起步阶段，生物医药企业主要集中于广东医谷南沙产业园（以下简称广东医谷）。广东医谷作为南沙生物医药产业的标杆，是南沙第一家国家级科技企业孵化器。广东医谷总建筑面积 18 万平方米，是广州重点工程及重点扶持单位，也是广州产业园提质增效试点园区、广东省小型微型企业创业创新示范基地及广东省服务型制造示范平台，开园运营仅 2 年就获评南沙区首个国家级科技企业孵化器，并成功入选第一批广州特色产业园区。

广东医谷共入驻 300 多家企业，其中院士企业 2 家、上市企业 2 家、国家级重大工程企业 13 家、高新技术企业 38 家、创新人才团队企业若干。知识产权申请 3321 件，第二类和第三类医疗器械注册证书 156 件。截至 2022 年 12 月 31 日，园区企业累计融资 60 亿元，累计营收达 55 亿元，累计税收 1.2 亿元，引进院士 2 人，国家重大人才工程入选者 17 人，广东省珠江人才 1 人，广州市创新人才 2 名，南沙高端人才 13 名，带动就业 1680 余人，经济和社会效益得到行业认可。②

① 王兴棠：《2020 年度粤港澳大湾区生物医药产业发展报告》，载于《粤港澳大湾区协同发展报告（2021）》，社会科学文献出版社，2021。

② 数据来源：《广东自贸试验区建设为全国提供“广东经验”》，央视网，2023 年 7 月 3 日。《广东医谷孵化服务成效显著》，中国发展网，2023 年 8 月 7 日。

（二）产业链分析

生物医药产业分为上游、中游、下游。生物医药产业的上游主要包含两个层面，一个是生物医药的原材料生产企业，另一个是生物医药的技术研发企业。生物医药产业的中游是生物医药的生产企业。生物医药产业的下游是生物医药的销售终端，如医疗机构以及零售药店等。

生物医药产业上游主要包括原材料生产企业以及生物技术研发企业。首先，南沙生物医药企业的原材料生产企业主要分为两类：外资企业及本土企业。外资企业有强大的技术作为支撑，具有强劲的科研实力，在南沙生物医药原材料供给端处于龙头位置。本土企业虽然可以对生物医药原材料进行部分供给，但是由于发展时间较短或规模较小，生产技术以及原材料供给品种单一，在产业链上游市场占有率低，对市场影响力弱，竞争能力低。南沙的生物医药研发企业主要依托广东医谷、南沙生物谷、南沙健康谷等产业基地，形成核心产业集聚区。生物医药企业的技术研发主要集中在细胞治疗及再生医学、医疗器械等领域。细胞治疗细分领域有博雅辑因、天科雅、润生细胞等龙头企业；医疗器械细分领域有康润生物、百盛生物等新兴企业。综上所述，在南沙生物医药产业的上游，虽然在原材料方面，本土企业处于劣势地位，但是在技术研发领域，南沙的生物医药企业处于蓬勃发展阶段。

生物医药产业中游主要由生物医药生产企业组成，主要分为外资企业及本土企业。在南沙，外资生物医药企业主要包括沃森生物、龙沙制药以及琪宝制药等。这些企业具有完善的生产体系以及较强的科研能力，从而具有较强的市场实力。本土生物医药企业包括华润医药、因明生物及海思卡尔等。这些企业在国内具有较强的研发能力，但生产销售网络有待完善，从而在市场上与国外生物医药企业竞争力相对较弱。南沙的本土生物医药生产企业还包括高新技术成长型企业。这类企业呈现高速发展的态势，对于粤港澳大湾区生物医药产业发展壮大发挥了重要作用。总体而言，南沙生物医药产业链中游竞争激烈，但本土高新技术企业发展后劲十足，具有后来居上的发展潜力。

生物医药产业下游主要是各级医疗机构以及部分零售药店等。根据《南沙新区医疗卫生机构设置规划（2016—2025年）》，计划至2025年，南沙将投入55亿元用于改（扩、迁）建11家区属公立医院，新建5家区属公立医院。医疗资源的不断丰富、越来越多的医疗人才涌入、越来越多的医院发展升级，为南沙生物医药产业的发展提供了良好的基础。随着中国医疗改革的不断深入，医药分开、两票制改革等政策的实施为医药零售发展提供了难得的机遇。南沙的医药零售药店主要是大型连锁药店。随着居民收入水平的提升，越来越多的消费者开始注重自我医疗保健。由于医院排队时间长且需要提前预约等，很多居民选择到零售药店咨询购药，从而为药店的蓬勃发展提供了便利。整体而言，生物医药产业链下游企业的分布与南沙经济发展有紧密关系。

三、政策现状

自2019年起，广州市政府及南沙区政府就先后发布了三则对生物医药产业的扶持政策，分别是《广州市人民政府关于印发广州市加快生物医药产业发展若干规定（修订）的通知》（以下简称《通知》）、《广州南沙新区（自贸片区）促进生物技术产业发展扶持办法》（以下简称《生物技术办法》）、《广州南沙促进生物医药产业高质量发展扶持办法》（以下简称《生物医药办法》）。上述扶持政策主要涉及八大方面，分别是固定资产投资补贴、药品研发创新补贴、药品产业化补贴、医疗器械创新及产业化补贴、构建生物医药技术服务平台补贴、促进产业聚集补贴、推介交流补贴和人才保障补贴。根据扶持手段又可以将政策分为财税政策和金融政策，其中财税政策多以财政补贴、税收优惠条款为主，金融政策多以贷款贴息、创立产业投资引导基金为主。

（一）财税政策

2019 年起广州市政府和南沙区政府发布的三则扶持政策中，扶持政策以财税政策居多，金融政策偏少。针对生物医药产业的财税政策多体现为财政补贴，税收优惠条款除所得税优惠外缺乏其他政策。补贴以一次性给予资金奖励的形式为主。下文将从上述八大方面分别概述南沙生物医药产业的相关优惠政策现状。

1. 固定资产投资补贴

目前南沙的补贴形式较为多样，补贴比例有所上调。在《通知》和《生物医药办法》等政策中，鼓励和支持生物医药企业在建设生产厂房和办公用房，对生物技术企业租用场地投资新建符合药品生产规范厂房的，按投资额给予一定比例的奖励。固定资产投资补贴的比例也从原来最高 10% 变为最高 25%，同时沿用租用科研、办公场地补贴。

综上所述，当前在固定资产投资方面主要的政策是按一定比例给予固定资产投资奖励和 3 年场地租金的补贴。

2. 药品研发创新补贴

当前政策间差异较大，覆盖面广。初期的政策内容较宽泛，补贴标准是能否获得新药证书或注册批件，具体补贴金额则视情况变动，最高不超过 5000 万元。此外，还提出了对非新药、新兽药以及仿制药的补贴政策。其中，仿制药若通过一致性评价就可获得 200 万元的一次性奖励，金额是非新药和新兽药的数倍。《通知》中还规定了对新药临床试验和专家项目、团队的补贴。后续的扶持政策又进一步上调了新药项目临床试验的资金配套奖励，比例最高可达 100%。

总体来看，扶持政策的力度大，但年度间变化不大。政策的覆盖面较广，涉及新药研发、临床试验、专家项目、一致性评价等多个方面。南沙区适用的政策与全广州市适用的政策差异较小，只有临床试验的补贴金额显著高于广州市政策，其余部分有改进空间。

3. 药品产业化补贴

针对在本区进行产业化生产的新药或先进技术，《通知》推出了一系列补贴政策。政策的补贴方式都是根据项目的投资额按比例给予资金支持。值得一提的是，新公布的《生物医药办法》中，对 1 类和 2 类的生物制品、化学药、天然药物在产业化的临床阶段给予了研发费用 40% 的补贴，是以往补贴比例的 1~2 倍，补贴力度很大。此举意在吸引具有竞争力的生物医药企业进入南沙的生物谷进行生产研发，促进南沙的产业聚集。

4. 医疗器械创新及产业化补贴

在医疗器械创新及产业化方面，政策内容较单一，补贴力度年度间有调整。无论是初期还是最近新公布的扶持办法，都是针对第二、第三类医疗器械产品和通过国际权威认证的医疗器械的投入费用进行补贴。初期政策是核定费用后，按项目单独确定奖励金额，上限分别为 300 万元和 500 万元。后续在此基础上对先研发创新后生产销售的和仅在南沙进行生产销售的医疗器械进行了分类，实施不同的财政补贴，并且下调补贴上限，沿用先前对国际权威认证的补贴。对于广州南沙区来说，补贴的比例高，但补贴的上限低，更有利于规模较小的企业成长。

5. 构建生物医药技术服务平台补贴

在构建生物医药技术服务平台方面，根据不同平台的特点，按照建设经费的不同比例给予奖励。在《通知》中，临床试验服务平台、生物医药产业中试及生产平台两类平台可享受补助政策，补助额度不超过项目总投资的 30%，单个项目不超过 1000 万元。南沙区则是对获得国家部委、省、市立项的公共服务平台项目资金分别给予 100%、70%、50% 配套，单个公共服务平台项目各级资金配套累计最高不超过 500 万元。

6. 促进产业聚集补贴

在产业聚集方面，广州南沙的政策优势明显，与实际情况相结合。广州市政府先前对生物医药产业聚集的利好政策较少，仅有一条与构建生物医药技术平台相关的补贴政策，鼓励与研发服务机构无关的市外生物医药企业落户，按照和服务机构签订的合同金额的 5% 给予奖励。但在南沙的扶持办法中，有针对产业聚集的利好政策。一个是对生物医药龙头企业的奖励，另一个是对中小企业聚集的奖励。对于不同规模的企业，南沙市政府都出台了固定资产投资上的补贴政策。对于龙头企业，南沙希望其落户投产，购置土地投资新建生产的可以享受固定资产投资额 30% 的奖励；对于中小企业，南沙希望其迅速聚集形成业态，因此给予 50% 的场地租金补贴。由于南沙的生物医药产业尚不成熟，亟须大中小企业注入力量，而广州市其他区已有较完整的产业链，因此南沙在产业聚集方面的补贴较为突出。

7. 推介交流补贴

在推介交流方面，政策范围更多关注市级层面的峰会、交流活动等，南沙的特殊政策较少。广州市政府对生物医药产业峰会、论坛和专业展销会等大型交流宣传活动给予了可观的资金扶持。高水平、高层次的学术交流活动可按实际发生总额的 30% 享受补助；国内外专业展销会、博览会等大型生物医药宣传推介活动可以按实际支出的 50% 享受补助；各区的生物医药行业协会或产业联盟，政府每年给予最高 50 万元资金扶持。南沙在广州市的政策上又新增了部分活动扶持经费对本区生物技术企业举办的论坛、赛事进行扶持。

8. 人才保障补贴

在人才保障方面，南沙有特殊的人才奖励。《生物技术办法》中提出，对于年应税工资 30 万元以上的高级管理、技术人才按照其个人经济贡献 40% 比例给予特殊人才奖励，其在本区生物技术企业中取得的非薪金收入按照其个人对地方经济贡献的 80% 给予奖励。南沙的人才奖励力度较大，高级管理、技术人员能享受到总计高达个人经济贡献 100% 的奖励，对人才的吸引力强，但仍需其他配套设施的跟进。

（二）金融政策

目前从金融方面支持南沙生物医药产业发展的政策较少。《生物技术办法》中只提及两条。一是对纳入本区重点项目库的生物技术企业提供占股比例不超过 20% 的股权投资支持，股权投资支持的政策由区属产业基金负责，每个企业最高 3000 万元并按市场化方式退出。二是对本区生物技术企业在商业银行机构贷款，利率超出中国人民银行同期贷款基准利率的部分给予补贴，单笔贷款贴息期限最长不超过 1 年，一笔贴息金额最高不超过 100 万元。

四、政策比较研究

为明确产业发展定位，发现当前问题，通过与珠海横琴粤澳合作中医药科技产业园（以下简称横琴产业园）和深圳市生物医药创新产业园（以下简称深圳产业园）两个园区已实施和即将出台的政策对比，进行多方面的逐一分析。

（一）财政政策的对比情况

1. 固定资产投资补贴政策

在产业园建设初期，南沙产业园、横琴产业园和深圳产业园都出台了不同的固定资产投资补贴政策，差异主要体现在范围和力度的不同。

横琴产业园方面[①]，在产业园兴建初期就对园区开发公司的土地平整费给予150元/米^{2}的补贴。同时，按照合作区政策为签署租赁合同期限不少于三年的机构给予租金补贴。补贴额度为每月50元/米^2，补贴面积最高不超过2000平方米，最多补贴36个月。对专家牵头和国家认定的重大研发创新项目，补贴额度可上调至每月100元/米^2。

深圳产业园方面[②]，市政府对经认定的生物企业入驻政府投资建设的创新型产业用房给予租金补贴。首3年入驻企业用地500平方米以下部分免房租，500~1000平方米部分房租减半资助，并且在市政府土地利用年度计划中将优先满足生物产业项目用地的需求。

南沙产业园方面，固定资产投资分为场地租金、设备厂房和GMP建设。对于场地租金，南沙对年研发投入或营业收入在1000万元以上的生物医药企业给予租金50%的补贴，补贴单价不超过每月25元/米^2。对于设备厂房投资超2亿元以上的龙头企业，按投资的30%给予奖励。对投资新建GMP的生物医药企业依据固定资产投资额，分别按20%、10%的比例给予奖励。

综上所述，南沙产业园在固定资产投资补贴方面的补贴范围较广，但补贴力度不如横琴产业园和深圳产业园，可享受补贴的对象也较少，补贴时限与横琴产业园、深圳产业园一致，均为不超过3年。

2. 药品、医疗器械研发创新及产业化补贴政策

药品和医疗器械的研发创新及产业化涉及每个生物医药产业园最核心的竞争力。三个产业园区在这个方面都有一系列针对不同情况的补贴政策。

横琴产业园方面，市级财政经费专门划款3000万元用于支持生物医药技术的攻关、应用。一类新药一次性补助为200万元，二类新药一次性补助为50万

① 参考《横琴新区支持粤澳合作中医药科技产业园发展的若干措施》。

② 参考《深圳市人民政府关于印发深圳生物产业振兴发展政策的通知》。

元，三类新药和第三类医疗器械产品一次性补助为20万元，第二类医疗器械产品一次性补助为10万元，对自主研发申请国内外专利的企业还给予专利资助。同时将自主创新产品纳入政府优先采购清单。值得一提的是，横琴结合自身特色，推出了对中医药和大健康产品的研发奖励，奖励比例分别为研发费用的50%和40%。这一系列特色措施在南沙政策中涉及较少。

深圳产业园方面，政府成立产业专项资金，每年集中5亿元用于支持生物产业发展。对重点研发、产业化项目和重点实验室，专项资金最高予以1500万元资金支持；对符合规定的研发机构和投资额超2亿元的重大建设项目，专项资金最高予以500万元资金支持；对通过国际市场准入认证的，专项资金最高予以800万元资助，同时将自主创新产品纳入政府优先采购清单。

南沙产业园方面，研发创新政策分为三个部分，分别是临床试验补贴、医疗器械注册证奖励和一致性评价奖励。临床试验补贴主要是针对1类、2类生物制品以及化学药、中药和天然药物，给予研发费用40%的补贴，最高分别不超过800万元和200万元，并且在I期、II期、III期临床试验都给予不同金额的研发补贴。对取得医疗器械注册证并在本区产业化的第二、三类医疗器械产品按研发费用的40%，分别给予最高不超过200万元、300万元的奖励。对全国前3名通过一致性评价且中选全国药品集中采购的药品每个奖励200万元。

综上所述，从补贴对象来看，横琴产业园和南沙产业园的补贴政策倾向于对药品、医疗器械产品直接补贴，深圳产业园倾向于对重点的机构、项目直接补贴；从补贴力度来看，深圳产业园的补贴力度最大，财政拨款最多，南沙产业园其次，横琴产业园再次；从补贴方式来看，横琴产业园、深圳产业园和南沙产业园都有直接给予资金奖励的补助，但横琴产业园和深圳产业园还将创新产品纳入政府优先采购的清单，是促进企业创新成果转化的有效方式。

3. 生物医药技术服务平台补贴政策

生物医药企业进行技术研发的过程中需要生物技术服务平台的专业支持，因此在各产业园的建设初期，都有对加快生物医药技术服务公共平台的补贴。

横琴产业园方面，对能纳入珠海公共实验室、引进国家重点实验室在珠海设立分支机构的生物医药研发检测机构优先给予资金扶持，对生物医药企业需要的专业性公共平台采用“一事一议”的形式加以支持。后期对公共服务平台、医药研发合同外包服务平台分别出台设备购置补贴和使用平台费用补贴。

深圳产业园方面，对符合规定条件的研发中心、工程实验室、重点实验室、工程中心、公共技术服务平台，专项资金予以最高500万元资助。对经认定生物医药产业应用基础平台，按照项目总投资的40%予以资助，最高不超过5000万元；对于已建成运营的产业应用基础平台，按照其上年度为与本机构无投资关系的企业服务金额的10%予以资助，每年最高不超过500万元。

南沙产业园方面，对生物医药技术服务平台的补贴多为市级政策，鲜有南沙独享政策。南沙对于获得国家部委、省、市立项的公共服务平台项目资金分别给予100%、70%、50%配套，单个公共服务平台项目各级资金配套累计最高不超过500万元。广州市对经认证的公共技术服务平台、药品中试平台、临床研究医院和安全性评价平台，根据通过的认证不同，奖励不同的金额。

综上所述，横琴产业园、深圳产业园和南沙产业园的补贴范围差异不大，但深圳产业园的补贴力度显著大于南沙产业园和横琴产业园，补贴方式都为资金奖励。

4. 产业聚集补贴政策

产业园要发展就需要有完善的产业链和产业集群，在初期，政策为其提供发展保障是非常有必要的。三个产业园区根据发展目标制定了一些相同的和不同的产业聚集政策。

横琴产业园方面，补贴政策的对象覆盖了各个规模和产业链的大部分行业。对生物医药龙头企业新获国家级、省级、市级技术中心的，分别给予 200 万元、100 万元、50 万元的一次性奖励；对产业园建设的中小生物医药企业孵化器给予 100 万元的经费补贴；对获得国家或省级产业集群示范区、专业镇、特色产业基地等称号的，给予所在镇（街道办）50 万元的奖励；对生物医药领域的产学研合作重大专项予以专项资金的倾斜。

深圳产业园方面，专项资金每年安排不低于 300 万元用于推动生物企业积极参与国际国内标准化活动、制定具有自主知识产权的技术标准；对产业链缺失环节的产业化项目，专项资金予以最高 500 万元的资助。

南沙产业园方面，政策按补贴对象划分为龙头企业落户奖励和中小企业聚集奖励。对国际、国内知名生物医药企业在南沙购置土地投资新建生产、研发设备且固定资产投资 2 亿元以上的，按其固定资产投资的 30% 给予奖励；对年研发投入 1000 万元以上或年营业收入 1000 万元以上的，连续三个自然年给予其对本区经济贡献 50% 的奖励外加租金补贴。

综上所述，横琴产业园的补贴范围较大，南沙产业园的补贴范围较小但补贴力度强，深圳产业园的补贴金额视情况而定，但市政府拨款较多，均为一次性资金补贴。

5. 人才保障补贴政策

各个园区的补贴政策里都有对相关产业创新人才的补助和专项资金支持，并且各个园区都会结合自身发展目标和特色推出不同的鼓励计划。

横琴产业园方面，政策强调对三类人才的引进，一类是领军型人才和创新团队，一类是高级应用型人才，一类是境外优秀人才。对领军型人才和创新团队加大力度给予支持，努力促进创新团队扎根园区；对高级应用型人才，园区计划设立博士后科研工作站，通过市人才资源开发专项资金给予支持；对境外优秀人才来创办生物医药企业、从事科研教学工作，符合条件的项目，在本市留学人员专项资金中给予经费资助，并且鼓励生物医药企业加大向关键岗位和优秀人才的收入分配倾斜力度，完善技术参股、入股等产权激励机制。

深圳产业园方面，补贴政策形式多样，惠及生活各方面。有住房、配偶就业、子女入学、学术研修津贴等优惠政策。对在本市经认定的生物企业连续从事研发工作 1 年以上的创新人才，根据其贡献程度，给予一定的资助；对博士后流动站考核合格的博士后人员每人每年发放 5 万元生活补助；对来深圳创业的创新人才、团队，市科技研发资金每年安排 600 万元支持创业竞赛优胜者创办生物企业。

南沙产业园方面，补贴政策主要针对高级管理、技术人才。南沙对本区生物技术企业年度应纳税工资薪金 30 万元（含）以上［科研机构年度应纳税工资薪金 20 万元（含）以上］的高级管理、技术人才，按照其个人经济贡献 40% 比例给予特殊人才奖励，符合条件的还可在企业经营贡献奖中获得高管人才奖励。

综上所述，南沙产业园和深圳产业园的补贴范围比横琴窄，但是南沙产业园、深圳产业园对符合条件的人才补贴金额较高，并且深圳产业园在人才保障的配套设施上措施更加细致、成熟，南沙产业园在这方面有待完善。

6. 推介交流补贴政策

为推广自身，打造产业园品牌效应，除了促进企业研发创新、人才不断引进外，园区往往会颁布有关推介交流活动的补贴政策。

横琴产业园方面，为鼓励建立和完善本区生物医药行业中介服务机构，支持生物医药行业中介服务机构根据发展需求定期组织论坛讲座，按照活动需求的不同，单个项目分别给予不超过 2 万 ~3 万元的补助。

深圳产业园方面，为了充分发挥中国国际高新技术成果交易会的平台、窗口作用，专项资金每年安排不低于500万元，用于资助在深圳举办中国国际医疗器械博览会等生物产业展会，深圳生物企业参加全国药品交易会、德国国际医院及医疗设备展览会等境内外生物产业专业展会，并且依托中国工程院在深圳举办的中国生物产业论坛，搭建国际一流学术交流平台。

南沙产业园方面，专门出台的政策较少，当前适用的只有从《广州南沙新区（自贸片区）促进现代服务业发展扶持办法》每年2000万元的活动扶持经费中，每年安排经费对本区生物技术企业在本区举办的论坛、赛事等活动进行扶持。

综上所述，南沙产业园在推介交流方面政策较少，知名度还未完全打开，与横琴产业园、深圳产业园的初期政策尚有差距，需要结合自身发展特点拟定相关政策。

7. 特有政策

本节主要介绍横琴产业园、深圳产业园与南沙产业园不同的一些特有发展政策，因此不采用三个园区对比的方式介绍，将依据各政策关键词分别介绍。

（1）发展目标与自身特色相结合

在横琴产业园和深圳产业园近期推出的政策中，分别都有许多与园区定位、发展目标和自身特色相结合的扶持政策，这一点明显优于南沙产业园当前的政策。

横琴产业园方面，由于产业园的重点是发展中医药科技，因此横琴对各类中医创新药和大健康产品都有给予研发费用40%~50%的资金奖励。同时对在澳门审批和注册、在合作区生产的中医药产品、食品及保健品，按照实际生产费用的20%给予上市许可持有人每个品种最高2000万元的补贴。在推动“澳门注册+横琴生产”国际化方面，横琴还为国际注册、引入进口新药和国际GMP审核分别提供研发费用30%、实际投入30%和实际投入50%的奖励。

深圳产业园方面，对生物产业重点项目，发展改革、科工贸信、规划国土、人居环境、住房建设、市场监管、公安消防等部门予以项目“绿色通道”待遇；对现有生产设施、工艺装备等进行改造提升，市技术改造专项资金予以支持，推动产线智能化升级。

横琴产业园的特色是连接粤澳，发展中医药技术。因此出台了许多针对“澳门注册 + 横琴生产”业态和中医药技术发展的扶持政策。深圳产业园方面主要聚焦于医疗器械的创新发展和产业升级，因此出台了许多推动产业创新升级的扶持政策。但南沙产业园的政策没有很大程度地体现自身特色，在此方面有所不足。

（2）园区服务与配套设施

横琴产业园在扶持政策中，除了对园区主要产业——生物医药产业进行了扶持补贴，同时关注了产业链中的其他行业和产业发展中的其他困难。具体细则如下：

• 推进生物医药产品现代物流，支持现代生物医药物流企业在我市设立区域配送中心，鼓励生物医药商业企业营销总部进入珠海，并在开办和运行条件等方面给予支持；

• 对评为广东省生物医药示范园区或评为广东省生物医药培育园区的园区运营机构都予以一次性奖励 100 万元；

• 对投保出口信用保险的生物医药企业，在省级保费扶持基础上，市财政再给予扶持；

• 对于生物医药相关单位进出口用于科研、临床研究或生产用品的试剂、仪器设备等在满足国家监管规定的条件下，海关给予通关便利。

可以看到，政策中为结合横琴粤澳中医药科技产业园的发展目标——连接粤澳、面向世界，横琴产业园在物流配送、海关通关等国际贸易方面都给予了很大的支持。这一点充分考虑到了企业初期发展的困难和需求。

（3）支持性价格政策

由前文可知，当前三个园区的补贴政策多为一次性补贴的资金奖励。但横琴产业园在初期就对医药创新研发出台了支持性价格政策。横琴产业园对珠海生物医药企业生产的、率先进入国内市场的创新生物医药产品，统筹考虑生产成本、研发投入、创新程度、市场环境等因素，由政府相关职能部门认定，采取支持性价格政策，并逐步试行药物经济性评价办法定价或补贴。

该政策使生物医药企业在创新成果产业化的初期可以以高于市场均价的价格进行销售，保证了产业化初期的企业利润空间，与其他补贴政策形成合力，很大程度上提高了企业的积极性。

（4）绿色发展

生物医药产业在研发创新和产业化的过程中，会产生许多有环境危害的医疗废弃物。横琴产业园的政策是唯一提到了支持产业绿色发展的。鼓励专业园区建设危险废弃物处理设施，按建设成本的 30% 给予最高 240 万元补贴。对合作区内机构委托专业机构处理医药废弃物给予支持，按实际委托服务费的 50% 给予每家机构年度最高 20 万元补贴。从建立初期就为园区、产业的可持续发展打下了基础。

（二）税收政策的对比情况

1. 企业税收优惠政策

由于地方政府的税收立法权相当有限，因此各园区出台的税收政策数量都很少，针对生物医药产业的税收政策更是少之又少。本节介绍的税收政策多为高新技术企业共同享受的企业所得税优惠的市级政策，并非产业园特别政策。

横琴方面，根据横琴新区企业所得税优惠目录，生物医药产业下有 11 个条目可以享受企业所得税优惠，其中除了新型药物制剂外还包含许多中医药和大健康产品。横琴对经认定的国家高新技术企业减按 15% 的税率征收企业所得税，对在合作区设立的高新技术产业企业新增境外直接投资取得的所得，免征企业所得税。

深圳方面，对以基因测序、干细胞、功能蛋白等新兴科技研发服务为主营业务的企业，经认定后，就其设在优惠区域内的机构的所得确定适用 15% 的企业所得税优惠税率，同时符合其他各项税收优惠条件的可以一同享受。

南沙方面，目前将对先行启动区（南沙湾、庆盛枢纽、南沙枢纽三个区块）的鼓励类企业实施减按 15% 税率征收企业所得税。其中鼓励类企业共包含 7 个条目，多与生命健康和新兴科技相关。另外，高新技术重点行业企业进一步延长亏损结转年限。

综上所述，横琴、深圳和南沙采用的税收优惠差异不大，均为减按 15% 计征企业所得税。其中，横琴在企业税收优惠方面的政策较多，总体来说政策最完善。从补贴范围看，南沙的税收优惠条目比深圳更多。

2. 个人所得税优惠政策

个人所得税优惠部分三个园区适用政策相似，都对高端人才实际税负超过 15% 的部分予以补贴，但在具体内容上有细微差别。

横琴产业园方面，对在合作区工作的境内外高端人才和紧缺人才，其个人所得税负超过 15% 的部分予以免征；同时，对在合作区工作的澳门居民，其个人所得税负超过澳门税负的部分予以免征。

深圳产业园方面，适用粤港澳大湾区个人所得税优惠政策，对境外高端人才和紧缺人才，其个人所得税负实际税负超过 15% 的部分，给予差额补贴。

南沙产业园方面，适用粤港澳大湾区个人所得税优惠政策，对境外高端人才和紧缺人才，其个人所得税负实际税负超过 15% 的部分，给予差额补贴。同时，对在南沙工作的港澳居民超过港澳税负的部分予以免征。

在政策范围上，横琴产业园对境内外高端人才都给予税负差额补贴，但深圳产业园和南沙产业园只对境外高端人才给予补贴。横琴、南沙分别有针对澳门居民、港澳居民的税负部分免征政策，比深圳的政策更有优势。

（三）金融政策的对比情况

金融政策方面，三个园区的补贴形式差异不大，但力度略有差别。

横琴产业园方面，扶持政策主要采取两种方式——贷款贴息和创立投资引导资金。对生物医药企业贷款项目，可按贷款额度的 10% 出具政府的风险准备金，凡纳入珠海市“四位一体”融资平台的中小企业贷款项目，可享受最高不超过 50 万元的贴息优惠；建立创业投资引导资金鼓励创业投资公司投资中小型特别是初创型生物医药企业。

深圳产业园方面，政策主要从融资渠道入手，同样有贷款贴息和投资引导基金的支持。深圳通过贷款贴息、项目扶持、保费补贴、风险代偿等方式引导社会资金投向生物产业。支持生物医药企业从合作银行申请贷款，可按照最高不超过实际支出利息的 70% 给予补贴，单个企业每年可获得的补贴总额不超过 500 万元。市创业投资引导基金加大对生物产业项目的支持力度，对企业实施的产业化项目，予以最高 3000 万元股权资金支持。其中，资助资金分为股权投资和直接资助两部分，每部分资金分别最高不超过 1500 万元。深圳还支持符合条件的生物企业通过上市、发行企业债券、公司债券、短期融资券和中期票据等方式融资，开展生物企业联合发行企业债券试点。

南沙产业园方面，补贴方式与前两者相同。对纳入本区重点项目库的生物技术企业，本区区属产业基金可以跟进投资的方式，给予每个企业累计最高 3000 万元、每个企业累计占股比例不超过 20% 的股权投资支持，并按市场化方式退出；对取得本区商业银行机构贷款（不含知识产权质押贷款）的本区生物技术企业，按其申请当笔贷款利率超出中国人民银行同期贷款基准利率的部分给予补贴，单笔贷款贴息时间最长不超过1年，每家企业每年可申请一笔贷款贴息（一份贷款合同），贴息金额不超过100万元。

综上所述，横琴产业园、深圳产业园和南沙产业园的金融扶持政策形式基本相同，都包含贷款贴息和产业基金跟进投资，但南沙产业园的补贴力度比前两者更大，有利于吸引生物技术企业在南沙发展。

五、政策建议

通过上述对三个园区进行的对比分析，我们发现由于各园区的战略定位和功能不同，政策各有差异。因此，在了解南沙的定位和功能后，我们提出了更精准对接广州南沙定位和发展实际的具体措施建议。

（一）明确产业目标，拟定特色政策

《南沙方案》中提到，南沙的发展目标是立足湾区、协同港澳、面向世界，并且要大力发展高新技术产业。根据《广州南沙企业所得税优惠产业目录（2022版）》，生物医药产业在高新技术重点行业中占有7个税收优惠条目，将成为南沙主要发展的产业之一。但当前并没有明确提出广州南沙生物医药产业各阶段的发展目标，只有“提升创新研发能力”“完善临床研究服务体系”“推进创新成果产业化”“打造全球生物医药产业新高地”等愿景，尚不够具体。根据南沙在粤港澳大湾区和广州的功能定位，南沙应当针对生物医药产业制定全过程、多阶段、宽领域的产业目标，明确各阶段的任务和定位，将生物医药产业的发展目标与南沙的发展目标有机结合。发展初期应扩大宣传、加大政策力

度、吸引大中小企业落地，初步打造产业生态；发展中后期应调整产业结构、提高资源效率、体现园区特色，逐步带领产业园转向高质量、可持续发展。不同发展阶段的具体目标和适配措施当前亟须完善。

经上述对比，我们发现横琴、深圳都针对本园区的功能和定位出台了许多特色政策。例如，横琴针对中医药、大健康产品和“澳门注册 + 横琴生产”新业态出台了一系列的创新、产业化补贴政策；深圳针对医疗器械产业高端化、智能化出台了一系列政策。这与横琴“服务澳门经济适度多元发展”“大力支持发展中医药澳门品牌工业”和深圳“推动产业重点突破，促进产业集聚发展”的发展目标是高度契合的。但南沙当前针对港澳居民、企业和生物医药产业的扶持政策与广州市的常规政策并没有明显差异，许多政策的范围和力度不如其他园区有吸引力。因此，我们认为南沙可以借鉴横琴经验，仿照“澳门注册 + 横琴生产”，形成南沙的生物医药产业新业态，将南沙“协同港澳、面向世界”的特色突显出来，发挥政策合力。

（二）创新补贴方式，活用政府采购

基于目前南沙一系列的生物医药产业政策，从补贴方式来看，几乎全部采取一次性资金奖励。但生物医药企业在产业化的过程中，仍然会面临利润空间难以保证、销售渠道不稳定、生产经营风险较大等问题。因此，我们建议利用政府采购对生物医药产业进行扶持。例如，深圳提出将生物企业自主创新产品列入政府优先采购清单，市属区属医疗机构、政府投资项目在同等情况下需优先采购本市企业的创新药品。横琴对本市生物医药企业生产的、率先进入国内市场的创新生物医药产品采取支持性价格政策，并逐步试行药物经济性评价办法定价或补贴。

参照横琴和深圳的政策经验，我们建议南沙在鼓励药品、医疗器械创新的

政策中增加一些政府采购、支持性价格政策的条款，以促进企业科研创新，降低研发、产业化风险。

（三）构建产业生态

南沙当前的政策主要是对推动生物医药产业创新研发出台的补贴政策。但产业园的发展除了科技，还涉及园区运营机构、产品物流、技术服务平台等有利于构建产业生态的服务。南沙当前关于构建生物医药产业生态适用的补贴政策多为市级政策，鲜有针对南沙颁布的特殊补贴政策，不利于产业园的初期发展。横琴在产业园设立初期就对被评为广东省生物医药示范园区或被评为广东省生物医药培育园区的园区运营机构予以一次性奖励 100 万元，并且鼓励现代生物医药物流企业在横琴设立区域配送中心。我们认为南沙需借鉴横琴、深圳的经验，针对生物医药产品现代物流、园区运营机构、出口信用保险、海关通关等多个方面争取出台利好政策，加速产业发展。

（四）支持绿色发展

考虑到产业园的可持续、高质量发展，除了传统的节能环保政策，南沙应针对生物医药产业的绿色发展给予一定的补贴政策，鼓励各个企业对废弃物进行专业处理，避免对环境的过度污染。可参照横琴的政策，对建设危险废弃物处理设施的企业给予建设成本的补贴，促进产业的绿色发展。

第九章

南沙节能环保产业的战略重点和发展建议*

一、发展目标

绿色是生命的象征、大自然的底色，良好的生态环境是美好生活的基础，是人民共同的期盼。顺应自然、促进人与自然和谐共生，用最小的资源环境代价取得经济社会效益的最大发展，已经成为各国共识。2024 年 7 月，党的第二十届中央委员会第三次全体会议通过《中共中央关于进一步全面深化改革、推进中国式现代化的决定》，指出中国式现代化是人与自然和谐共生的现代化。必须完善生态文明制度体系，协同推进降碳、减污、扩绿、增长，积极应对气候变化，加快完善落实“绿水青山就是金山银山”理念的体制机制。

《南沙方案》中提到，南沙新区（以下简称南沙）要坚持新发展理念，坚持可持续发展导向，大力发展新兴清洁能源产业，加快氢能产业布局，协同推进

* 本章作者为中央财经大学研究生院院长、教授白彦锋，中央财经大学博士研究生李泳禧，中央财经大学 ESG 研究所研究助理朱新映。

船舶、汽车轻量化和环保型材料及技术的研发与应用，推动海洋环境保护及科学开发，对海洋资源进行合理利用。

《南沙方案》对南沙在粤港澳大湾区的功能定位做出了明确指示，设定了发展节能环保产业的两个目标。一是发展战略性新兴产业，构建低碳经济发展体系。南沙应结合国家对战略性新兴产业的要求，重点发展新能源、新材料、节能环保等产业，以低碳经济为发展导向，以“减量化、再利用、资源化”为原则，构筑低能耗、低污染的经济发展体系，形成低投入、低消耗、低排放、高效率、能循环的经济发展方式。二是加速新能源汽车研发，建立先进节能国际汽车产业基地。南沙要推动汽车产业智能化、绿色化、集聚化发展，支持港澳的汽车零部件研发中心与适用企业对接合作，加速新能源汽车关键系统的研发和零部件制造，建设国际汽车产业基地。

二、发展现状

南沙深入实施创新驱动发展战略，大力推进节能降耗和资源循环利用等低碳发展举措，着力发展新能源与节能环保产业，发展新兴清洁能源产业，加快氢能产业布局，推动可燃冰产业化，协同推进太阳能、核能、智能电网、海洋科技及节能环保装备产业发展。南沙重点发展南沙氢能产业枢纽、南沙东方重机核电装备制造基地、科技兴海示范基地、广东天然气市场服务中心等项目与平台。“十四五”期间，南沙区计划投入 1.46 亿元发展新能源与节能环保产业[①]。

---

① 《广州市南沙区、广州南沙开发区（自贸区南沙片区）国民经济和社会发展第十四个五年规划和 2035 年远景目标纲要》，广州市人民政府网，2021 年 7 月 8 日。

（一）新能源产业

新能源方面，南沙重点布局氢能产业。2020 年，广州市发展改革委印发了《广州市氢能产业发展规划（2019—2030 年）》（以下简称《发展规划》），全力推进氢能产业发展。《发展规划》提出，重点建设黄埔氢能产业创新核心区、南沙氢能产业枢纽、番禺乘用车制造及分布式发电研发基地、从化商用车生产基地和白云专用车生产基地，打造“一核、一枢纽、三基地”产业布局，确保广州市氢能产业可持续发展①。

作为枢纽，南沙发挥自身在资源、制造、物流、港口等方面的综合优势，促进大湾区氢能产业互动平衡，实现多元化、全链条发展。探索氢能交易平台建设，推动氢能交易商品化，率先打造全国“氢能价格交易指数”，拓展氢能产业应用场景，结合南沙国际科技创新区域优势，为氢能产业注入人工智能、大数据等高科技基因，激发氢能全产业链的要素活力。

南沙目前正处于打造氢能产业枢纽三步走的第一步。近期，南沙通过强化产业规划、加大扶持等顶层设计，开展氢能公交、氢能港口等较强应用示范，集聚一批知名氢燃料电池和氢能汽车企业，发展本区完整产业链。

中期，南沙将通过龙头企业培育和带动，逐渐转型为技术驱动模式，加大技术集成，建设华南地区最大的氢燃料电池研究、生产基地，建成完整的氢燃料电池汽车产业体系，以氢能产业发展为核心，促进南沙区“氢能社会”全面发展。

远期，南沙将实现氢能燃料电池关键材料、核心零部件、系统集成、氢能整车技术和制造以及高效安全新型储氢技术达到国际领先水平，打造成为具有国际影响力的氢能产业及多元化应用典范城市。②

---

① 《广州画下未来 10 年氢能发展蓝图 布局南沙氢能产业枢纽》，广州市人民政府网，2020 年 6 月 30 日。

② 《南沙打造氢燃料电池电源系统产业园》，广州市人民政府网，2021 年 4 月 19 日。

（二）海洋科技

海洋科技方面，落户中国科学院南海生态环境工程创新研究院，正在建设国家级可燃冰总部基地，重点推动可燃冰开采和产业化，加快建设国家深远海科技创新中心。目前，位于南沙的冷泉生态系统研究装置配套科研综合楼已完成主体结构施工。未来，这里将打造成为全球首套深海生态学研究重大科技基础设施。

三、政策现状

1. 南沙区氢能产业扶持办法[①]

第一条　办公研发及生产厂房补贴。对从事电堆、双极板、膜电极、催化剂、空气压缩机等关键零部件产品研发的氢能产业科技型中小企业，租赁具有合法合规手续的办公研发及生产厂房，3000 平方米以下的，连续 3 年给予全额租金补贴；超过 3000 平方米部分连续 3 年给予 50% 租金补贴。每家企业最高按办公研发及生产厂房租金市场评估价格、每年不超过 300 万元给予补贴，对企业的办公研发及生产厂房补贴不超过企业实际支出。

第二条　鼓励完善基础设施建设。重点支持制加一体站及油、氢、气一体化综合能源站建设，鼓励利用现有加油（气）站改扩建加氢站。对以上扩建、改建、新建的固定式加氢站，按每站最高不超过 500 万元予以补助。

第三条　鼓励科技成果转化与应用。对企业制造的电堆、双极板、膜电极、催化剂、空气压缩机等关键零部件产品，经认定后，单个产品按最高不超过 5 万元给予奖励；对经广东省及以上认定的氢能产业首台（套）装备及关键零部

① 参考《南沙区氢能产业扶持办法》（征求意见稿）。

件，给予该产品单台（套）销售价格 30% 的一次性奖励，支持金额最高不超过 1000 万元。

第四条　鼓励应用、运营氢燃料电池车辆。对区内企业通过区内销售企业购买氢燃料电池汽车的，给予购车企业购车补助。在此基础上开展运营的，连续 3 年给予每年每车最高不超过 2 万元运营奖励，并按照每车实际加氢量连续 3 年给予每千克最高不超过 15 元的补贴。

第五条　股权行权奖。氢能产业企业上市后，企业高级管理人才和员工股票期权行权、限制性股票解禁，最高按其对本区地方经济贡献 100% 给予奖励。

2. 企业引进奖励政策

对涉及新能源汽车、新能源与节能环保等的战略性新兴产业，符合认定的总部型企业，按照企业上一年度在本区的纳税总额给予落户奖励。

3. 新能源汽车融资租赁奖励

融资租赁企业购买区内企业生产的汽车开展租赁业务，开展新能源汽车、配套充电电池及充电桩租赁，按不高于实际交易合同额的 1%（含）给予奖励。单个项目奖励不超过 500 万元。[①]

四、政策比较研究[②]

经过对广州市黄埔区、上海市嘉定区以及北京市大兴区等国内节能环保产

① 《广州南沙经济技术开发区金融工作局关于修订广州南沙新区（自贸片区）促进金融服务业发展扶持办法实施细则的通知》，广东省商务厅官网，2020 年 8 月 13 日。

② 本节中广州市黄埔区的资料参考《广州市黄埔区 广州开发区促进氢能产业发展办法》，上海市嘉定区的资料参考《嘉定区鼓励氢燃料电池汽车产业发展的有关意见（试行）》《嘉定区关于持续推动汽车"新四化"产业发展的若干政策》，北京市大兴区的资料参考《大兴区促进氢能产业发展暂行办法（2022 年修订版）》。

业集中发展区域的政策进行梳理，结合广州南沙已实施和即将出台的优惠政策，逐一对比分析。

四个区域促进节能环保产业的政策主要是从项目引进、企业培育、促进科技创新、金融扶持以及相关产业配套设施这几个方面开展的。四个区域中，上海市嘉定区和北京市大兴区的扶持政策更全面，范围更大；南沙区现有的扶持政策还不完善。

（一）项目引进政策

目前鼓励项目引进政策主要从以下两个方面展开：一是对优质企业、优质企业总部落户给予奖励；二是对企业生产、办公用地、用房提供支持。

1. 企业落户政策

南沙目前还没有出台关于奖励企业落户的政策，其他三个区域对于节能环保企业落户园区均有奖励政策，但是奖励的幅度以及认定奖励资格的方式不同。

广州市黄埔区发展初期对于固定资产投资总额达到5000万元、1亿元、5亿元、10亿元的氢能企业及研发机构，分别给予500万元、1000万元、5000万元、1亿元奖励。2021年新出台的政策中规定，对固定资产投资达5000万元以上的项目，按固定资产投资总额的10%给予奖励；获得国家示范奖励且固定资产投资达5亿元以上的项目，按15%给予奖励，同一企业最高奖励1亿元。此外，行业协会和产业园还对氢能企业按照分级给予40万~100万元不等的运营补贴。

上海市嘉定区建设起步期，对注册资本超过3000万美元的外资项目或3亿元人民币以上的内资项目，视其对区贡献3年内给予最高100%奖励；对注册资本超过1000万美元的外资项目或1亿元人民币以上的内资项目，视其对区贡献3年内给予最高80%奖励。同时，鼓励引进企业总部，对落户嘉定的企业总部机构或者研发中心、销售中心等功能性总部，经认定给予最高 100 万元的一次性奖励。

北京市大兴区发展初期，企业入区后 3 年内任意一个年度区域综合贡献达到 100 万元（含）以上，自该年起连续 3 年每年按照其上年度区域综合贡献总额的 40% 给予资金支持。现阶段，企业自注册之日起 3 年内，对首次纳入规模以上统计范围的禁限目录外的企业，自该年起每年实现正增长的，连续 3 年给予资金支持，每家企业每年支持资金最高不超过 1000 万元。

南沙对涉及新能源汽车、新能源与节能环保等战略性新兴产业：上一年度纳入本区统计核算的营业收入 5000 万元以上，且在本区纳税总额超过 1000 万元（含）的，奖励 300 万元；在本区纳税总额超过 2000 万元（含）的，奖励 600 万元；在本区纳税总额超过 4000 万元（含）的，奖励 1000 万元；在本区纳税总额超过 8000 万元（含）的，奖励 1500 万元；在本区纳税总额超过 1 亿元（含）的，奖励 2000 万元。

综上所述，南沙在促进优秀企业和项目落户方面的补贴力度不如广州市黄埔区、上海市嘉定区，相较于北京市大兴区缺少长效有力的补贴政策。

2. 办公用房补贴

广州市黄埔区对入驻企业租赁办公用房给予 3 年每年最高 60 万元的租赁补贴，现阶段补贴幅度增加为给予 3 年每年最高 100 万元的租赁补贴，同时对生产用房按每月 10 元 / 米 ^{2} 给予扶持（每家企业每年最高补贴 100 万元）。

上海市嘉定区发展初期，对经认定新引进的重点企业购买区内土地用于生产、办公的，对征收的土地出让金视其对区贡献给予奖励，最高 1000 万元；购买自用生产、办公用房的，按购置价的 10%~30% 给予一次性购置补贴，最高 1000 万元；租赁生产、办公用房的，3 年内按租赁价格的 50%~100% 予以补贴，3 年累计最高 1000 万元。现阶段，由区产业促进中心牵头认定新引进的重点企业，会同项目落地街镇在项目洽谈过程中“一企一策”予以签约落实。

北京市大兴区发展初期，经区政府认定的氢能相关企业租赁有合法建筑手续的生产用房、办公用房且建筑面积5000平方米（含）以下的，给予租赁合同签订年度起连续3年内全额房租补贴；租赁5000平方米以上的，超出面积部分按照年房租的50%给予租赁合同签订年度起连续3年补贴。现阶段，企业租赁具有合法合规手续的办公、研发、生产类用房，且建筑面积2000平方米（含）以下的，自合同签订年度起连续3年给予100%房租补贴；建筑面积2000平方米以上的，超出面积部分按照50%给予房租补贴。每家企业每年补贴最高不超过500万元。

南沙区对从事电堆、双极板、膜电极、催化剂、空气压缩机等关键零部件产品研发的氢能产业科技型中小企业，租赁具有合法合规手续的办公研发及生产厂房，面积在3000平方米以下的，连续3年给予全额租金补贴；超过3000平方米部分连续3年给予50%租金补贴。每家企业最高按办公、研发及生产厂房租金市场评估价格、每年不超过300万元给予补贴，对企业的办公、研发及生产厂房补贴不超过企业实际支出。

综上所述，在用房补贴方面，南沙的补贴力度比广州市黄埔区的力度更大，但是相较于上海市嘉定区缺少对于购置自用生产、办公用房的补贴政策。

（二）促进科技创新政策

促进科技创新，鼓励研发的政策，集中于以下四方面：一是支持建立研发平台，给予扶持；二是对于研发成果给予奖励；三是推动产学研合作，鼓励企业与高校、科研院所开展产学研合作；四是保护企业知识产权，对于专利补助、对维权诉讼胜诉方给予补贴。

1. 支持建立研发平台

广州市黄埔区对经国家和省认定的氢能研发机构和检验检测机构分别给予1000万元、500万元奖励。

上海市嘉定区发展初期，对建立的经认定的国家级和市级重点实验室、检验检测平台、工程技术研究中心、创新中心等功能平台，按平台实际投资额的10%~30%给予扶持，最高3000万元；对运营良好的平台实施升级发展的，经评估给予最高500万元扶持；功能平台对本区企业提供专业技术服务的，每年按照实际服务额度给予30%的扶持，最高100万元。

北京大兴区发展初期，对首次获得国家级和市级重点实验室、工程研究中心、产业创新中心、工业设计中心、企业技术中心、高精尖产业设计中心资质的企业给予支持，其中，对获得国家级资质的给予500万元一次性支持资金；对获得市级资质的给予200万元一次性支持资金。现阶段，对上年度首次获得国家级创新中心、国家级重点实验室、国家级工程研究中心等资质认定的企业或机构，给予1000万元奖励；对上年度首次获得北京市级技术创新中心、工程研究中心等资质认定且促进区域经济发展的企业或机构，给予200万元奖励；对上年度首次获得国家级、市级专精特新“小巨人”企业认定的企业，分别给予100万元、50万元奖励，实施晋档补差；对上年度首次获得市级专精特新企业认定的企业，给予20万元奖励。

综上所述，在支持建立研发平台方面，广州市黄埔区、上海市嘉定区、北京市大兴区均有相关政策，相比之下上海市嘉定区的一次性奖励力度最大，且存在促进研发平台持续发展、良好运营的奖励政策，南沙目前缺少相关政策。

2. 科研成果奖励及科研投入补贴

北京市大兴区支持企业加大科研投入。对在大兴区年研发投入总额达到

200万元（含）以上（不含设备投资）的科技成果转化项目，按照其上年度研发投入的20%给予支持，每家企业每年支持资金不超过1000万元，支持企业增加生产研发设备投入。对企业上年度新购置生产研发设备投资总额的20%给予资金支持，每家企业每年支持资金不超过2000万元；对企业上年度新购置的研发和生产设备投资总额达到1000万元（含）以上的，按照设备投资总额的20%给予资金支持，每家企业每年支持资金最高不超过2000万元。

南沙对企业制造的电堆、双极板、膜电极、催化剂、空气压缩机等关键零部件产品，经认定后，单个产品按最高不超过5万元给予奖励，每个企业每年不超过50万元；对经广东省及以上层面认定的氢能产业首台（套）装备及关键零部件，给予该产品单台（套）销售价格30%的一次性奖励，支持金额最高不超过1000万元。

综上所述，南沙当前对科研成果的补贴政策力度较小，且奖励范围较小，北京市大兴区相关的补贴力度最大。

3. 促进产学研合作

上海市嘉定区，在申请发明专利、高价值专利培育、专利导航、知识产权维权、知识产权金融、知识产权交易、参与标准制定这七方面给予最高300万元的资金扶持。

北京市大兴区支持开展高水平行业交流活动。鼓励氢能企业、高校院所、科研机构等，联合发起组建产业联盟、行业协会；鼓励各类机构举办国际、全国性的行业交流活动，具有较大影响力且促进区域发展的，经评审，按照上年度活动经费的50%给予支持，每家机构每年支持资金最高不超过100万元。

综上所述，上海市嘉定区对产学研合作并在关键技术上有重大突破的给予一次性奖励，北京市大兴区对举办科研交流活动的机构给予补贴，两个区的补贴政策侧重点不同，但是南沙目前没有相关的政策。

4. 权益保护

上海市嘉定区支持企业知识产权创造与保护。对企业获得境外发明专利授权的，视不同地区给予最高每件 5 万元、每年累计最高 50 万元的一次性资助；对企业获得国家发明专利授权的，给予每件 5000 元的一次性资助；支持企业开展专利维权，对企业在维权中胜诉的，给予相关诉讼费用 30% 的补贴，累计最高 100 万元。

南沙目前缺少如上海市嘉定区这样的对于企业维权的补贴政策。

（三）其他扶持政策

其他扶持政策主要包括金融扶持、配套扶持资金两方面。

1. 系统金融扶持

广州市黄埔区现阶段对企业贷款按应付利息总额的 50% 给予每年最高 500 万元的 3 年贴息。对首次获得风险投资机构投资的氢能企业，按投资额的 10% 给予奖励，每家最高奖励 500 万元。

上海市嘉定区充分发挥嘉定区政府引导基金作用，吸引社会资本投向汽车“新四化”产业。在股权投资、贷款贴息、企业上市、收购并购等方面给予最高 1000 万元的资金扶持。

北京市大兴区对于企业上年度用于正常经营或科技研发项目申请的银行贷款或融资租赁，且总额在 300 万元（含）以上，并按约定贷款用途或应用于融资租赁项目实际使用的，按照上年度同期银行贷款基准利率，给予最高不超过 3 年、每年最高不超过 500 万元的贴息支持。

南沙目前缺少系统金融扶持的政策。

2. 配套扶持资金

广州市黄埔区，对氢能项目获得国家、省级、市级扶持的，分别按 100%、

70%、50% 给予最高 500 万元、300 万元、100 万元配套奖励。

上海市嘉定区，对于获得国家和市级资金扶持，但不需要区级配套资金的战略性新兴产业、首台（套）、工业强基等项目，给予国家或市级扶持资金 10%~30% 的配套奖励，最高 1000 万元。

南沙目前缺少对节能产业相关的配套扶持政策。

（四）完善氢燃料电池汽车产业配套

氢燃料电池汽车产业作为节能环保产业中的重要领域，四大区域均十分重视完善该产业配套。从对加氢站的扶持以及氢燃料车辆购买、运营补贴这两个方面都出台了相关的政策。

1. 加氢站扶持

广州市黄埔区发展初期，根据建成时间和日加氢能力，分时段、分档次给予加氢站建设最高 600 万元补贴，对加氢站运营给予最高 20 元 / 千克的氢气加注运营补贴。现阶段，调整建设补贴最高限额为 250 万元，并给予氢气销售最高 20 元 / 千克的运营补贴。

上海市嘉定区，2025 年底前，车用加氢站经营建设主体在嘉定区域内按照有关规定建设加氢站，完成竣工验收并取得燃气经营许可证（车用氢气）的，结合上海市政策，在 2022 年、2023 年、2024 年、2025 年按照最高分别不超过核定的设备购置和安装投资总额 50%、40%、35%、30% 给予补助，补助标准向具备 70MPa 加注能力的加氢站适当倾斜。其中，2022 年、2023 年、2024 年、2025 年底前取得燃气经营许可证的，每座加氢站补助资金最高分别不超过 600 万元、440 万元、315 万元、300 万元。补助资金分 3 年拨付。氢气零售价格不超过 35 元 / 千克的，按照年度氢气实际销售量，给予加氢站运营主体补助。其中，2022 年奖励 20 元 / 千克，2023—2024 年奖励 15 元 / 千克，2025 年奖励

10 元 / 千克。

南沙对扩建、改建日加氢能力不低于 500 千克的固定式加氢站的，最高按照实际设备投资额的 40% 予以补助；对新建日加氢能力不低于 500 千克的固定式加氢站的，最高按照实际设备投资额的 30% 予以补助。对以上扩建、改建、新建的固定式加氢站，按每站最高不超过 500 万元予以补助，且各级财政补贴合计不超过加氢站固定资产投资额的 50%。

综上所述，南沙在加氢站扶持方面的政策较完善，相较于广州市黄埔区和上海市嘉定区除了对加氢站运营有补贴政策外，还有针对扩建、改建加氢站的补贴政策。

2. 氢燃料车辆购买、运营补贴

北京市大兴区对企业在燃料电池汽车示范城市群示范期内第一年度至第四年度（即 2022 年至 2025 年）购买的燃料电池汽车，分别按照国家奖励资金标准的 40%、30%、20%、10% 给予资金支持。对企业在上年度购买的燃料电池叉车等交通工具分别按照购车金额的 10% 给予资金支持，每辆车支持资金最高不超过 5 万元。对从事车用氢气高效运输的企业，按氢气运输车辆购置费用总额的 20% 给予资金支持，每家企业每年支持资金最高不超过 500 万元。对满足单车平均用氢运行里程条件的企业，针对中重型货车、轻型普货货车、轻型冷链货车、中大型客车、环卫车共 5 类车型，按车辆年度累计用氢运行里程给予资金支持，每辆车每年支持资金分别最高不超过 5 万元、3 万元、3 万元、2 万元、2 万元。

南沙对区内企业通过区内销售企业购买氢燃料电池汽车的，给予购车企业购车价格最高不超过 30% 的购车补助，同一企业每年补贴总额最高不超过 500 万元。区内企业通过区内销售企业购买氢燃料电池汽车开展运营的，自取得营运资质起，对每个年度内行驶里程超过 2 万公里的氢燃料电池汽车连续 3 年给予每年每车最高不超过 2 万元运营奖励，同一企业每年奖励总额最高不超过 100 万元。

综上所述，南沙对氢燃料电池车的购置补贴力度要大于北京市大兴区，但是政策范围没有大兴区广，缺少对于运输业的补贴政策。

五、政策建议

通过上述对几个园区进行的对比分析，我们发现由于各园区的战略定位和发展情况不同，政策各有差异。因此，在了解南沙的定位和功能后，我们提出了更精准对接广州南沙定位和发展实际的具体措施建议。

（一）加大项目引进力度，促进节能环保产业集群

结合其他三个区域的政策来看，南沙目前在项目引进方面的奖励幅度较小且不全面，企业落户政策以及对企业用房用地补贴政策都还存在可以改进的空间。例如，南沙区可以在发展初期借鉴广州市黄埔区和上海市嘉定区的落户政策，以项目的固投金额和企业的实缴资本为标准，按照规模大小给予落户项目以及企业不同程度的奖励，以吸引更多的大规模项目和企业落户。在区内产业形成一定规模的集群后，可以将奖励评判标准由发展规模方面的条件更改为能体现企业发展能力的标准。以北京市大兴区为例，企业入区后 3 年内任意一个年度区域综合贡献达到 100 万元（含）以上，自该年起连续 3 年每年按照其上年度区域综合贡献总额的 40% 给予资金支持，政策可以很好地促进有发展潜力的企业落户。其次是用房用地方面的政策，目前南沙的用房补贴只考虑到了企业租赁场地的情况，还应考虑到企业购置场地和厂房的情况。上海市嘉定区对于购置办公、生产用地的企业也给予了相应的补贴。

（二）促进科技创新，打造科技创新策源地

南沙应该积极建设科研平台，引入科研人才，鼓励科研成果的产出并出台政策保护科研成果和科研工作者的合法权益。首先，南沙应当完善对科研平台以及研发机构的补贴政策。结合广州市黄埔区、上海市嘉定区以及北京市大兴区的政策，南沙可以对建立的科研平台按照投资额进行一次性补贴。考虑到要保持科研平台的持续研发活力，可以制定运营补贴。例如，上海市嘉定区对运营良好的平台除了给予一次性补贴外，还会对其给予升级发展补助。其次，南沙应对于园区内的科研基地产出的科研成果、专利发明进行奖励，坚决保护企业知识产权，支持企业维护合法权益，并可以给予一定的诉讼费用补贴。例如，上海市嘉定区对在知识产权（专利、商标）维权中胜诉的，给予司法鉴定费、公证费、诉讼费、仲裁费、调解法律服务费等相关费用50%的资助，单个企业年度累计不超过100万元。最后，南沙应积极倡导国内外高校、研发中心与区内企业合作交流，促进节能环保产业的发展。

（三）加大金融扶持力度，健全金融服务体系

考虑到南沙节能环保产业的发展现状，南沙现阶段在金融方面可以从促进企业投资和帮助节能环保企业扩大融资规模两方面着手。首先，可以建立专项基金，对投资区内节能环保企业以及大批量购买区内节能环保产品的企业进行补贴。其次，帮助优质节能环保企业扩大融资规模。例如，上海市嘉定区对因项目建设向银行贷款的企业，根据经核实后的贷款金额提供2%的年度贷款贴息，最高贴息额500万元/年，连续补贴3年。南沙区可以参考该条措施对按照约定投入项目研发、技术绿色升级的融资给予贴息。例如，北京市大兴区会对企业上年度用于正常经营或科技研发项目申请的银行贷款或融资租赁，给予最高不超过3年、每年最高不超过500万元的贴息支持。

（五）完善氢燃料电池汽车产业配套政策，优化产业发展环境

在完善氢燃料电池汽车产业配套方面，南沙应延续对于加氢站扩建、改建、建立的奖励和补贴政策。此外，还可以将对氢燃料车辆购买运营的奖励范围扩大到运输行业，例如，北京市大兴区对中重型货车、轻型普通货车、轻型冷链货车、中大型客车、环卫车等车型，按车辆年度累计用氢运行里程给予资金支持。

第十章

南沙航运物流业的现状分析和未来展望*

一、发展目标

港口经济是湾区经济的重要形式。《广州市南沙区、广州南沙开发区（自贸区南沙片区）国民经济和社会发展第十四个五年规划和2035年远景目标纲要》中明确提出，“十四五”发展期间，目标导向区域辐射带动能力显著增强，在环内湾地区一体化、“一核一带一区”建设中发挥引领示范作用，打造广深“双城”联动先行示范区、粤港澳全面合作示范区和国内国际双循环重要枢纽节点，国际竞争力和影响力显著提升。到2035年，建成综合服务枢纽，率先构建起国际化互联互通、优质高效的平台体系、通道体系和网络体系，“双区”“双城”高端资源汇聚成势，连接国内国际两个市场的枢纽功能更加强大，高能级的国际化交通、航运、贸易、金融、数据、人才等枢纽全面建成，全球资源要素聚

---

* 本章作者为中央财经大学研究生院院长、教授白彦锋，中央财经大学博士研究生李泳禧，中央财经大学ESG研究所研究助理潘瑞霖。

合配置能力全面提升，国际交流交往更加广泛活跃，成为联通港澳、辐射全国、服务国际的现代化综合服务枢纽。

《南沙方案》明确，南沙要增强国际航运物流枢纽功能，从基础设施建设、资源合作、航运金融、服务管理等多个角度指导规划与发展。

二、发展现状

（一）港口建设

南沙在港口基础设施建设方面已取得较显著成就。2022 年 7 月 28 日，广州港南沙港区四期全自动化码头正式投入运行。该码头是全球首个江海铁多式联运全自动化码头，也是粤港澳大湾区首个全新建造的自动化码头。南沙四期全自动化码头是我国首例由国内科技力量联手打造的全自动化集装箱码头，建有 4 个 10 万吨级海轮泊位及配套集装箱驳船泊位。集北斗导航、5G 通信、人工智能、无人驾驶等前沿技术于一体，从自动化设备硬件到信息化系统采用全新一代自动化集装箱码头技术路线，创造了 60 多项专利，其中发明专利 31 项。南沙四期全自动化码头充分发挥南沙港区水网通江达海的天然地理优势，并依托南沙疏港铁路，集江海联运、海铁联运功能于一体，打造了全球首个江海铁多式联运全自动化码头[①]。

（二）港口经济

2018 年，南沙港区集装箱吞吐量 1566 万标箱，商品车吞吐量突破 100 万辆；邮轮出入境旅客位居全国第三，成为全国汽车平行进口第二大口岸。2022

① 《南沙四期全自动化码头投运，广州方案创造多项“全球之最”》，澎湃新闻，2022 年 7 月 28 日。

年，南沙港集装箱吞吐量已达1838.85万标箱，商品车吞吐量达106.3万辆；累计开通182条航线，通达全球120多个国家的310多个港口。

南沙航运物流产业的快速发展，也为航运金融的创新发展打下了坚实的基础。2019年发布的《粤港澳大湾区发展规划纲要》提出“探索建设国际航运保险等创新型保险要素交易平台”。在《粤港澳大湾区发展规划纲要》发布8个月后，全国首个在线航运保险要素交易平台落地南沙，实现了全国首个内河船舶保险线上询价、自动核保和出单。2019年10月18日，首张保费300万元的保单正式开出。

经过近年来的不断培育，航运保险要素交易平台促进大湾区航运和保险市场繁荣发展的作用已逐渐凸显。截至2022年10月末，航运保险要素交易平台完成线上交易保单3120单，提供风险保障331.6亿元。当年年底，平台已提供风险保障347亿元，积极推动粤港澳大湾区保险服务中心建设。2023年2月24日，南沙开发区管委会总经济师林少礼披露的数据显示，截至2023年2月，该平台完成线上交易保单3460单，累计提供风险保障金额约367.43亿元。同时，南沙作为全国航运保险免税政策试点地区，共出具符合国际航运保险免征增值税政策的保单2117笔，免税销售额1592万元。

截至2023年10月，南沙已经集聚了全国20%以上、广州市80%以上的融资租赁企业，初步形成中国融资租赁第三极。南沙已经集聚了中船集团等央企、省交通集团等省市属大型国企、江西金控等外省企业，广发证券等上市公司在南沙设立融资租赁公司，并累计完成244架飞机和94艘船舶租赁项目，成为华南地区最大的飞机船舶租赁集聚区，融资租赁累计业务合同额近6000亿元。

三、政策现状

财税政策和金融政策都是支持航运物流业的重要政策手段。由于南沙尚未专门出台金融政策支持航运物流业发展，本部分将着重分析南沙促进航运物流业发展的财税政策。

2021 年，广州市印发了《广州南沙新区（自贸片区）促进航运物流业发展扶持办法实施细则（修订稿）》，分为十三个章节，主要内容包括：非总部企业经营贡献奖、提升能级奖、物流补贴、仓储补贴、航运服务奖和航运专业人才奖、企业上市奖。

（一）企业落户经营

在吸引及鼓励企业落户经营方面，南沙对满足总部型企业认定条件之一的航运物流企业（属于世界 1000 强、中央大型企业、中国企业 500 强、中国民营企业 500 强、商务部认定或备案的跨国公司等；满足现代物流业，上一年度纳入南沙区统计核算的营业收入 6000 万元以上；上一年度在南沙区纳税总额不低于 1000 万元），按总部型企业的相关政策给予奖励。

对符合条件的船公司（对经营外贸集装箱业务的船公司：在南沙港区完成年度外贸集装箱吞吐量达到 10 万 TEU①，奖励 250 万元；达到 20 万 TEU，奖励 500 万元；达到 50 万 TEU，奖励 1000 万元；达到 100 万 TEU，奖励 2000 万元。对经营内贸集装箱业务的船公司：在南沙港区完成年度内贸集装箱吞吐量达到 50 万 TEU，奖励 300 万元；达到 100 万 TEU，奖励 600 万元；达到 200 万 TEU，奖励 1000 万元），根据企业（机构）完成集装箱吞吐量给予一次性

① TEU 是 Twenty feet Equivalent Unit 的简写，集装箱运量统计单位，以长 20 英尺（6.096 米）的集装箱为标准。

落户奖励。

对注册在广州南沙综合保税区和自贸区南沙片区海港区块范围内、年度营业收入超过 500 万元、从事航运物流的企业（机构）给予奖励。

（二）物流补贴

在物流补贴方面，南沙对年度代理经南沙港进出口外贸重箱超过 2000TEU 的货代公司给予奖励。其中，进口外贸重箱、出口外贸重箱按每 TEU 分别给予 10 元、50 元的奖励，对在南沙集拼且外贸数据统计在南沙的外贸出口重箱，每 TEU 给予 100 元的奖励。

每年安排 300 万元资金支持报关企业做大做强，对年度实现报关单量超过 5000 份（不含跨境电商、市场采购报关单量）、业务排名前 20 位的报关企业予以奖励；安排 150 万元资金支持南沙港区外贸集装箱船舶代理企业。

同时，鼓励企业（机构）设立南沙与港澳机场空运货物的快速海陆货运通道。对经口岸部门认可的经营者给予每集装箱（含 20 尺[①] 和 40 尺）或陆路运输每班次货车补贴 300 元，每家经营企业（机构）享受该项奖励资金年度最高不超过 100 万元。

（三）仓储补贴

南沙对在南沙区租赁仓库开展跨境电子商务业务的企业，按照合同使用面积连续 3 年给予每月 5 元 / 米 ^{2} 的租金补助，每家企业年扶持金额最高不超过 150 万元；对在南沙区租用仓库存放自南沙口岸进口汽车的汽车贸易企业，给

① 1 尺 =0.33 米。

予仓储补贴；租金补贴仅在租赁合同期限内有效，合同到期或终止，租金补贴即停止。

（四）航运服务奖励

在航运服务方面，南沙对通过广州航运交易所平台交易并结算的船舶，按其成交价格1‰给予补贴，补贴直接发放至广州航运交易所。

同时，向符合条件的企业或机构发放国际船舶登记奖、国际船舶管理奖、国际船舶检验奖、国际海员培训奖以及国际海员外派奖。

（五）人才奖励

在人才奖励方面，南沙分别设立了“骨干和高管人才奖励”“航运专业人才奖励”，由区人力资源和社会保障部门负责重点发展领域骨干人才专项奖励。

南沙针对特定纳税工资薪金水平之上的骨干人员有相应激励举措，依据其个人经济贡献比例发放奖励；对于符合条件企业（机构）中的高级管理人员，除了可获得与骨干人员类似的基于个人经济贡献的奖励外，还能从企业（机构）经营贡献相关方面得到额外奖励，其两类奖励数额叠加起来不超过个人经济贡献。

“航运专业人才奖励”主要内容包括，对符合条件的航运专业人才申请入户，经口岸管理部门统一申报，可优先办理广州市总量控制类人才引进申请入户；对符合具备部分适任证书或担任船舶政委等条件的海员，参照其申请年度对南沙（自贸片区）发展的贡献给予奖励，奖励金为个人经济贡献的40%。

2022年财政部与税务总局为进一步推动南沙深化粤港澳合作，制定了广州南沙企业所得税优惠政策，对设在南沙先行启动区符合条件的鼓励类产业企业，减按 15% 的税率征收企业所得税，其中航运物流业涉及物流公共信息平台建设、交通运输网络融合技术开发、信息系统技术开发、服务创新及应用、多式联运业务、码头设施运营、物流仓储设施运营、海事服务等方面。

当地特殊政策方面，南沙对国际航运保险业务取得的收入，免收增值税；对以珠三角九市 37 个港口为启运港、以南沙保税港区为离境港的水运货物实行启运港退税政策；赋予国际航行船舶保税加油许可权。

四、政策比较研究

为明确产业发展定位，发现当前问题，通过与福建平潭综合实验区（以下简称平潭）和上海临港新片区（以下简称临港）两个园区的政策对比，进行多方面的逐一分析。

2011 年，国务院正式批复《平潭综合实验区总体发展规划》。福建平潭综合实验区位于台湾海峡中北部，是祖国大陆距台湾本岛最近的地区，基于平潭特殊近台区位优势、开发条件安全、对台历史渊源悠久等诸多独特优势，以平潭全岛作为特殊区域，设立两岸合作开发的实验区，实现互惠双赢，有助于进一步密切两岸合作交流，也有助于充分发挥平潭特殊对台优势和加快平潭的开发步伐。因此，选取平潭与南沙进行政策比较，参考其在促进两岸交流合作、推进国家战略布局方面实施的特殊政策，推动南沙与港澳交流合作。

2018 年，上海增设上海自贸试验区临港新片区，在上交所设立科创板并试点注册制，实施长三角一体化发展战略。2019 年，国务院印发《中国（上海）自由贸易试验区临港新片区总体方案》，设立中国（上海）自由贸易试验区临港新片区。2021 年，上海市人民政府印发了《上海国际航运中心建设“十四五”规划》，其中的政策对临港新片区的发展具有重要意义。临港成立时间较短，但发展迅速，经济增长明显，选取临港进行政策比较，有利于南沙借鉴其发展经验，促进南沙发展增速。

（一）普通船员培训

平潭方面，2019年，根据《福建省人民政府关于促进航运业发展的若干意见》，平潭印发《平潭综合实验区加快推进航运业发展的实施意见（2019年修订）》。

其中，在航运人才建设方面，平潭出台专项政策，支持设立船员培训机构，对培训丁类以上职务船员的机构，给予每年每人次2000元补助，单个机构年补助不超过100万元。同时，鼓励台商在平潭设立独资的海员外派机构，向台湾船东所属的商船集团提供船员派遣服务；鼓励航运协会与省内外知名航运学校建立协作关系，采取委托培训等方式支持区内航运企业人才队伍建设。

南沙方面，“骨干和高管人才奖励”为对年度应纳税工资薪金30万元以上（科研机构年度应纳税工资薪金20万元以上）的骨干人才，按照其个人经济贡献的40%给予特殊人才奖励；对符合条件的企业（机构）高级管理人才（包括董事长、副董事长、总经理、副总经理、监事会主席、总经济师、总会计师或相当层级职务的人员），除享受特殊人才奖励外，还可在企业（机构）经营贡献奖中获得高管人才奖励。两项奖励总额最高为其个人经济贡献的100%。

对比可知，南沙的人才奖励政策主要面向取得一定成就的人才给予奖金奖励，尚未建立鼓励普通工作人员学习专业技能、参与相关培训的补助政策，暂未形成特有的普通海员培养机制，未与航运学校建立协作关系。

（二）船舶登记管理

临港方面，2021年，上海海事局为提高中国（上海）自由贸易试验区临港新片区的航运要素集聚能力，实施便捷、高效的国际船舶登记，营造国际一流海事营商环境，制定了《中国（上海）自由贸易试验区临港新片区国际船舶登记管理规定》，在支持临港航运物流国际业务方面专门出台了国际船舶登记管理规定。其中，针对光船租赁、国际船舶登记制定了详细流程规定。

天津方面，2021 年，天津市出台《天津市推进北方国际航运枢纽建设条例》，对规划与基础设施建设、智慧创新发展、安全绿色发展、现代航运服务体系建设、航运营商环境建设提出明确指导。其中，天津市在航运营商环境建设方面，采取措施配合国家有关部门优化船舶登记流程，简化登记手续，完善登记内容，为船舶营运、融资、保险、修造、交易等提供便捷高效的船舶登记服务。

南沙方面，在国际船舶登记方面暂未制定详细流程规定。

（三）绿色低碳转型

临港方面，2024 年 10 月 9 日起施行的《关于修订〈关于促进洋山特殊综合保税区高能级航运服务产业发展的实施意见〉的通知》在鼓励航运业绿色低碳转型方面，临港提出支持电力、氢能、液化天然气等新能源、清洁能源在航运业推广运用，加快推进行业绿色低碳转型。对符合条件企业，在上海港推广运用电力、氢能、液化天然气等清洁能源加注服务，按其新能源、清洁能源的加注成本给予最高不超过每年 1000 万元的奖励；支持船舶节能减排技术改造。支持航运企业根据国际海事组织（IMO）船舶污染物控制新规对船舶进行符合性改造。对符合条件企业，登记注册为“中国洋山港”籍的国际航行船舶，按船舶技术改造成本予以支持；支持海铁联运发展。支持洋山深水港、上海南港与芦潮港铁路中心站海铁联运发展，进一步提升运输效率、降低物流成本。对推广海铁联运服务，协同长三角共建辐射全球的航运枢纽的企业，根据其对多式联运箱量，给予一定奖励。

天津方面，2021 年，天津市出台《天津市推进北方国际航运枢纽建设条例》，对规划与基础设施建设、智慧创新发展、安全绿色发展、现代航运服务体系建设、航运营商环境建设提出明确指导。其中天津市在加强安全绿色发展方面做出明确指导，加强绿色港口建设，推进碳达峰、碳中和工作，支持天津港建设零碳码头、低碳港区示范区，鼓励使用清洁环保运输方式，支持港口经营人联合航运企业、铁路运输企业、物流企业优化港口集疏运作业，推动大宗货物集疏港运输向铁路、水运等方式转移。

南沙方面，在绿色低碳转型方面未出台有关指导方案与具体措施。

（四）政务服务支持

临港方面，在政务支持方面，临港可享有建设世界领先的一体化信息管理服务平台的政策支持，搭建区域一体化业务协同平台，推进跨部门、跨系统、跨区域的数据共享和功能对接，为企业报关、报税、查验、物流安排等提供一站式便利；不断优化口岸作业流程，融合衔接海关“两步申报”“提前申报”模式和港口“出口直装”“进口直提”模式；进一步简化口岸环节验核单证，推进相关单证网上申领、网上验核，提高通关全流程电子化水平；全面深化港航领域“放管服”改革，落实政务服务“一网通办”“一网统管”，推广电子证照、“就近跑一次”“多证合一”；构建航运企业信用管理体系，开展信用评价和分级分类监管，探索以信用为基础的新型监管机制。政务方面的支持简化了港航业务办理流程，提高办事效率，促进了航运物流业的高效发展。

在支持航运物流企业功能业态提升方面，临港支持开展国际中转集拼业务，支持开展大连、青岛、天津与上海洋山港沿海捎带业务，提升港口枢纽能级，支持建立国际中转集拼中心，面向市场主体提供“一站式”服务解决方案。经认定，对搭建国际中转集拼公共服务平台的企业，根据绩效评估给予最高不超过200万元的一次性奖励。支持国际中转集拼企业开展外高桥港与洋山港近远洋航线集拼业务，对符合条件从事跨口岸国际中转集拼企业，给予适当奖励。

天津方面，2022年，天津市人民政府印发《天津市贯彻落实〈扎实稳住经济的一揽子政策措施〉实施方案》，在完善交通物流保通保畅政策方面，该方案明确对能源、化肥、粮食、医疗等重要物资实施泊位、航道、作业、资源“四优先”服务，确保船闸和码头24小时不间断畅通和接卸。

南沙方面，南沙对航运物流企业报关报税、口岸环节、平台建设奖励等方面均未形成具体政策支持。

（五）国际组织入驻

临港方面，在支持国际性航运组织入驻方面，临港支持全球领先的国际航运组织和功能性机构入驻并实质开展业务，集聚高端航运资源要素，对参与国际规则制定、国际经济治理的国际航运组织和功能性机构落户并实质开展业务的，根据其绩效评估，给予最高不超过500万元的一次性落户支持。

南沙方面，仅对符合商务部认定或备案的跨国公司按总部型企业的相关政策给予奖励，相对临港来说支持对象条件范围小、政策力度不足。

（六）海陆空联运

天津方面，2018年，为促进航空物流产业集聚发展，天津自贸区正式出台《天津港保税区进一步促进航空物流产业发展支持政策》（以下简称《政策》）。该《政策》从航空货运吞吐量、贸易及交易市场、货站操作费用等七个方面给予企业全方位的产业支持。《政策》共有七项具体条款，立足发展航空物流全产业链，从航空货运吞吐量、贸易及交易市场、货站操作费用、指定口岸功能贸易、厂库房租赁、总部落户等方面给予企业全方位立体化的产业支持。根据企业实现航空货运吞吐量，最高补贴额度可达到市级补贴的50%。在给予使用空港口岸货站的贸易企业操作费用补贴方面，对贸易企业通过空港口岸开展业务的，给予使用航空物流区货站操作费用补贴。《政策》的实施大大促进了海空联运。《天津市贯彻落实〈扎实稳住经济的一揽子政策措施〉实施方案》指出天津将统筹加大对物流枢纽和物流企业的支持力度，不仅将推动新港北集装箱中心站扩建、南疆港区铁路专用线等项目规划建设，大力发展海铁联运，推动物流综合成本持续降低。

南沙方面，在建设国际航运枢纽能级的工作内容中，注重港口基础设施、海运航线及船舶相关的建设，而在陆空两方面的建设相对较少，且没有出台具体政策支持海陆空联运。

（七）信贷担保支持

平潭方面，实验区内金融机构要把航运业列入信贷支持重点，积极向上争取信贷优惠政策，取得业务准入与资金支持；在风险可控的前提下，适度降低贷款门槛、简化贷款流程；区内航运企业新建或从区外购买5000载重吨（含）以上、船龄5年（含）以内且符合节能减排标准的船舶（含融资租赁船舶）按照年贷款利息的20%给予补贴，单艘船舶累计补贴不超过500万元。支持设立平潭航运基金，优先扶持区内航运企业发展，鼓励担保机构为入驻的航运企业提供担保服务，符合有关规定的，可按担保额予以一定额度的财政补贴。

天津方面，《天津市贯彻落实〈扎实稳住经济的一揽子政策措施〉实施方案》指出天津将积极争取中央财政资金，支持本市国家物流枢纽和骨干冷链物流基地建设，并利用交通物流专项再贷款，加大对交通物流领域的融资支持，及时向金融机构推送有信贷需求的市场主体名单，指导金融机构积极对接名单企业，全力做好金融保障服务。

南沙方面，相对平潭与天津，南沙仅提供了航运物流业金融发展方向，没有实施资金补贴、贷款优惠、政府促进等信贷支持措施。

（八）融资租赁发展

平潭方面，2022 年发布的《平潭综合实验区关于促进金融业加快发展的若干措施（试行）》明确支持融资租赁企业发展，对符合监管要求的融资租赁企业与区内企业签订融资租赁合同，购入船舶、生产设施等，并由承租人租赁使用的，按照合同履行租金（不含标的物成本）金额的 8‰ 给予奖励，单一企业单笔业务奖励金额不超过 30 万元。但对于租金超过一年期贷款市场报价利率 4 倍的部分，不予奖励。

天津方面，2015 年，中国人民银行天津分行等机构为促进自贸试验区实体经济发展，加大对跨境贸易和投融资的金融支持力度，制定《中国人民银行关于金融支持中国（天津）自由贸易试验区建设的指导意见》，该指导意见明确促进租赁业发展。主要内容为支持自贸试验区内租赁公司利用国家外汇储备，开展飞机、新型船舶等租赁业务；允许自贸试验区内符合条件的融资租赁收取外币租金；支持租赁公司依托自贸试验区要素交易平台开展以人民币计价结算的跨境租赁资产交易；允许自贸试验区内租赁公司在境外开立人民币账户用于跨境人民币租赁业务，允许租赁公司在一定限额内同名账户的人民币资金自由划转。该方案的提出对航运物流租赁业务的高水平发展提供了金融支持。

南沙方面，在融资租赁业发展方面未形成政策支持。

五、政策建议

（一）普通船员培训

南沙针对新型航运人才的培训，仅对取得专业证书或担任重要职位的人员给予奖金奖励，对尚未参与培训或培训初始阶段的职务船员无相关补助政策，在吸引操作人员参与新型航运船只技术培训方面政策力度不足。

建议政府鼓励设立船员培训机构，对培训丁类以上职务船员的机构，划出专项资金，给予每年每人次相应补助；鼓励航运协会与区域内知名航运学校建立协作关系，采取委托培训等方式支持区内航运人才队伍建设，打造素质过硬的航运物流团队。

（二）船舶登记管理

南沙尚未建立详细的国际船舶登记流程规定，建议参考平潭、天津政策，实施便捷、高效的国际船舶登记政策。在船舶登记申请、证明材料提交、船舶文书签注等手续办理方面制定便捷、高效的规定；对符合条件的国际登记船舶，实施南沙规定的优惠政策。同时，加大业务办理过程中的监管力度，制定对提交虚假材料、违反监管规定以及其他失信企业的惩罚措施。

（三）绿色低碳转型

南沙尚未出台相关政策推进绿色港航建设。建议政府加大贯彻新发展理念力度，鼓励航运业绿色低碳转型，可以从支持电力、氢能、液化天然气等新能源、清洁能源在航运业推广运用等方面，加快推进行业绿色低碳转型。可以对符合条件企业，在推广运用电力、氢能、液化天然气等清洁能源方面提供加注服务，按其新能源、清洁能源的加注成本给予相应数额的奖励。同时，支持船舶节能减排技术改造，支持航运企业根据国际海事组织船舶污染物控制新规对船舶进行符合性改造。对符合条件企业，登记注册为南沙籍的国际航行船舶，按船舶技术改造成本予以支持。

（四）政务服务支持

南沙在政务服务方面的政策尚未落实支持措施，建议政府提供专项资金加大一体化平台建设力度，简化航运企业业务办理流程，推进跨部门、跨系统、跨区域的数据共享和功能对接；简化口岸环节检验流程，提高全流程电子化水平。同时，构建航运企业信用管理体系，开展信用评价和分级分类监管，探索以信用为基础的新型监管机制，促进航运物流业高质量发展。此外，对积极促进国际中转业务、搭建公共服务平台的企业，建议政府制定奖励制度，同时吸引其他企业参与公共平台建设。

（五）国际组织入驻

南沙仅对符合商务部认定或备案的跨国公司按总部型企业的相关政策给予奖励。建议将政策受益范围扩大，制定吸引国际组织入驻的优惠政策，可对符合南沙发展需求的国际组织实施租金减免、人才补贴等政策。同时，建议政府加强与国际港口及港口组织合作，推动多领域合作（深化和“一带一路”共建国家合作，开拓中欧贸易新路径，打造海上丝绸之路和丝绸之路经济带）；加大力度引进国际会议、机构，办好论坛、文化节、年会、科技大会等活动，充分利用对外交流资源以及国内外民间友好资源，深化与“一带一路”共建国家的科教人文交流，拓展国际友好城市关系网络。

（六）海陆空联运

《南沙方案》中提到南沙港铁路等建设项目，但各交通运输基础设施的互联互通有待提升，无法满足南沙与港澳高效便捷联系的需求。

在支持陆空联运发展方面，支持南沙港与铁路、航空中心联运发展，进一步提升运输效率、降低物流成本，对符合条件企业，使用南沙港与铁路、航空中心开展海陆空联运服务，给予企业奖金奖励。

（七）金融政策支持

在航运物流业金融发展过程中，南沙尚未形成明确的金融支持政策。与之相比，平潭、临港及天津都出台了具体金融优惠及支持政策以促进航运物流业发展。平潭对符合条件的航运企业（机构）实施降低贷款门槛、简化贷款流程措施，对符合节能减排标准的船舶（含融资租赁船舶）按照年贷款利息的 20% 给予补贴；临港出台政策支持金融机构综合运用融资担保、贷款贴息、风险补偿等政策工具，对总部机构提供信贷资金支持；天津则出台详细政策支持租赁业发展，包括跨境租赁资产交易、跨境人民币租赁业务等方面。

此外，针对南沙航运业金融的发展情况，丰富航运金融产品、加快开发航运运价指数衍生品、为航运企业控制船运风险创造条件，也是南沙航运金融发展的重要方向，尤其是支持航运保险要素交易平台发展壮大，发挥国际航运保险税收优惠等政策优势。对于南沙而言，与广州期货交易所合作推出相关衍生产品，也是推动航运金融创新发展的关键方向。

（八）企业落户政策

南沙现有对企业落户及发展的支持政策的基础在于，该企业在营业收入、集装箱吞吐量、缴税金额等方面达到规定数额，或知名企业在南沙开设分部，而对于新成立企业或企业发展融资（购买符合标准的船舶等）无明确的政策支持。

建议参考平潭对于企业新建、购买船舶的贷款补贴措施，如适度降低贷款门槛、简化贷款流程；企业新建或从区外购买 5000 载重吨（含）以上、船龄 5 年（含）以内且符合节能减排标准的船舶（含融资租赁船舶）按照年贷款利息的 20% 给予补贴，单艘船舶累计补贴不超过 500 万元等，打造适合南沙针对企业发展的贷款需求的政策。

第十一章

推动《南沙方案》落地的制度协同与保障*

《南沙方案》的落地是真正释放南沙发展政策红利、服务国家重大战略发展需要的根本保障。因此，积极推动《南沙方案》的落地不仅关乎南沙的长远发展，同时也是重要的政治任务。但在粤港澳大湾区建设的背景下，由于粤港澳三地实行不同的制度体系，这使得规则衔接、机制对接成为大湾区合作必须要突破的障碍。优化南沙规则衔接和机制对接，以体制机制创新来突破既有的制度壁垒，是推动《南沙方案》落实落细的关键。

一、粤港澳三地规则衔接面临的问题

《南沙方案》明确要求南沙要打造“规则衔接机制对接高地”，这主要涉及营商环境、产业发展、公共服务等诸多领域。南沙规则衔接、机制对接主要是

---

* 本章作者为中山大学中国公共管理研究中心、政治与公共事务管理学院教授、博士研究生导师，广州国际城市创新研究中心主任叶林；中山大学马克思主义学院助理教授周寒；中山大学政治与公共事务管理学院硕士研究生王政皓。

面向港澳，涵盖法律、税收、贸易、投资、金融、科技创新、专业服务、知识产权与数据保护等多方面内容，旨在为粤港澳大湾区建设注入新的制度活力和发展动能。与世界其他三大湾区不同的是，粤港澳三地属于不同的关税区域、运行着不同的法律体系、使用着不同的货币制度，在规则衔接层面存在着一定的体制壁垒。面向规则衔接的顶层设计未能及时回应区域发展的需要以及政策落地相对迟缓，都是粤港澳三地规则衔接面临的实际问题。而规则衔接、机制对接面临的困境会进一步影响区域内要素的自由流动、产业结构的调整与分工、公共服务一体化等合作进程。粤港澳三地规则衔接所面临的挑战对于南沙发展来说同样适用，是推动《南沙方案》落地的结构性障碍。

（一）差异化制度体系下规则衔接存在体制壁垒

规则衔接之所以存在体制壁垒，其深层次制度根源来自粤港澳大湾区区域内的治理体制差异。粤港澳大湾区是在“一个国家、两种制度、三个法域、三个关税区”多重制度叠加前提下开展区域合作与治理的战略部署。这意味着大湾区内有多种特殊区域且存在显著的制度差异。就法律体系来说，在坚持“一国两制”的前提下，香港实行的是英美法体系，澳门属于大陆法系，同时受到葡萄牙相关法律体系的影响，内地则建立了中国特色社会主义法律体系。这三种法律体系有着自身的法律传统、制度安排和运行机制。因此，粤港澳三地的规则衔接特别是基于南沙发展的规则衔接、机制对接需要在差异化的体制安排下开展。也就是说，由于粤港澳三地实行差异化的治理体制，其在治理理念、发展方式、制度体系等方面的有机融合才能为规则衔接创造更好的制度环境。

但问题在于，三个法域在法律体系上有所区别，甚至部分城市法律规范之间也存在冲突。这主要体现在三地在司法、行政、市场监管、公共服务、营商环境、社会治理等特定领域的具体制度安排中。由于三地实行不同的治理体制，要在消解法律安排冲突的同时建立切实可行的规则体系，这无疑增加了三地规则衔接的制度成本，同时可能需要调动多层级政府、企业、社会等不同治理主体的参与，这些便进一步增加了规则衔接的难度。

具体来说，粤港澳三地在立法权上有着明显的区别。其中，两个特别行政区的立法权限拘束较小，只有当立法内容涉及中央管辖事务以及中央与港澳关系时，才会受到限制。广东省在享有立法权的同时，其立法的内容不能与宪法、法律和行政法规相抵触。广州作为省会城市，立法权限和流程相较于一般地级市有一定的灵活性。根据《中华人民共和国立法法》的相关规定，以佛山、中山、东莞为代表的地级市层面的立法在不与宪法、法律、行政法规和本省、自治区的地方性法规相抵触的情况下，可以对城乡建设与管理、环境保护、历史文化保护等方面的事项制定地方性法规，经省、自治区人大常委会批准后实施。这也使得粤港澳三地在进行规则衔接时，不同城市立法边界差异由此显现。

立法范围的差异在一定程度上也凸显了粤港澳三地立法权限的不对等。深圳、珠海作为经济特区享有特区立法权，这使得其可以根据地方发展的需要制定其他城市所不能实施的法律，这无疑增加了其立法的灵活性和自由度，更有利于其制定契合城市发展的地方性法规。广州因其行政级别和在区域发展中的重要性在立法权上也拥有一定的自主性。在“一国两制”体制下，香港、澳门享有高度的自治权，这同样体现在其所拥有的立法权限上。与此同时，香港和澳门有其自身的立法机关和司法机关。这意味着粤港澳三地的规则衔接同样需要香港、澳门两地立法机关、司法机关以及行政机关的直接或间接参与，以确保规则衔接的有效落地。但对于粤港澳大湾区的其他城市来说，其立法的权力边界和自主性则相对较弱。因此，粤港澳三地在制度衔接过程中要通过机制设计来解决区域内的特定城市因享有立法权限优势可以实施某些法律但在其他城市不能实施的制度安排问题。

当然，立法权限的不对等并不意味着一般地级市立法自治权限的完全缺失。除了广州、深圳、珠海这些享有更高治理权限的城市以外，以佛山、东莞、中山、江门为代表的一般地级市同样拥有地方立法权。一般地级市在符合规定的前提下可以通过地方立法的形式为推动当地发展提供制度基础。更为重要的是，地方性法律的制定主要是为了促进地方经济发展，也会基于地方自身利益的考虑对本地经济发展做出保护性的规定，并以法律的形式确立下来。这种立法保障既激发地方政府干事创业的积极性，同时对于刺激地方发展活力起着重要作用。但从区域层面的规则衔接或者制度融合来说，各市之间在地方立法层面的差别以及对于自身利益的维护同样也会对规则衔接形成法治壁垒。因此，规则衔接还需协调因地方法律差异而产生的规则衔接不畅的问题。

除了法律制度差异外，粤港澳三地属于不同类型的关税区，就开放程度来说，香港、澳门优势明显，香港是自由港。但对于大湾区内的其他城市来说，关税制度、税收政策、制度开放的程度都与港澳有所差异。再就金融体系来说，首先，两地汇率制度不同。香港是联系汇率制度，内地则实行有管理的浮动汇率制度。在实行不同汇率制度的前提下，如何实现跨境资本流动的便利化则需要更为可操作化的制度安排。其次，大湾区内的金融监管力度需要找到平衡点。这主要体现在，一是香港的银行资金可自由进出证券市场，内地的银行资金不允许进入证券市场进行交易，也不能进入保险市场；二是香港基本上没有对外汇实施管制，内地则有严格的外汇管制以消解可能产生的流动风险；三是两地在金融监管合作事项和流程方面还需要进一步统一和明确，如果香港的金融监管机构需要对内地企业进行调查的话，必须得到内地证监会的支持和配合，这就必然涉及两地监管权限的分配以及流程设定等问题。最后，大湾区内的税制安排特别是个税安排直接影响着人才流动的意愿。香港的个人所得税最高达15%，而内地最高为45%，对于长期在内地工作或者开展商业活动的香港居民来说，税率衔接问题同样需要解决。

总体来说，金融体制的差异决定了粤港澳三地在资本流动、资本市场运行、金融监管等方面的效率和监管要求。需要指出的是，发展跨境金融是粤港澳三地展开合作的重要领域，南沙、前海、横琴都将金融业纳入自身的产业布局中，同时都在为了推动大湾区的金融合作而努力。由此可见，三地的规则衔接特别是金融领域的规则衔接则需要消弭既有制度差异而带来的阻隔，降低制度成本，提高协调效率。南沙跨境金融的规则衔接同样要克服这些制度壁垒。

此外，从区域发展的整体情况来看，大湾区内不同城市间的发展差距同样影响规则衔接的进度。区域内城市间的经济发展有差异，有些领域甚至存在相对滞后的局面，这既是粤港澳三地规则衔接的前提，同样给粤港澳大湾区的制度融合带来了困难。特别是在公共服务层面，无论是服务供给的数量还是质量都存在显著的城市间差异，这也使得基于公共服务的规则衔接受阻。

差异化制度下的规则衔接面临来自立法、司法、行政等层面的诸多困境，也在一定程度上影响了三地规则衔接的效率。当然，这些困境的解决并不能仅依靠某一城市来完成，而是需要更多治理层级和治理主体的介入，特别是顶层设计层面的统筹协调，通过各种机制和方法来消解因制度差异而带来的合作难题。

（二）规则衔接的顶层设计无法及时回应区域发展需要

粤港澳大湾区治理体制的差异性特别是涉及跨境事务的重要事权主要由中央政府或者省级政府掌握。这意味着面向粤港澳大湾区的规则衔接需要中央持续且充分地放权。而中央的事权根据职能分工由不同部委掌握，因此，中央授权需要与跨境事务相关的部委协同合作才能够实现。而获得中央部委的政策支持则需要广东省、广州市、南沙区各层级政府的共同努力。更为重要的是，规则衔接必然涉及具体法律或者制度的调整，这就需要由中央或者省政府牵头来推动法律或者相关制度的调整。这种治理特征和工作情况同样延伸到南沙与港澳规则的衔接中。

就目前的情况来说，涉及粤港澳三地规则衔接、机制对接的上位基本法很少，更多是与国防、外交、军事等对外交往和国家安全事务相关，大湾区内部在相对统一上位法指导下的规则衔接还存在空白。现实困境是，由于粤港澳三地法律体系存在本质不同，这使得三地完全依靠统一的上位法来进行规则衔接存在一定的难度。这也就更需要顶层设计在缺乏统一上位法的情况下，推动三地以更灵活的制度安排对规则衔接予以确认，并实现规则落地。现有面向规则衔接的顶层设计的特点在于，主要通过发展规划来对规则衔接的领域进行宏观布局，而并非直接涉及相关制度的颁布，这就使得从发展规划到可操作的规则衔接方案的出台还需要经历相关的立法、行政过程才能真正实现规则的衔接。

就顶层设计的机制而言，现有面向大湾区治理的顶层设计机制呈现出重协调统筹轻决策落地的特征。也就是说，尽管不同层级政府都建立了面向大湾区治理的协调机制，但与规则衔接相关的重大决策或者放权还是由中央政府及其各部委同时也包括省级政府来统筹决定。这也使得与规则衔接相关的政策出台需要更长的顶层协调成本。具体来说，为了实现粤港澳三地充分合作，从中央到地方都设立了专项领导小组或者相关的工作组。首先，中央层面为了更好地推动粤港澳大湾区的发展和《规划纲要》的实施，中央粤港澳大湾区建设领导小组成立，统筹部署大湾区发展的重大事项。广东省推进粤港澳大湾区建设领导小组办公室设在省发展改革委，统筹协调大湾区建设的各类事务。香港特区政府设立了粤港澳大湾区建设督导委员会和粤港澳大湾区发展办公室。其中粤港澳大湾区发展办公室的主要定位是特区政府与中央、省市当局，以及澳门特区政府的主要联系单位，以加强推动和协调特区政府有关大湾区建设的工作。澳门特区政府设立了建设粤港澳大湾区工作委员会。其次，以广州市为代表的相关城市也成立了推进粤港澳大湾区建设领导小组。由此构成了大湾区多层级统筹协调机制。

理想状态下，领导小组的设立是为了推动规则衔接而进行的顶层设计，应该负责重要事项的决策统筹，督促其下属机构出台支持性政策并落实相关决策。但这些组织架构的主要功能在于协调与大湾区发展的整体性事务，这意味着其并不是针对规则衔接的专门协调机构，同时也不掌握重要的决策权。在粤港澳三地进行规则衔接的过程中，诸多事项的决策权往往在中央及其部委而非领导小组。但问题在于，一项政策的出台需要多个部门协调完成，而有关政策更多的是原则性表述，需要各地结合实际予以落实，必然需要与中央就具体事项进行进一步汇报和沟通，有些具体的实施细则还需要部委的批准，这些都使得顶层设计所做出的重大决策在实际政策落实过程中存在一定的协调成本。

与此同时，在现行的运行机制中，缺乏解决冲突和整合规则衔接的顶层跨系统协作机制。以规则衔接的执行落实、纠纷解决为主题的高层会议虽然已经实现常态化、制度化，但其更多只限于行政系统内部，立法和司法层面的合作沟通机制相对缺乏或者弱化。当然，这也与行政部门的职能分工紧密相关，但并不意味着应该将立法、司法等部门的作用弱化，与此同时，香港、澳门两地分别拥有独立的司法审判权，内地则实行两审终审制。尽管粤港澳大湾区的发展已被纳入国家级的战略规划之中，但要有效克服现有制度框架的限制，促进跨区域的规划协调和规则整合，仍需进行深入研究和创新实践。

之所以强调规则衔接、机制对接的顶层设计，原因在于，大湾区是由多个核心城市构成的区域发展格局。粤港澳大湾区内有香港、澳门、广州和深圳四大核心城市。这四大城市有其自身的发展优势和特色。需要指出的是，四大核心城市在特定产业存在一定的竞争关系，在全球和区域的影响力并不相同。其中，香港作为全球知名的金融、航运、贸易中心，同时也是一个重要的国际航空枢纽，以其高度的自由度位列世界最开放经济体之列；澳门的现代服务业高度发达；深圳是中国特色社会主义先行示范区；广州是国家中心城市和综合性门户城市；珠三角九市是重要的经济区和对外开放的重要窗口。尽管大湾区内的城市各具特色且有自身优势，但不能忽视的是，这些城市在产业布局、人才引进、公共服务、政策倾斜等方面存在一定的竞争。为了保持自身的城市发展优势，城市间的不合作或者消极合作同样也会成为规则衔接的内部阻碍。这也需要在顶层设计层面对区域利益的分配进行统筹协调和总体把握。

粤港澳大湾区是由不同城市组成的，但这些城市的行政级别和治理能级存在显著差异。香港和澳门是特别行政区，根据基本法的规定，“中央政府负责管理特区的外交和国防事务，特区政府可自行处理特区内的行政事务”。广州是省会城市，深圳也享有副省级城市的权限，其他城市只是一般地级市，城市行政级别的差异使其在规则衔接中的决策权和政策影响力受到一定影响。也就是说，粤港澳三地行政级别的差异塑造了其行政管理权限范围、对中央决策的影响力和特殊政策的倾斜力度。因此，如何在规则衔接、机制对接中均衡四大城市的发展诉求和利益分配，以达成区域发展共识显得尤为重要。在“全国一盘棋”的安排下，加强顶层设计以服务于大湾区社会经济发展需要显得尤为重要，这直接影响规则衔接的进度。从这一意义上来说，重大事项的规则衔接已经超越南沙自身的发展权限和治理能级，需要更高层级的决策设计和统筹推动。

（三）基于规则衔接的政策落地难

无论是中央、地方，还是粤港澳三地的相关职能部门，都针对大湾区的发展出台了各种战略规划、搭建了不同的合作框架、达成了各类合作协议，但是规则衔接依然缺乏更完整的配套政策予以支撑，以规则衔接为主要内容的政策落地还需要持续推进。

为了更好地促进内地与香港的经贸往来，《内地与香港关于建立更紧密经贸关系的安排》（以下简称 CEPA）在 2003 年签订，后因内地与香港经济发展的需要，围绕货物贸易、经济等领域签署了相关的补充条例。但问题在于，与对外开放相关的政策配套还略显不足。具体体现为，首先，对外开放事项的相关规定与现行法律存在冲突。CEPA 部分条款与现有行业法规存在一定的冲突是直接体现。CEPA 框架下相关领域的法律法规没有及时调整，导致 CEPA 及其补充协议的部分合作落地相对困难。其次，纳入 CEPA 及其补充协议中的部分服务业开放缺乏实施细则，进而无法为粤港产业合作提供详细的机制支撑。最后，《CEPA 投资协议》采用负面清单模式来实现投资领域的开放。这意味着面向港澳的规则衔接还需要涉及内地对于外资准入资格和权限的审核以及外资的监管，因此需要扩大对外开放的政策支持力度。

除了经贸往来以外，面向跨界公共事务的规则衔接也并不顺畅。就目前的行政管理体制来说，基于属地管理的地方治理原则明确了地方事务管辖的行政边界。但问题在于，并不是所有的公共事务都能在行政辖区内解决。特别是对于重大工程建设、生态环境保护、公共服务供给等领域来说，这类事务往往需要跨越行政区划的边界通过合作治理的方式来解决。一旦是与港澳相关的事务，还会涉及跨境事务及其相关的公共服务供给。更进一步来说，跨界公共事务的解决同样需要规则衔接或者说政策协同来实现。然而，现有基于跨界公共事务的规则衔接同样面临一定的困难。跨区域的大型基础设施工程，例如，连接香港、珠海和澳门的港珠澳大桥，以及广深港高速铁路在香港西九龙站实行的“一地两检”通关模式，都面临着诸多挑战。更为重要的是，香港居民对于在大湾区内的教育、医疗、社会保障等公共服务有一定的需求和期待，面向公共服务的规则衔接的必要性由此凸显。此外，跨境事务还经常会涉及法律层面的协调，而法律层面的协调则因三地行业协会即律师协会的职责差异无法通过社会力量的调节来实现。基于跨界公共事务管理而产生的制度安排、行政流程等方面的差异和不衔接，使得治理效率受到影响，由此而形成的规则衔接需要更切实可行的制度安排来予以实现。

总体来说，粤港澳三地规则衔接的困境来自既有体制、顶层设计、机制配套、政策落地等多个方面，并成为在粤港澳大湾区建设背景下南沙进行规则衔接、机制对接的制度壁垒和现实阻碍。也正因如此，消解规则衔接、机制对接的阻碍成为亟须解决的问题。

二、优化南沙规则衔接、机制对接

南沙的规则衔接、机制对接是在三地存在治理体制差异、法律存在冲突或者相对缺失但同时又必须推进的前提下开展的。因此，优化南沙的规则衔接、机制对接需要在加强顶层设计，激活地方发展的能动性，推动政府、市场与社会紧密合作和共同参与等方面做出创新，以消解现行体制对规则衔接、机制对接的影响。

（一）加强顶层设计，贯通纵向治理体系

顶层设计既体现了区域治理的中国特色，同时更是粤港澳大湾区建设与发展的重要动力。在这一过程中，中央政府已经在重点合作领域与关键环节对粤

港澳大湾区三地政府或相关部门进行了宏观层面的顶层设计。例如，通过协议规则、合作宣言、合作备忘录、合作意见等形式给予三地一定的政策空间，以更好地推动三地合作的形成。南沙与港澳的规则衔接、机制对接旨在为推动港澳更好地融入国家发展大局，提升大湾区的区域一体化水平拓展新的可能路径。但需要指出的是，南沙与港澳的规则衔接、机制对接已经超越南沙自身的职权范围，需要上级政府特别是中央和省级政府的充分授权才能实现。因此，加强规则衔接的顶层设计，建立纵向治理体系成为必然选择。

首先，中央政府与香港、澳门地区正携手推动制定粤港澳大湾区规则对接的基本原则、发展方针和实施路线的框架性指导，即以南沙规则衔接、机制对接为切入点，探索搭建粤港澳三地规则衔接的合作框架，在顶层设计层面达成共识，并在制度层面予以确认。在统一合作框架的基础上，纵向治理主体根据自身在《南沙方案》中的职能分工，出台更为具体的推进《南沙方案》落地的制度规范、具体政策和行动方案，让资金、技术、人才等关键要素在大湾区内自由流动起来，同时为完成《南沙方案》中的重大战略任务保驾护航。

其次，在达成共识的基础上，中央特别是相关部委和省、市政府应就涉及规则衔接的权力划分做出优化配置，扩大向南沙特别是面向特殊功能区的授权。在符合地方立法权和决策权的前提下，在关键领域、关键环节的规则衔接层面对粤港澳三地特别是广州、深圳和珠海实现充分授权，以积累地方立法和政策衔接等方面的治理经验。

最后，贯通纵向治理体系意味着健全推动《南沙方案》落地的工作机制，特别是在规则衔接、机制对接的过程中，充分考量各项政策的宏观制度约束、实施力度、政策设计的合理性与可行性、区域发展的均衡性，做好政策制定与政策执行的有机衔接，避免出现政策空转的情况。

（二）激发地方活力，构建多层级协同治理体系

规则衔接的顶层设计对于南沙发展有着重要的指引性意义，强调对规则衔接的方向、内容和目标的总体性指导。但需要指出的是，仅依靠中央的顶层设计并不能完全实现规则的衔接。中央层面推动规则衔接需要统筹考虑WTO协议、港澳基本法以及相关社会影响，这也在一定程度上约束了中央的自主性，进而难以及时回应大湾区融合发展的规则需求。因此，在大湾区尤其是在南沙，加强三地规则衔接的关键除了中央需要在重要事项上的积极决策和跟进之外，地方成为规则衔接的主体应该是大湾区规则衔接的现实选择。现有的治理探索也为推进大湾区规则衔接、机制对接提供了可能借鉴。

具体来说，南沙创新粤港澳交流机制，充分发挥多元治理主体优势，为更好地推动规则衔接、机制对接贡献智慧。南沙已经在推动市级科研资金跨境流动方面走在全省前列，相继出台了港澳工程以及相关咨询企业资质和专业人士执业资格的认定管理办法，为专业人才流动提供便利。特别是港澳执业资格认定本身也是规则衔接的重要内容，这直接影响了哪些专业人才能够在粤港澳大湾区开展何种类型的专业服务，其认定的范围决定了港澳人才的就业范围。在执业资格认定的过程中，既要涉及现行法律制度的调整，同时还需要行政程序的重新设定予以支撑。但问题在于，仅依靠粤港澳三地政府部门推动执业资格的认定会相对限制治理工具的选择。社会力量推动区域规则衔接为大湾区规则衔接、机制对接探索新的可能路径，对南沙的发展同样有所启发。广东省会计行业专业机构与香港会计同业组织签订了合作协议，建立了粤港会计师事务所的合作平台，双方在资讯交流、人员互换、业务合作等方面实现了互助。此外，粤港澳大湾区的研究机构、香港的制度研究组织以及澳门的策略研究组织也签署了合作协议，旨在通过三地智库合作的方式，共同推进重要研究议题的深入探讨。

在理论创新的同时为南沙的发展建言献策。区域层面社会性合作协议的达成对于更灵活地商讨规则衔接事宜、探索机制对接的创新机制提供一种新的治理思路。

创新设立广州南沙粤港合作咨询委员会（以下简称咨委会），在提升决策水平的同时发挥社会力量的优势，推动粤港两地的实质性交流。具体举措为，一是遴选两地专业人士作为专家委员，由全国政协副主席梁振英担任顾问，共聘请了 36 名来自香港和内地的政商学界代表、行业精英担任委员。二是设置两地日常办事联络机构，分别在南沙和香港设立秘书处、工作站，搭建双方日常沟通桥梁。三是采用双组长制搭建专项工作组，咨委会下设 14 个专项工作组，分别由咨委会香港委员及分管区领导担任组长，通过各专项工作组对接，将前瞻性、战略性咨询意见细化落地。四是开辟交流合作前沿阵地，建设服务中心，免费供香港商协会机构使用，打造实体化运作、集聚香港资源的示范平台。香港联合医务集团在南沙开设金牌全科诊所，患者可通过远程会诊形式请香港医生医治并开具“港药”，通过国际保险来支付医疗服务。[①]

对于粤港澳大湾区建设来说，在既有法律无法解决新出现的问题，同时还存在相关法律空白的情况下，南沙的规则衔接、机制对接还可采用更为灵活的方式突破规则衔接所面临的困境。首先，建立常态化的沟通机制和合作交流机制是推动重点领域开展规则衔接的重要方式。粤港澳三地相关职能部门可从营商环境、法律服务、公共服务等方面强化粤港澳三地的法治合作与交流。也就是说，三地的职能部门以重点领域、关键事项的改革为切入点建立常态化的交流机制，及时交换意见达成共识，开展局部探索性试验，进而为其他领域的规则衔接积累经验。其次，利用信息技术加强数据共享，发挥技术优势带动规则

① 资料来源:《广东省推进粤港澳大湾区规则衔接机制对接典型案例（第一批）》。

衔接。通过搭建统一的平台信息共享知识产权、纠纷解决、要素流动等层面的信息，为规则衔接打开新思路。再次，积极开展联营的方式实现跨地区的制度合作。最后，在立法领域积极探索合作模式，大湾区在立法领域的协同能够从根本上冲破阻碍要素自由流动的制度障碍，同时推动大湾区向着制度融合的方向发展。因此，优化南沙的规则衔接、机制对接意味着政府、市场与社会等各治理主体积极参与大湾区治理，贡献切实可行的治理路径，成为推动大湾区发展的重要选择。

（三）搭建规则衔接、机制对接的合作框架

不可否认的是，粤港澳大湾区在制度融合方面已取得长足发展，但仍面临众多挑战，这些挑战限制了大湾区进一步的整合与协同。在关键领域阻碍规则衔接的制度壁垒依然比较突出。为了更好地彰显南沙在规则衔接、机制对接中的优势，基于南沙的实际情况，围绕《南沙方案》中的具体目标任务，搭建促进规则衔接、机制对接的合作框架显得尤为重要。因为无论是顶层设计还是地方活力的激发，都离不开对于重点领域的关注，同时也离不开具体领域合作框架的搭建。

具体来说，《南沙方案》中明确提出，南沙要“共建高水平对外开放门户”，强调要“整合珠三角优势产能、国际经贸服务机构等‘走出去’资源，加强与香港专业服务机构合作，共同构建线上线下一体化的国际投融资综合服务体系”。南沙的对外开放以制度型开放为导向，一方面，要在规则、标准和监管等方面对标国际经贸规则，实现国际标准与国内规则的对接。《全面与进步跨太平洋伙伴关系协定》（CPTPP）、《数字经济伙伴关系协定》（DEPA）等自贸协定规则是最开放的贸易规则协定。南沙可对标这些开放规则，借鉴吸收相关规则的设计，为重点领域的开放进行压力测试。另一方面，关注南沙未来发展

的重点领域。南沙需要重点布局教育、医疗、专业技术、要素流动、文化等关键领域的规则衔接。这需要充分发挥香港科技大学（广州）的在地优势，积极对接教育、就业等规则，以推动政策落地。南沙的发展需要引进各类高端人才，破除人才在专业技术资质、执业资格认定、自由流动等方面的障碍需要进行规则衔接，以便于国际人才在南沙创业置业。

《南沙方案》明确提出，将有序推进金融市场互联互通，包括支持符合条件的港澳投资者依法申请设立证券公司、期货公司、基金公司等持牌金融机构。金融市场的互联互通离不开金融领域的协同创新。特别是在不同治理体系存在差异的情况下，数字监管技术为解决市场交易主体的监管、交易行为的运作提供了新的可能，也进一步释放了发展动能。与此同时，建成宜居宜业宜游的优质生活圈离不开各类公共服务的配套以及城市发展超前规划，这些都需要进一步深化和明确与港澳进行规则衔接、机制对接的重点领域。基于此，南沙可在既有区域合作框架的基础上，围绕国际规则对接、金融、要素流动、公共服务等重要事项分领域、分步骤建立合作框架。

以合作框架为基础的规则衔接、机制对接离不开切实可行的治理机制和治理方案的支撑。具体来说，在特定领域如营商环境、城市金融监管、经贸规则等方面借鉴、复制港澳的先进经验，实现规则衔接。同理，对标世界先进经验，在经验学习的基础上根据粤港澳三地的实际发展情况制定方案。然后，积极推动资格的互认，扩大资格互认的领域和范围。2017 年、2019 年，内地与香港分别签署了《关于内地与香港特别行政区法院相互认可和执行婚姻家庭民事案件判决的安排》和《关于内地与香港特别行政区法院相互认可和执行民商事案件判决的安排》。此外，粤港澳大湾区劳动争议联合调解中心在南沙建成。这是首个在广州设立的跨境劳动争议研究机构。该中心已经聘任 6 名港澳籍劳动人事争议仲裁员，启动了跨境互联网劳动仲裁庭审模式。除了法律之外，粤港澳三地还应在建筑规划、资金管理、审计评估、交通物流等专业领域内，不断推进执业资格和业务许可方面的互认工作。

通过设立专门机构来突破制度约束。这种方式也最大限度地解决了跨界公共事务的治理问题。同时，可以考虑建立大湾区的调解机构，通过协调三地的调解标准和调解人员的资质认证，促进粤港澳规则的整合。

尽管南沙的规则衔接、机制对接受到结构性约束，但仍有可推进的空间。这需要在贯通纵向治理体系的同时，进一步激发地方活力，先行先试，在开展难度相对较低的领域进行规则衔接的探索，并逐步向其他领域扩展。

三、以体制机制创新保障《南沙方案》落地

无论是南沙的高质量发展还是推动《南沙方案》的落地，都离不开体制机制的创新。先行先试意味着改革机遇与治理风险并存，特别是在全面深化改革时期，很多改革事项并无改革经验借鉴，存在试验失败的可能，这就需要为南沙的先行先试提供制度保障，同时为消解改革风险提供思路。南沙正在通过体制机制创新来推动《南沙方案》的落地。这也为以体制机制创新保障《南沙方案》的落实提供了经验基础和治理思路。

（一）高位高效推动发展规划与政策落地

《南沙方案》覆盖南沙全区，总面积超过800平方公里。充足的行政辖区面积保障了南沙未来的发展空间。但更为重要的是，现有的《南沙方案》是对南沙发展的总体设想和整体规划，如何高效地将《南沙方案》转化为切实可行且卓有成效的政策举措成为关键。这既需要高标准的长远规划和整体空间布局，更需要直接的高位推动。直接的高位推动意味着南沙重大发展事项需要中央特

别是相关部委和省级政府的实质性政策支持和充分授权。因为《南沙方案》的落地特别是与港澳的规则衔接、机制对接需要中央的统一领导和决策确认。与此同时，《南沙方案》涉及诸多重点发展领域，同时还需要法律层面的调整以确保改革事项的规范化运行。由此，具体改革事项的推进需要高位高效推进以赋予地方更大的发展自主权。高位高效推动意味着提升重大事项决策和政策落地效率。在中央粤港澳大湾区建设领导小组的指导下，地方可尝试设立实质决策权相对集中的领导小组，统筹协调回应地方发展诉求，积极向上争取特殊发展权限的支持。

以政策开放、平台搭建推动体制机制创新是保障《南沙方案》落地的重要举措。南沙积极搭建创业就业平台。具体来说，南沙取消了港澳人员就业许可，符合条件的港澳人员可享受就业创业补贴、担保贷款和贴息等政策支持。南沙还积极扩大港澳人员在内地的就业机会，出台事业单位公开招聘港澳居民管理办法来吸引港澳居民进入公共部门。在就业创业服务方面，南沙为港澳青年提供培训指导、财政补贴、融资对接等多元服务，通过举办创业创新大赛、大湾区大学生就业实习双选会等活动以及打造创新创业线上交流平台来为港澳青年在内地的发展搭建桥梁。

对标国内外城市治理经验，实现提前超前规划。南沙拥有 803 平方公里空间优势的同时，城市仍处在开发建设阶段，可以借鉴国内外城市治理的先进经验，实现城市规划、建设、管理的全过程管理。学习国内外产业园区、自贸试验区等特殊功能区的开放经验和发展建设经验，以高质量发展为目标，以体制机制创新为主要抓手，统筹规划《南沙方案》在细分领域的落地，最大限度激发各类治理主体的创新活力。为了更好地服务粤港澳大湾区建设，《南沙方案》的落地还可进一步扩大国际交流合作，与“一带一路”共建国家在投资贸易、基础设施建设、科教人文等领域实现合作，加强与发达经济体在科技创新、绿色发展、数字经济等领域的深度合作，积极、广泛参与国际规则体系和市场标准的制定，进而以《南沙方案》的落地为契机，提升南沙的全球竞争力。

（二）争取和推进优势政策落实

《南沙方案》主要是针对南沙重大发展事项和重要发展方向进行宏观层面的部署，具体政策落地还需要地方政府拿出切实可行的方案。由于《南沙方案》中的诸多事项与跨境事务等与中央事权紧密相关，因此向上争取特别是向中央部委争取管理权限下放和政策支持是保障《南沙方案》落地的重要机制之一。

南沙始终保持与高层级政府及其职能部门的紧密互动，以《南沙方案》为契机，积极争取各项政策倾斜，推动政策红利在南沙的落地。南沙积极配合财政部在广州南沙以促进香港融入国家发展大局为定位开展的调研，配合起草报告呈报国务院。在调研期间，南沙向财政部提出七项财税政策诉求，其中四项被采纳，比如，2022—2024 年，国家财政部门将每年向南沙地区分配 100 亿元的新地方债务额度，并纳入地方政府的总债务中。在南沙工作的香港和澳门居民，还将免除超出其在港澳所缴税额部分的个人所得税。与此同时，《南沙方案》中提及的港澳居民个税优惠政策、先行启动区鼓励类产业企业减按 15% 税率征收企业所得税、高新技术重点行业企业进一步延长亏损结转年限三项优惠政策在南沙正式落地。

在此过程中，广州市委、市政府的领导多次带队前往财政部进行沟通对接，积极推动《南沙方案》财税政策落地。广州市财政局多次向财政部、广东省财政厅汇报争取南沙财税政策，了解把握国家对南沙战略定位要求，与南沙区政府、市税务局共同编制《广州南沙企业所得税优惠产业目录（2022 版）》并按程序上报，出台《广州南沙个人所得税优惠政策实施办法》，推进各项配套工作有序开展，最终成功推动国家各项财税政策在《南沙方案》出台百日之际即全部落地。

当然，中央财政直接支持的政策效果不仅在于中央政策的直接落地，更在于带动地方多层级政府对于南沙发展的持续支持。广东省在评估地方财政能力、债务风险和资金需求后，对南沙地区在财政资金和地方债限额上提供了倾斜性支持。

2022 年南沙在各级相关部门的支持下，获得新增专项债券 239.38 亿元，其中《南沙方案》发布后仍新增获批 100 亿元，南沙区全年获新增专项债券稳居全市各区第一。2023 年提前批已优先分配南沙区 100 亿元专项债券，并已于 1 月发行到位 61.26 亿元，以增强南沙区重大项目资金保障能力。与此同时，优化延续对南沙区专项补助体制，2022 年省市财政累计向南沙区下达专项补助资金 118 亿元，并提前下达 2023 年专项补助资金 119.26 亿元，有力支撑南沙区建设发展。此外，市财政对南沙区重大项目额外追加安排资金支持重大平台建设，有效促成了香港科技大学（广州）如期开学、广州期货交易所首个品种工业硅期货成功上市、南方海洋科学与工程广东省实验室（珠海）加快建设等事项，南沙重大发展平台建设提质增效明显。

作为国家进行体制机制创新的重要平台，南沙充分发挥先行先试的优势，积极推动政策创新。在《南沙方案》中，支持南沙在跨境机动车保险、跨境商业医疗保险等方面先行先试，促进粤港澳三地保险市场融合发展。截至 2023 年 3 月，南沙利用其作为自由贸易区的先发优势，累积了 800 多项制度创新成果，致力于构建世界级的商业环境，向全球投资者和贸易者提供高效服务。优化行政流程以提升管理效率，服务地方重大发展任务。比如，南沙优化外籍及港澳台高层次人才认定、外国人来华工作许可等审批事项流程，压缩审批时限，实际即办率达到 100%。

（三）建设与国家战略相衔接的平台支撑体系

正如《规划纲要》指出，“粤港澳三地科技研发、转化能力突出，拥有一批在全国乃至全球具有重要影响力的高校、科研院所、高新技术企业和国家大科学工程，创新要素吸引力强，具备建设国际科技创新中心的良好基础”。南沙作为粤港澳大湾区国际科创中心重要承载区和大湾区综合性国家科学中心主要承载区，科技平台建设成为南沙承担重大科技攻关任务、提升区域研发能力、提高区域科技产业竞争力的关键抓手。这需要南沙在空间布局、政策倾斜、财政支持等方面为科技平台建设保驾护航。

科创空间布局已初步形成。南沙科学城成为大湾区综合性国家科学中心主要承载区，明珠科学园也正在加快建设。南沙出台了《广州南沙新区支持科技创新的十条措施》，印发了《支持南沙科学城建设粤港澳大湾区综合性国家科学中心主要承载区若干政策措施》。极端海洋科考设施、高超声速风洞等国之重器相继落户南沙。这些都为南沙对接国家战略提供了空间支持和制度支撑。

南沙积极引入港澳高端创新资源。2021 年新引进 1 个高端创新资源项目落户南沙，创新工场已引进 5 支来自知名高校且有产业化前景的高端团队项目，包括先进光学系统技术与服务团队、新型离子液体及其应用团队、有机光伏材料研发及室内应用团队、电化学能源器件及关键材料研发团队、智能化微电网技术研究团队等。

健全孵化体系以培育和支持创新平台蓬勃发展。2021 年明珠金融科创中心新增为广州市孵化器登记单位，乐天云谷入选广东省科技厅 2021 年度国家级科技企业孵化器推荐公示名单。鑫谷国际、粤港澳（南沙城）国际青创社区进入 2021 年度广东众创空间认定公示名单，其中粤港澳（南沙城）国际青创社区同时入选 2021 年度广东省粤港澳众创空间认定公示名单，也是该年度广东省唯一认定的粤港澳众创空间。

无论是创新资源的引入还是创新平台的孵化，都离不开财政的大力支持。南沙加大了对基础研究的支持力度，以强化关键核心技术攻关为政策导向，聚焦新一代信息技术、生物医药、高端制造三大重点领域，2022 年南沙区重点领域科技计划项目立项 17 项，立项总经费为 8500 万元。

（四）探索治理风险共担的兜底机制

以体制机制创新推动《南沙方案》的落地同样伴随着改革风险的增加以及改革结果的不确定性。因此，以最小的成本来消解改革可能产生的风险尤为必要。探索治理风险的兜底机制是识别并分担风险的关键。

南沙通过设立风险兜底基金以及风险共担机制来消解创新型企业特别是中小微企业的风险成本。目前，南沙已经设立规模 20 亿元的创业投资引导基金，通过“母基金 + 直接投资”的模式，以支持南沙新兴产业发展为导向，积极发挥财政资金的杠杆作用，增强对科技型初创企业和优质科创资源集聚的吸引力。南沙还在市场资源配置方面建立了风险共担机制，设立科技型中小企业信贷风险损失补偿资金池，建立财政资金与银行资金共担风险机制，并积极与广州市资金池联动，通过市区两级叠加可为银行提供 75% 风险分担比例，引导信贷资源投向创新创业活动。2021 年，南沙创业投资引导基金子基金累计 11 支，资金放大 7.66 倍；风险损失补偿资金池入池企业 61 家，累计发放信用贷款 1.34 亿元，有效缓解了科技型中小微企业融资困难，推动资金链与创新链产业链深度融合。

当今世界正经历百年未有之大变局，国际形势依然复杂。技术封锁、贸易壁垒、地区问题等诸多不确定性因素将持续存在，这同样影响着深度参与全球化进程的粤港澳大湾区。粤港澳大湾区建设背景下的《南沙方案》落地有其特殊的制度优势和发展基础，该区域内有特别行政区、经济特区、自由贸易港、自由贸易试验区、海关特殊监管区域等各类特殊区域，发展优势由此凸显。因此，南沙不仅是规则衔接与机制对接的试验场，更是面向全球竞争的制度创新高地。通过持续全面深化改革和高水平对外开放，南沙有望为粤港澳大湾区的高质量发展注入强劲动力，成为新时代制度型开放的新标杆。